인코텀즈 해설서

2010년 개정 인코텀즈

INCOTERMS® 2010

국내와 국제무역거래조건의 사용에 관한 ICC 규칙

ICC Rules for the Use of Domestic and International Trade Terms,
ICC Publication No. 715E,

서 정 두 저

청목출판사

머 리 말

인코텀즈(Incoterms)는 국내와 국제물품매매계약에 사용되는 무역거래조건을 둘러싼 당사자간의 의무내용에 대한 불확실성을 해소하기 위하여 국제상업회의소(ICC)가 마련한 '무역거래조건의 해석에 관한 국제규칙'을 말한다.

인코텀즈는 강행법규가 아님에도 불구하고, 범세계적인 인정을 받고 있다. 이는 인코텀즈 자체의 편리성과 국제적인 보편성 및 당사자간의 형평성을 바탕으로 하여 확립된 전통적인 국제표준관습을 규정한 것이기 때문이다.

ICC는 1936년 인코텀즈를 제정한 이래 무역환경의 변화에 따라 주기적으로 이를 보완해 왔다. 특히 2000년 이후 자유무역지대의 지속적인 확대, 전자무역의 사용증가와 보안문제, 운송관습의 변화 등으로 인하여 인코텀즈의 개정이 불가피하게 되었다. ICC는 시의적 무역관습을 반영하기 위하여 "Incoterms® 2010"을 준비하였으며, 2011년 1월 1일부터 전세계적으로 시행에 들어갔다.

필자는 2010년 인코텀즈가 발효된 직후 이에 관한 해설서를 발간하게 되어 감개무량하다. 이 해설서는 인코텀즈의 의의와 발달사 및 2010년 인코텀즈의 특징과 구성체계에 이어 11개 규칙별 사용안내와 매도인 및 매수인의 의무조항에 대한 축조해설, 이 규칙의 활용방법 등에 관하여 설명하고 있다.

이 해설서는 궁극적으로 실무가들에게는 무역거래조건을 둘러싼 클레임의 원인을 제거하고 해결책을 강구할 수 있도록 도움을 주며, 나아가 학계와 법조계에도 무역거래조건에 관한 하나의 충실한 참고자료가 되기를 바란다.

끝으로 이 해설서는 ICC의 관련문서와 "*Incoterms® 2010*"(Pub. No. 715E), "*ICC Guide to Incoterms® 2010*"(Pub. No. 720E) 등을 참고하여 집필되었음을 밝혀 두며, 이 해설서를 집필하는 동안에 각종 자료와 고견을 아끼지 않으신 지인들과 출판을 맡아주신 청목출판사 유성열 대표님께 깊이 감사드린다.

2011년 4월

군산 월하리 寓居에서

저 자 씀

차 례

Ⅰ. INCOTERMSⓇ 2010의 개요

I

INCOTERMS® 2010의 개요

1. Incoterms의 의의와 발달사

(1) Incoterms의 개념

무역거래는 매도인과 매수인간의 합의에 의한 물품매매계약에서 시작되므로 당사자의 의무내용은 여러 가지로 조합될 수 있다. 그러나 이러한 의무내용을 매번 계약시에 일일이 합의한다는 것은 상당히 번거롭고 부정확할 수 있다. 따라서 상인들은 오래 전부터 FOB(본선인도)나 CIF(운임·보험료포함인도)와 같은 정형의 무역거래조건을 사용하여 이러한 불편을 극복해 왔다.

"무역거래조건"(trade terms)이라 함은 물품이 매도인으로부터 매수인에게 이르기까지 운송과 수출입수속 등 모든 비용과 위험부담의 당사자를 구분해 주는 국제매매계약의 주요소를 말한다.[1] 그런데 무역거래조건도 국가나 지역의 상관습과 법체계가 달라 종종 해석상의 오해와 분쟁이 야기되었다.

ICC (International Chamber of Commerce : 국제상업회의소)가 그 불확실성을 해소하기 위하여 1920년대부터 추진한 무역거래조건의 해석에 관한 국제규칙을

1) Jan Ramberg, *ICC Guide to Incoterms® 2010*, Publication No. 720E, 2011, p. 16.

"**Incoterms**"(= **In**ternational **Co**mmercial **Terms**)라고 한다. ICC는 2010년부터 이를 상표로 등록하여 "Incoterms® 2010"으로 표기하고 있다.[2)]

(2) Incoterms의 목적

무역거래는 법률, 제도 및 관습이 서로 다른 국가의 당사자간에 이루어지므로 항상 매매계약조건을 둘러싼 분쟁의 가능성을 내포하고 있다.

즉, 무역거래에 있어서 계약당사자들은 상대방 국가의 법률과 관습을 잘 모르기 때문에, 동일한 무역거래조건을 놓고 서로 다른 해석을 한다면, 이로 인하여 당사자간에 오해(misunderstanding)와 분쟁(disputes)이 야기될 수 있으며, 나아가 법원에 소송(litigation)을 제기하는 일도 발생할 수 있다.

따라서 국제무역의 거래조건과 상관습을 통일하여 당사자간의 분쟁을 예방하고, 특정거래조건에 대한 서로 다른 해석으로 인한 불확실성(uncertainties)을 제거하거나 최소화시키고 무역확대를 도모해 나가야 할 필요성이 있다.

인코텀즈는 계약당사자들에게 공통적으로 적용될 수 있도록 중립적이고 합리적인 국제규칙을 제공함으로써 각국에서 사용되는 무역거래조건의 상이한 해석으로 인한 오해와 마찰, 기타 예견치 못한 위험요인을 제거 또는 경감하여 궁극적으로는 시간과 금전상의 낭비를 방지해 나가는데 목적이 있다(전문).

(3) Incoterms의 적용범위

인코텀즈는 제조물로서 매각되는 물품의 인도에 관련한 계약당사자들의 권리와 의무에 관련된 사안에 한하여 적용된다. 즉, 인코텀즈는 물품의 매매계약에 따른 매도인과 매수인간의 관계만을 규정하고 있으며, 기타 매매계약에 관련이 있는 운송, 보험 및 금융계약 등에 대하여는 적용되지 아니한다.

인코텀즈는 매도인이 물품을 매수인의 임의처분하에 적치, 교부 또는 인도할 의무와 이에 따른 계약당사자간의 위험과 비용분담에 관하여 다루고 있으며, 나아가 인코텀즈는 물품의 수출입수속, 포장, 매수인의 대금지급, 인도수령, 통지 및 의무이행의 증거제공 등의 의무에 관하여 다루고 있다.

---

2) ICC, *Incoterms® 2010*, Publication No. 715E, 2010, p. 125.

그러나 인코텀즈는 물품의 소유권이전, 계약위반과 권리구제, 면책사유 등에 관하여는 다루지 아니한다. 인코텀즈는 어떠한 표준거래조건을 삽입함으로써 매매계약에서 요구되는 완전한 계약조건을 대체하고자 의도된 것이 아니다. 이러한 문제는 계약상의 다른 규정과 준거법에 의하여 해결되어야 한다.[3)]

따라서 무역계약서를 작성할 때에는 어느 법률을 적용할 것인가에 관한 준거법(governing law) 조항을 명시적으로 합의해 두는 것이 좋다. 물론 계약서에 준거법조항 없이 FOB나 CIF와 같은 선적지인도규칙을 사용한 경우에는 선적지 국가의 법률이, 그리고 DAT나 DAP와 같은 도착지인도규칙을 사용한 경우에는 도착지 국가의 법률이 각각 우선하여 적용되는 것이 통례이다.

한편 인코텀즈는 무역거래조건의 국제적인 해석규칙이지만 그 자체가 국제사회의 통일법이나 조약 수준의 강행력을 갖지 못하며, 이는 어디까지나 ICC가 제정한 여러 무역거래조건의 범세계적인 통일규칙에 불과한 것이다. 따라서 인코텀즈는 국가가 공식적으로 채택하거나 법률에 의하여 적용되는 것이 아니라, 오직 계약당사자들의 상호 합의에 의하여 임의적으로 적용된다.

따라서 계약당사자들은 FOB 등 특정의 무역거래조건을 인용한 계약을 체결할 때 이에 인코텀즈를 적용하려면, 반드시 이 계약에 대한 해석기준으로서 "Incoterms® 2010"의 적용을 받는다는 사실을 명확히 기재하여야 한다.

예컨대 무역계약서상에 "Trade Terms : Unless otherwise stated, the trade terms under this contract shall be governed and interpreted by the Incoterms® 2010." 등의 준거문언을 삽입하거나, 또는 간단하게 "FOB (named port of shipment) Incoterms® 2010" 등으로 표기하여도 된다(서문).

(4) Incoterms의 발달사

인코텀즈는 1936년에 제정된 후 무역환경의 변화에 따라 1953년, 1967년, 1976년, 1980년, 1990년 및 2000년에 각각 개정·추보되어 왔다. 최근에는 관세자유구역의 지속적인 확대, 전자무역의 증가, 운송관습의 변화, 물품이동의 보안문제 등이 제기됨에 따라, ICC는 지난 10년간 사용되어 온 2000년 인코텀즈를 개정하여

3) Jan Ramberg, *op. cit.*, pp. 17~19.

2010년 9월에 "Incoterms® 2010"(Pub. No. 715E)라는 명칭으로 공표한 후 2011년 1월 1일부터 전세계적으로 이를 시행하고 있다.[4)]

① "Incoterms 1936"

근대무역이 시작된 이래 20세기에 들어 세계무역의 당사자들간에서 각국의 법률, 언어, 관습 등의 차이로 인한 무역분쟁을 극소화하고 상관습을 통일하여 세계무역을 확대·발전시켜 나가고자 하는 운동이 활발하게 전개되었다.

마침내 1920년에는 세계 35개국에서 참여한 상공인들의 모임인 국제상업회의소(ICC)가 프랑스 파리에서 창설되었으며, ICC의 첫 사업은 무역거래조건에 대한 해석규칙과 상업신용장 거래규칙을 국제적으로 통일하는데 목표를 두었다. 특히 인코텀즈의 제정사업은 다음과 같은 단계를 거쳐 진행되었다.

첫째, ICC는 산하에 "무역거래조건위원회"(Trade Terms Committee)를 설치하고 각 국내위원회에 요청하여 무역거래조건의 사용실태에 관한 조사보고서를 바탕으로 1923년에 "무역거래조건정의"(Trade Terms Definition)의 초판을 발간하였다. 여기에는 FOR/FOT, FOB, CIF, Free Delivered 등 4개의 무역거래조건이 수록되었다. ICC의 동 위원회는 1929년에 다시 FAS, C&F를 추가하여 6개의 "무역거래조건"(Trade Terms) 제2판을 발간하였다.

둘째, ICC 무역거래조건위원회는 위의 정의자료들을 바탕으로 1936년 1월에 무역거래조건의 해석에 관한 국제규칙(International Rules for the Interpretation of Trade Terms)의 원안을 기초하고, 동년 6월에 ICC 집행위원회를 통과하여 "Incoterms 1936"을 제정·공표하였다. 여기에는 Ex Works, FOR/FOT, Free, FAS, FOB, C&F, CIF, Freight or Carriage Paid to, Ex Ship, Ex Quay, Free or Free Delivered 등 11개의 무역거래조건이 정의되었다.

② "Incoterms 1953"

제2차 세계 대전 후 국제정세의 변화에 따라 인코텀즈의 개정이 불가피하게 되었다. ICC 무역거래조건위원회는 영국 국내위원회의 개정초안을 기초로 하여 1953년에 최종개정안을 확정하고, 이어 ICC 집행위원회의 승인과 동년 제14차 비

4) ICC, *Incoterms® 2010*, Publication No. 715E, 2010, p. 4.

엔나 총회를 거쳐 10월에 이를 "Incoterms 1953"으로 공표하였다.

종전의 11개 인코텀즈 중에 Free와 Free or Free Delivered 등의 2개 조건은 서로 비슷하여 혼동하기 쉽고, 각국의 해석이 너무 상이하여 통일된 기준을 설정하기 어려우며, 또 거의 사용되지 아니한다는 이유로 이를 삭제하였다. 따라서 "Incoterms 1953"은 모두 9개의 무역거래조건만을 규정하였다.

③ "Montreal Rules 1967" 및 "Supplement 1976"

1953년 인코텀즈가 공표된 후 유럽에서는 동서진영간의 냉전이 격화되고 목적지까지 물품반입이 어렵게 되자 인접국가의 국경에서 약정품을 인도하는 계약방법이 성행하게 되었다. 이것이 바로 "Delivered at Frontier"이다.

또 1960년대부터 유럽에서는 컨테이너나 팔레트에 의하여 단위화된 화물운송이 시작됨으로써, 매도인이 수입통관을 필하고 수입국내의 지정목적지까지 물품을 반입하여 그 곳에서 매수인에게 인도하는 계약방법이 늘어나게 되었다. 이것이 바로 "Delivered Duty Paid"이다. ICC 무역거래조건위원회는 이들 2개 거래조건을 수용하되 인코텀즈를 전면적으로 개정하지 아니하고, 1967년 몬트리올 총회에서 "Montreal Rules 1967"이라는 표제로 공표하였다.

그 후 1970년대에는 무역상품의 고급화와 점보제트기의 상용화로 항공화물운송이 본격적으로 진행되자 항공운송에서도 FOB의 사용이 점차 증가하게 되었으며, ICC 무역거래조건위원회에서는 이를 커버하기 위한 "FOB Airport"를 제정하여 추보한 이른바 "Supplement 1976"을 공표하였다(총 12개).

④ "Incoterms 1980"

1970년대 이후 국제운송시장에는 편리하고 안전한 컨테이너를 이용한 복합운송방식이 등장하게 되었다. ICC는 이러한 시대적인 변화에 맞추어 기존 인코텀즈 상에서 내륙운송에만 사용하도록 고안되었던 "Freight or Carriage Paid to"(DCP)를 컨테이너, 트레일러(trailer) 또는 페리(ferry) 등에 의한 "roll on-roll off" 방식의 복합운송에도 확대·적용할 수 있도록 수정하였다.

또 복합운송에 적합한 "Free Carrier"(FRC) 및 "Freight or Carriage and Insurance Paid to"(CIP) 등을 신설하여 모두 14개의 무역거래조건, 즉 EXW, FOR/FOT, FAS, FOB, C&F, CIF, EXS, EXQ, DAF, DDP, FOA, FRC, DCP,

CIP 등으로 구성된 "Incoterms 1980"을 공표하였다. 이때부터 컴퓨터 등 전산망의 사용을 감안하여 각 조건마다 3자로 된 전신부호를 지정하였다.

⑤ "Incoterms 1990"

1980년대 이후 국제운송기법이 지속적으로 발전함에 따라 인코텀즈상의 일부 거래조건을 통합·재조정하여야 하였으며, 또 무역거래에 EDI 방식이 새로 도입됨에 따라 이를 수용하고 사용자의 편의를 위한 고려가 필요하였다.[5)]

ICC 상관습위원회(Commercial Practices Commission)는 1989년 11월에 인코텀즈 개정안을 확정하여 13개의 거래조건으로 구성된 "Incoterms 1990"을 공표하였다. 특히 인도의 증거로서 EDI 통신문에 대한 법적 효력을 종이서류와 동등하게 인정하였고, 운송기법이 변화·발전한 데 부응하고자 FCA를 복합운송뿐만 아니라 기타 모든 운송방식에도 적합하도록 개정하였다.

1990년 인코텀즈는 모두 13개 거래조건을 각 특징별로 묶어 E그룹(EXW), F그룹(FCA·FAS·FOB), C그룹(CFR·CIF·CPT·CIP) 및 D그룹(DAF·DES·DEQ·DDU·DDP)으로 분류하고, 매도인과 매수인의 의무조항을 10개항씩 대칭되게 규정함으로써 사용자들이 이를 비교·검토하기 용이하게 하였다.

⑥ "Incoterms 2000"

1990년 이후 관세자유구역의 확대, 무역거래에서 전자통신문의 사용증가, 운송관습의 시대적인 변화 등에 적용시키고자 인코텀즈를 개정하게 되었다.[6)]

즉, 2000년 인코텀즈는 시의적인 무역관습을 보다 명료하고 정확하게 반영한 인코텀즈의 문언을 구성하고자 하는 데 목적이 있었다. 특히 2000년 인코텀즈는 FAS와 DEQ 하에서 통관 및 관세지급의무, FCA 하에서 적재 및 양하의무 등에 관한 실질적인 변화가 있었으며, 전반적인 개정내용은 다음과 같다.

첫째, 2000년 인코텀즈는 모두 13개 조건을 E그룹(EXW), F그룹(FCA, FAS, FOB), C그룹(CFR, CIF, CPT, CIP), D그룹(DAF, DES, DEQ, DDU, DDP)으로 분류하고, 당사자의 의무조항을 10개의 표제로 상호 대칭되게 기술하였다. 또 용어의 일관성을 기하고 국제협약(CISG)과도 일치시키고자 노력하였다.

---

5) 양영환·서정두, 『국제무역법규』, 제3판, 삼영사, 1998, pp. 22~23.

6) ICC, *Incoterms 2000*, Publication No. 560, 1999. 9, p. 4.

둘째, 매도인의 인도의무에 초점을 맞추고, 가능한 한 이를 상세히 명시하고자 하였다. 특히 위험과 비용부담의 의무는 원칙적으로 매도인의 인도의무가 완수된 때에 매수인에게 이전하지만, 매수인의 인도수령의 불이행이나 지시불이행이 있는 경우에는, 인도 이전에도 위험과 비용이 이전하도록 하였다.

셋째, 물품의 인도장소가 어느 구역이나 광범한 장소로 명시되어 있을 경우 매수인이 정확한 지점을 지정할 권리와 의무를 갖도록 규정하고 있는데, 매수인이 의무를 이행하지 아니한 경우에는 이로 인한 위험과 추가비용을 부담하여야 하고, 매도인에게 그 지점을 선택할 권리를 부여하도록 하였다.

넷째, 통관의무에는 "적용가능한 경우"라는 문언을 추가하고, 수출통관은 EXW 이외에 모두 매도인이, 수입통관은 DDP 이외에 모두 매수인이 이행하도록 하였다. 또 선적전검사(PSI)는 매수인을 위한 때에는 매수인이 비용을 부담하게 하고, 수출국가의 당국이 요구한 때에는 매도인이 부담하도록 하였다.

다섯째, 거래조건별로 그것이 전운송방식에 사용가능한지 또는 해상운송에만 사용가능한지의 여부를 밝혔다. 또 선화증권과 동등한 법적 효력의 전자통신문에 대비한 규정을 두고, 서류업무의 간소화에 대비하여 해상화물운송장, 정기선화물운송장, 화물수령증 등 비유통서류도 사용할 수 있게 하였다.

요컨대 인코텀즈상의 거래조건들이 제정, 첨삭, 추보 및 개정되어 온 경위를 연차순에 따라 "Trade Terms Definition 1923"→"Trade Terms 1929"(2nd ed.)→"Incoterms 1936"→"Incoterms 1953"→"Montreal Rules 1967"→"Supplement 1976"→"Incoterms 1980"→"Incoterms 1990"→"Incoterms 2000"→"Incoterms® 2010"에 이르기까지 비교하면 다음의 〈표 1〉과 같다.[7]

7) 양영환 · 오원석 · 서정두, 「인코텀즈(Incoterms) 2000」, 대한상공회의소, 1999, p. 17.

〈표 1〉 Incoterms의 제정 및 개정규칙 비교

Incoterms® 2010	Incoterms 2000	Incoterms 1990	Incoterms 1980	Supplement 1976	Montreal Rules 1967	Incoterms 1953	Incoterms 1936	Trade Terms 2nd ed. 1929	Trade Terms Defin. 1923
EXW	EXW	EXW	EXW	⇤	⇤	Ex Works	Ex Works		
FCA	FCA	FCA	FRC				Free …		
		↥	FOR/FOT	⇤	⇤	FOR/FOT	FOR/FOT	FOR/FOT	FOR/FOT
		↥	FOA	FOB Airport					
FAS	FAS	FAS	FAS	⇤	⇤	FAS	FAS	FAS	
FOB	FOB	FOB	FOB	⇤	⇤	FOB	FOB	FOB	FOB
CFR	CFR	CFR	CFR	⇤	⇤	C&F	C&F	C&F	
CIF	CIF	CIF	CIF	⇤	⇤	CIF	CIF	CIF	CIF
CPT	CPT	CPT	DCP	⇤	⇤	DCP*	DCP*		
CIP	CIP	CIP	CIP						
DAP	DES	DES	EXS	⇤	⇤	Ex Ship	Ex Ship		
DAT	DEQ	DEQ	EXQ	⇤	⇤	Ex Quay	Ex Quay		
↥	DAF	DAF	DAF	⇤	DAF*				
↥	DDU	DDU							
DDP	DDP	DDP	DDP	⇤	DDP*		Free or Free Delivered	Free Delivered	Free Delivered

* 전신부호는 1980년대 이후의 개정본과 비교하여 필자가 소급하여 붙인 것임.

2. Incoterms® 2010의 특징과 구성

(1) Incoterms® 2010 배경과 경위

ICC는 1936년에 인코텀즈를 제정한 이후 국제무역의 발전에 부응하고자 거의 10년을 주기로 개정해 왔다. 이번에도 무역관습의 시대적인 변화와 일부 인코텀즈의 한계, 9.11 테러 등을 겪으면서 물품이동에 따른 보안문제, 운송관습의 변화 등으로 인하여 2000년 인코텀즈의 개정이 불가피하게 되었다. 인코텀즈® 2010의 구체적인 개정배경이 된 상황을 정리하면 다음과 같다.

① 2000년 인코텀즈가 현실적인 사용관습을 명확하게 반영하지 못한다는 비판이 꾸준히 제기되어 왔다.[8] 예컨대 미국에서는 국내법(UCC)의 정의대신 인코텀즈의 사용이 확대되었는데, FOB 등 해상운송규칙상 위험과 비용부담의 분기점은 여전히 본선의 난간(ship's rail)을 견지하고 있다는 점, 세계적으로 관세자유구역의 확대와 컨테이너 운송이 보편화되었는데, 터미널 화물취급경비(THC)의 부담자에 대한 구분이 불명확하다는 점 등이 지적되었다.

② 복합운송규칙과 D그룹 규칙의 활용도가 저조하였다. 예컨대 계약당사자들은 복합운송규칙을 사용할 상황에서도 FOB나 CIF 등 전통적인 해상운송규칙을 관행적으로 사용하였다.[9] 또 D그룹의 경우 냉전이 종식되면서 DAF는 유명무실하게 되었고, DAF · DES · DEQ · DDU 등은 내용상 유사한 점이 많기 때문에, ICC는 이를 직시하고 규칙을 재정비할 필요성을 인식하였다.

③ 무역거래에서 전자통신의 사용증가와 물품이동에 따른 보안문제 등에 대한 대응이 필요하였다. 즉, 구규칙의 전자무역 관련 "EDI 통신문"이라는 문언은 다양한 형태의 전자문서를 포괄하기에는 부족하고, 또 9.11 테러 등을 겪으면서 각국에서 화물이동에 따른 보안확보에 대한 관심이 높아졌다.

ICC는 Fabio Bortolotti(이탈리아)를 의장으로 한 "상사법무위원회"(Commission on Commercial Law and Practice)에 초안그룹을 두어 2009년 2월 20일에 10개의 규칙을 수록한 1차 초안을 준비하였고, 동년 9월 18일에는 11개의 규칙

8) Jan Ramberg, *op. cit.*, p. 9.
9) 최명국, "인코텀즈 2010 주요내용과 적용상 유의점", 『무역상무연구』 제49권, 2011. 2, pp. 4~5.

(DEQ 부활)을 수록한 2차 초안을 준비하여 각국의 의견을 요청하였다.

드디어 ICC 상사법무위원회는 2010년 1월 21일에 11개의 규칙(DEQ 삭제, DAP 신설)을 수록한 3차 초안을 준비한 후 각국의 최종의견을 수렴하였다. ICC는 최종적으로 동년 9월 10일에 "Incoterms® 2010"(Pub. No. 715E)을 공표하여 각 국내위원회에 배포하고, 2011년 1월 1일부터 발효하도록 하였다.

(2) Incoterms® 2010의 주요특징

① 도착지인도규칙에서 DAT와 DAP 규칙을 신설하고, DAF・DES・DEQ・DDU 규칙을 삭제하였다. 즉, 기존의 DEQ에 대응하여 DAT를, 기존의 DAF・DES・DEQ・DDU 등에 대응하여 DAP를 신설한 것이다. DAT 하에서는 DEQ 때처럼 도착하는 차량에서 양하한 후 인도가 이루어지고, DAP 하에서는 DES 때처럼 양하할 준비를 갖춘 운송수단상에서 인도가 이루어진다.

DAT(터미널인도) 하에서 터미널은 항구일 수 있고, 도착하는 차량은 선박일 수 있으며, 또 DAP(착지인도) 하에서도 목적지는 항구일 수 있기 때문에, DAT와 DAP는 기존의 DEQ와 DES 상황에서도 안전하게 사용할 수 있다.

② 인코텀즈® 2010은 총 11개의 규칙을 운송방식(mode of transport)에 따라 두 그룹으로 분류하고 있다. 즉, "단일이나 복수의 모든 운송방식용 규칙"에 EXW・FCA・CPT・CIP・DAT・DAP・DDP 등 7개, "해상과 내수로운송 전용 규칙"에 FAS・FOB・CFR・CIF 등 4개를 각각 분류하고 있다.

첫째의 그룹은 육상・해상・항공의 모든 단일운송과 복합운송에 사용할 수 있으며, 둘째의 그룹은 인도장소가 모두 항구인 해상과 내수로운송에만 사용할 수 있다. 특히 해상운송규칙에서 "선박의 난간"(ship's rail)을 삭제하고 갑판상에(on board) 적재하도록 개정한 것이 특징이다. 물론 인코텀즈® 2010에서도 기존의 비용중심인 E, F, C 및 D그룹의 분류방법이 존중되고 있다.

③ 인코텀즈® 2010은 국제무역뿐만 아니라, 국내매매(domestic trade)에도 적용가능하도록 개정하였다. 즉, EU 등에서는 국경절차가 별로 중요하지 아니하고, 미국의 경우 순수한 국내매매에서도 통일상법전(UCC) 대신에 인코텀즈 규칙을 보편적으로 사용하고 있기 때문에, 이에 적합하도록 규칙을 보완하였다. 예컨대

수출입절차에서 "적용가능한 경우"임을 명확하게 기재하였다.

④ 인코텀즈® 2010은 전체의 서문(introduction)과 각 규칙에 사용지침, 위험과 비용의 분담 등을 설명한 안내문(guidance note)이 있는데, 이들은 사용자가 정확하고 효율적인 규칙을 선택하도록 도움을 줄 수 있으나, 인코텀즈® 2010 규칙의 일부를 구성하는 것은 아니다. 또 구규칙은 전자무역에 대비하여 EDI 통신문으로 대체할 수 있는 서류를 지정하였는데, 신규칙은 당사자간의 합의나 관습에 따라 모든 서류를 이와 동등한 전자기록(electronic record)이나 처리방법으로 대체할 수 있도록 개방해 두었다(제A1조와 제B1조).

⑤ 인코텀즈® 2010은 물품이동에 따른 생명과 재산상의 보안(security)을 확보하기 위하여 여러 규칙에서 당사자간의 보안관련 수속의무나 이에 관한 협조의무를 추가하였다(제A2조, 제B2조, 제A10조, 제B10조 등). 또 인코텀즈® 2010은 개정된 협회적하약관(ICC)을 반영한 최초본으로서, 당사자간에 보험담보(insurance cover)에 관한 정보제공의무와 용어를 명확히 하였다.

⑥ 인코텀즈® 2010은 매도인의 운송계약이 요구되는 규칙[10]에서 운송비용에 포함되는 항구나 컨테이너 터미널의 취급경비(THC)를 매수인이 중복하여 부담하지 아니하도록 각 규칙의 비용조항에서 명확하게 분담시키고 있다.

⑦ 인코텀즈® 2010은 자가생산품이 아닌 상품매매에서 운송 중에 여러 번 매각되는 "연계매매"(string sales)의 관행을 반영하였다.[11] 즉, 매도인의 선적의무에 대한 대안으로서 선적된 물품의 조달(procure)을 포함시켰다. 물론 신규칙은 FAS · FOB · CFR · CIF 등 해상운송규칙에만 이를 규정하고 있으나, 기타 모든 운송방식에서도 운송 중인 물품(goods in transit)의 매각은 허용되며, 이 경우 위험은 매매계약시에 매수인에게 이전한다(CISG 제68조).

⑧ 인코텀즈® 2010의 본문은 자기완결형으로 의도되었으나, 서문에서 이 규칙의 본문상에 언급된 용어 중 운송인(carrier), 통관절차(customs formalities), 인도(delivery), 인도서류(delivery document), 전자기록이나 처리방법(electronic record or procedure), 포장(packaging) 등의 정의를 담고 있다.

---

10) 인코텀즈® 2010에서 매도인의 운송계약이 요구되는 경우는 선적지인도규칙 중에 CPT, CIP, CFR, CIF 등이 있고, 도착지인도규칙은 DAT, DAP, DDP 등 모두가 해당된다.

11) Carole Murray et al., *Schmitthoff's Export Trade*, Sweet & Maxwell, 2007, p. 48.

(3) Incoterms® 2010의 구성체계

인코텀즈® 2010의 11개 규칙은 용도에 따라 두 그룹으로 구성되어 있다.

① 육상 · 해상 · 항공운송의 어느 운송방식이든 관계 없이 "단일이나 복수의 모든 운송방식에 사용할 수 있는 규칙"(rules for any mode or modes of transport)이 있다. 여기에는 EXW(공장인도), FCA(운송인인도), CPT(운송비지급인도), CIP(운송비 · 보험료지급인도), DAT(터미널인도), DAP(착지인도), DDP(관세지급인도) 등 7개의 규칙이 분류되어 있다. 물론 이 규칙들은 해상운송을 포함하거나 이를 전혀 포함하지 아니한 경우에 사용이 가능하다.

② "해상과 내수로운송에만 사용할 수 있는 규칙"(rules for sea and inland waterway transport)이 있다. 여기에는 FAS(선측인도), FOB(본선인도), CFR(운임포함인도), CIF(운임 · 보험료포함인도) 등이 분류되어 있으며, 뒤의 3개는 "선박의 난간"을 포기하고 갑판상에 적재한 때를 인도시점으로 하였다.

그렇지만 인코텀즈® 2010은 인도지역에 따라 "선적지인도규칙"과 "도착지인도규칙"으로도 분류하고, 구규칙의 비용중심인 E, F, C 및 D그룹으로 분류하기도 한다. 이러한 분류방법은 당사자들의 의사결정에 중요하기 때문이다.[12)]

① E그룹은 출하지인도(departure) 규칙으로서, 매도인은 자신의 영업장구내에서 매수인에게 물품을 인도하는 것이다. 여기에는 EXW가 있다.

② F그룹은 주운송비미지급인도(main carriage unpaid) 규칙으로서, 매도인은 선적지에서 매수인이 지정한 운송인이나 본선에 물품을 인도하지만, 목적지까지의 주운송비를 지급하지 아니하는 공통점이 있다. 여기에는 FCA · FAS · FOB 등이 있으며, 이 중에 FAS와 FOB는 해상운송 전용규칙에 속한다.

③ C그룹은 주운송비지급인도(main carriage paid) 규칙으로서, 매도인은 기본적으로 목적지까지의 운송 또는 보험계약을 체결하고 주운송비를 지급하지만, 선적 후의 위험과 추가비용을 부담하지 아니하는 것이다. 여기에는 CFR · CIF · CPT · CIP 등이 있으며, 이중에 CFR과 CIF는 해상운송 전용규칙에 속한다.

④ D그룹은 도착지인도(arrival) 규칙으로서, 매도인은 목적지까지 물품을 운반

12) Jan Ramberg, *op. cit.*, pp. 49~62.

하는 모든 비용과 위험을 부담하여 매수인에게 인도하는 것이다. 여기에는 DAT · DAP · DDP 등이 있다. 이들은 운송방식에 관계없이 사용할 수 있다.

〈표 2〉 Incoterms® 2010의 구성체계

모든 운송방식용 규칙	선적지 인도 규칙	EXW	Ex Works(공장인도)
		FCA	Free Carrier(운송인인도)
		CPT	Carriage Paid to(운송비지급인도)
		CIP	Carriage and Insurance Paid to(운송비 · 보험료지급인도)
	도착지 인도 규칙	DAT	Delivered at Terminal(터미널인도)
		DAP	Delivered at Place(착지인도)
		DDP	Delivered Duty Paid(관세지급인도)
해상 · 내수로 운송용 규칙	선적지 인도 규칙	FAS	Free Alongside Ship(선측인도)
		FOB	Free on Board(본선인도)
		CFR	Cost and Freight(운임포함인도)
		CIF	Cost, Insurance and Freight(운임 · 보험료포함인도)

한편 인코텀즈® 2010의 11개 규칙별로 매도인과 매수인간의 비용부담의 한계를 일반적인 비용항목별로 상호 비교하여 보면 다음의 〈표3〉과 같다.[13]

〈표 3〉 Incoterms® 2010 규칙별 비용한계

O - 매도인부담 X - 매수인부담		제조원가 →	포장검사 →	적재비용 →	반출운송 →	수출허가 →	수출통관 →	주운임 →	보험료 →	수입허가 →	수입통관 →	반입운송 →	양하비용
모든 운송방식용 규칙	EXW	o	o	x	x	x	x	x	x	x	x	x	x
	FCA	o	o	o	o	o	o	x	x	x	x	x	x
	CPT	o	o	o	o	o	o	[o]	x	x	x	x	[o]
	CIP	o	o	o	o	o	o	[o]	[o]	x	x	x	[o]
	DAT	o	o	o	o	o	o	o	o	x	x	x	o
	DAP	o	o	o	o	o	o	o	o	x	x	o	[o]
	DDP	o	o	o	o	o	o	o	o	o	o	o	[o]
해상 · 내수로 운송용 규칙	FAS	o	o	o	o	o	o	x	x	x	x	x	x
	FOB	o	o	o	o	o	o	x	x	x	x	x	x
	CFR	o	o	o	o	o	o	[o]	x	x	x	x	[o]
	CIF	o	o	o	o	o	o	[o]	[o]	x	x	x	[o]

* 위의 [o] 부분은 매도인이 기본운임과 최소담보 보험료만을 부담한다는 의미이다.

13) 서정두, 『국제무역계약』, 삼영사, 2001, p. 26.

또 인코텀즈® 2010은 각 규칙별로 매도인과 매수인의 각 상대방에 대한 의무사항들을 다음의 〈표 4〉와 같은 명칭의 각 10개 조항으로 대칭되게 분류하여 이들을 각각 매도인의 의무와 매수인의 의무 순으로 배열하고 있다.

〈표 4〉 Incoterms® 2010의 의무조항명

A. 매도인의 의무	B. 매수인의 의무
A1 매도인의 일반적 의무	B1 매수인의 일반적 의무
A2 허가, 승인, 보안수속 및 기타 절차	B2 허가, 승인, 보안수속 및 기타 절차
A3 운송 및 보험계약	B3 운송 및 보험계약
A4 인도	B4 인도의 접수
A5 위험의 이전	B5 위험의 이전
A6 비용의 분담	B6 비용의 분담
A7 매수인에 대한 통지	B7 매도인에 대한 통지
A8 인도서류	B8 인도의 증거
A9 점검 · 포장 · 화인	B9 물품의 검사
A10 정보의 협조 및 관련 비용	B10 정보의 협조 및 관련 비용

3. Incoterms® 2010의 전문과 서문

- **FOREWORD**(전문)

By Rajat Gupta, ICC Chairman

The global economy has given businesses broader access than ever before to markets all over the world. Goods are sold in more countries, in larger quantities, and in greater variety. But as the volume and complexity of global sales increase, so do possibilities for misunderstandings and costly disputes when sale contracts are not adequately drafted.

The Incoterms® rules, the ICC rules on the use of domestic and international trade terms, facilitate the conduct of global trade. Reference to an Incoterms® 2010 rule in a sale contract clearly defines the parties' respective obligations and reduces the risk of legal complications.

Since the creation of the Incoterms rules by ICC in 1936, this globally accepted contractual standard has been regularly updated to keep pace with the development of international trade. The Incoterms® 2010 rules take account of the continued spread of customs-free zones, the increased use of electronic communications in business transactions, heightened concern about security in the movement of goods and changes in transport practices. *Incoterms*® 2010 updates and consolidates the 'delivered' rules, reducing the total number of rules from 13 to 11, and offers a simpler and clearer presentation of all the rules. *Incoterms*® 2010 is also the first version of the Incoterms rules to make all references to buyers and sellers gender-neutral.

The broad expertise of ICC's Commission on Commercial Law and Practice, whose membership is drawn from all parts of the world and all trade sectors, ensures that the Incoterms® 2010 rules respond to business needs everywhere.

ICC would like to express its gratitude to the members of the Commission, chaired by Fabio Bortolotti (Italy), to the Drafting Group, which comprised Charles Debattista (Co-Chair, UK), Christoph Martin Radtke (Co-Chair, France), Jens Bredow (Germany), Johnny Herre (Sweden), David Lowe (UK), Lauri Railas (Finland), Frank Reynolds (US), and Miroslav Subert (Czech Republic), and to Asko Raty (Finland) for assistance with the images depicting the 11 rules.

번역 *Rajat Gupta, 국제상업회의소 회장*

글로벌 경제는 이전의 어느 때보다 전세계 시장으로 비즈니스의 폭넓은 접근을 가능하게 하였다. 물품은 보다 많은 국가에서, 보다 많은 수량으로, 그리고 보다 다양하게 매각되고 있다. 그러나 글로벌 매매의 규모와 복합성이 증가함에 따라, 매매계약이 적당하게 작성되지 아니한 때에는 오해와 소모적인 분쟁의 개연성도 증가하고 있다.

인코텀즈® 규칙은 국내와 국제무역거래조건의 사용에 관한 ICC(국제상업회의소) 규칙으로서, 글로벌 무역거래의 수행을 촉진시킨다. 매매계약에서 인코텀즈® 2010 규칙을 언급하는 경우에는, 당사자들은 각각의 의무를 명확하게 규정할 수 있으며, 또 법적인 복잡성의 위험을 경감할 수 있다.

인코텀즈 규칙이 1936년에 ICC에 의하여 탄생된 이래로, 이는 범세계적인 계약표준으로서 인정되었고 국제무역거래의 발전에 부응하고자 정기적으로 개선되어 왔다. 인코텀즈® 2010 규칙은 관세자유구역의 지속적인 확대, 비즈니스 거래에서 전자통신의 사용증가, 물품이동에 따른 보안문제의 고취된 관심 및 운송관습의 변화 등을 고려하고 있다. 인코텀즈® 2010은 '도착지인도'(delivered) 규칙을 개선하고 통합하여, 규칙의 전체 숫자가 13개에서 11개로 감축되었으며, 또 모든 규칙의 보다 간결하고 명확한 제시를 표방하고 있다. 인코텀즈® 2010은 또한 인코텀즈 규칙의 판본 중에 처음으로 매수인과 매도인에 대한 모든 언급을 중성으로 표기하고 있다.

ICC 상사법무위원회의 위원들은 전세계의 모든 지역과 모든 무역분야에서 발탁되었고, 이들의 광범한 전문성으로 인하여 인코텀즈® 2010 규칙은 어떠한 경우에서도 비즈니스의 필요에 부합한다는 확신을 주고 있다.

ICC는 Fabio Bortolotti(이탈리아)를 의장으로 한 상사법무위원회의 위원들, Charles Debattista(공동의장, 영국), Christoph Martin Radtke(공동의장, 프랑스), Jens Bredow(독일), Johnny Herre(스웨덴), David Lowe(영국), Lauri Railas(핀란드), Frank Reynolds(미국) 및 Miroslav Subert(체코공화국)로 구성된 초안그룹, 그리고 11개 규칙의 도안제작에 도움을 주신 Asko Raty(핀란드)께 감사의 뜻을 표하고자 한다.

• INTRODUCTION(서문)

The Incoterms®[14] rules explain a set of three-letter trade terms reflecting business-to-business practice in contracts for the sale of goods. The Incoterms rules describe mainly the tasks, costs and risks involved in the delivery of goods from sellers to buyers.

14) "Incoterms" is a registered trademark of the International Chamber of Commerce.("인코텀즈"는 국제상업회의소의 등록상표이다.)

번역 인코텀즈® 규칙은 물품매매계약에서 기업간의 관례를 반영한 세 문자의 무역거래조건 일체를 설명하고 있다. 인코텀즈 규칙은 주로 매도인으로부터 매수인에게 물품의 인도에 관련된 업무, 비용 및 위험을 기술하고 있다.

How to use the Incoterms® 2010 rules
(인코텀즈® 2010 규칙의 사용방법)

1. Incorporate the Incoterms® 2010 rules into your contract of sale

If you want the Incoterms® 2010 rules to apply to your contract, you should make this clear in the contract, through such words as, "[*the chosen Incoterms rule including the named place, followed by*] Incoterms® 2010".

2. Choose the appropriate Incoterms rule

The chosen Incoterms rule needs to be appropriate to the goods, to the means of their transport, and above all to whether the parties intend to put additional obligations, for example such as the obligation to organize carriage or insurance, on the seller or on the buyer. The Guidance Note to each Incoterms rule contains information that is particularly helpful when making this choice. Whichever Incoterms rule is chosen, the parties should be aware that the interpretation of their contract may well be influenced by customs particular to the port or place being used.

3. Specify your place or port as precisely as possible

The chosen Incoterms rule can work only if the parties name a place or port, and will work best if the parties specify the place or port as precisely as possible.

A good example of such precision would be :

"**FCA 38 Cours Albert 1er, Paris, France Incoterms® 2010**".

Under the Incoterms rules Ex Works (EXW), Free Carrier (FCA), Delivered at Terminal (DAT), Delivered at Place (DAP), Delivered Duty Paid (DDP), Free Alongside Ship (FAS), and Free on Board (FOB), the named place is the place where delivery takes place and where risk passes from the seller to the buyer. Under the Incoterms rules Carriage Paid To (CPT), Carriage and Insurance Paid To (CIP), Cost and Freight (CFR) and Cost, Insurance and Freight (CIF), the named place differs from the place of delivery. Under these four Incoterms rules, the named place is the place of destination to which carriage is paid. Indications as to place or destination can helpfully be further specified by stating a precise point in that place or destination in order to avoid doubt or argument.

4. Remember that Incoterms rules do not give you a complete contract of sale

Incoterms rules do say which party to the sale contract has the obligation to make carriage or insurance arrangements, when the seller delivers the goods to the buyer, and which costs each party is responsible for. Incoterms rules, however, say nothing about the price to be paid or the method of its payment. Neither do they deal with the transfer of ownership of the goods, or the consequences of a breach of contract. These matters are normally dealt with through express terms in the contract of sale or in the law governing that contract. The parties should be aware that mandatory local law may override any aspect of the sale contract, including the chosen Incoterms rule.

번역 **1. 인코텀즈® 2010 규칙을 각 매매계약에 포함시킬 것.**

인코텀즈® 2010 규칙을 각 계약에 적용하고자 원하는 경우에는, 이러한 취지를 계약에서 예컨대 "[선택된 인코텀즈 규칙과 지정된 장소를 삽입하고 이어서] 인코텀즈® 2010"이라는 문언 등으로 명확하게 나타내야 한다.

2. 적절한 인코텀즈 규칙을 선택할 것.

선택된 인코텀즈 규칙은 물품과 그 운송수단에 적절하여야 하며, 또 무엇보다도 당사자들이 추가적인 의무, 예컨대 운송이나 보험계획의 의무 등을 매도인 또는 매수인 중에 누가 부담하도록 의도하는지에 적절하여야 한다.

3. 장소나 항구를 가능한 한 정확하게 명시할 것.

선택된 인코텀즈 규칙은 당사자들이 장소나 항구를 지정하는 경우에만 작동할 수 있으며, 또 당사자들이 장소나 항구를 가능한 한 정확하게 명시하는 경우에는 가장 잘 작동할 것이다.

다음과 같은 경우가 그러한 정확성의 좋은 예가 될 것이다.

"FCA 프랑스 파리의 알버트 1가 38번지 인코텀즈® 2010".

공장인도(EXW), 운송인인도(FCA), 터미널인도(DAT), 착지인도(DAP), 관세지급인도(DDP), 선측인도(FAS), 본선인도(FOB) 등의 인코텀즈 규칙 하에서, 지정된 장소는 인도가 일어나는 장소이자 위험이 매도인으로부터 매수인에게 넘어가는 장소가 된다. 운송비지급인도(CPT), 운송비·보험료지급인도(CIP), 운임포함인도(CFR), 운임·보험료포함인도(CIF) 등의 인코텀즈 규칙 하에서, 지정된 장소는 인도장소와 다르다. 이들 네 개의 인코텀즈 규칙 하에서, 지정된 장소는 그곳까지 운임이 지급되는 목적장소가 된다. 장소나 목적지의 표시는 의문이나 논란을 피할 수 있도록 당해 장소나 목적지에서 나아가 정확한 지점을 기재하여 더욱 명확하게 하는 것이 도움이 될 수 있다.

4. 인코텀즈 규칙은 완전한 매매계약을 제공하지 아니함을 유념할 것.

인코텀즈 규칙은 매매계약의 어느 당사자가 운송이나 보험약정을 체결할 의무를 부담하는지, 언제 매도인이 매수인에게 물품을 인도하는지, 그리고 어떠한 비용을 각 당사자가 책임져야 하는지를 말하고 있다. 그러나 인코텀즈 규칙은 지급할 대금이나 그 지급방법에 관하여는 아무것도 말하지 아니한다. 더구나 동 규칙은 물품의 소유권 이전이나 계약위반의 결과를 전혀 다루지 아니한다. 이러한 문제는 일반적으로 매매계약의 명시조건이나 그러한 계약의 준거법을 통하여 다루어진다. 당사자들은 선택된 인코텀즈 규칙을 포함하고 있는 매매계약의 어떠한 측면보다도 강제적인 국내법이 우선할 수 있다는 사실을 인식하여야 한다.

Main features of the Incoterms® 2010 rules
(인코텀즈® 2010 규칙의 주요특징)

1. Two new Incoterms rules – DAT and DAP – have replaced the Incoterms 2000 rules DAF, DES, DEQ and DDU

The number of Incoterms rules has been reduced from 13 to 11. This has been achieved by substituting two new rules that may be used irrespective of the agreed mode of transport – DAT, Delivered at Terminal, and DAP, Delivered at Place – for the Incoterms 2000 rules DAF, DES, DEQ and DDU.

Under both new rules, delivery occurs at a named destination : in DAT, at the buyer's disposal unloaded from the arriving vehicle (as under the former DEQ rule); in DAP, likewise at the buyer's disposal, but ready for unloading (as under the former DAF, DES and DDU rules).

The new rules make the Incoterms 2000 rules DES and DEQ superfluous. The named terminal in DAT may well be in a port, and DAT can therefore safely be used in cases where the Incoterms 2000 rule DEQ once was. Likewise, the arriving "vehicle" under DAP may well be a ship and the named place of destination may well be a port : consequently, DAP can safely be used in cases where the Incoterms 2000 rule DES once was. These new rules, like their predecessors, are "delivered", with the seller bearing all the costs (other than those related to import clearance, where applicable) and risks involved in bringing the goods to the named place of destination.

2. Classification of the 11 Incoterms® 2010 rules

The 11 Incoterms® 2010 rules are presented in two distinct classes :

<u>RULES FOR ANY MODE OR MODES OF TRANSPORT</u>

EXW EX WORKS
FCA FREE CARRIER
CPT CARRIAGE PAID TO
CIP CARRIAGE AND INSURANCE PAID TO
DAT DELIVERED AT TERMINAL

DAP DELIVERED AT PLACE

DDP DELIVERED DUTY PAID

RULES FOR SEA AND INLAND WATERWAY TRANSPORT

FAS FREE ALONGSIDE SHIP

FOB FREE ON BOARD

CFR COST AND FREIGHT

CIF COST INSURANCE AND FREIGHT

The first class includes the seven Incoterms® 2010 rules that can be used irrespective of the mode of transport selected and irrespective of whether one or more than one mode of transport is employed. EXW, FCA, CPT, CIP, DAT, DAP and DDP belong to this class. They can be used even when there is no maritime transport at all. It is important to remember, however, that these rules *can* be used in cases where a ship is used for part of the carriage.

In the second class of Incoterms® 2010 rules, the point of delivery and the place to which the goods are carried to the buyer are both ports, hence the label "sea and inland waterway" rules. FAS, FOB, CFR and CIF belong to this class. Under the last three Incoterms rules, all mention of the ship's rail as the point of delivery has been omitted in preference for the goods being delivered when they are "on board" the vessel. This more closely reflects modern commercial reality and avoids the rather dated image of the risk swinging to and fro across an imaginary perpendicular line.

3. Rules for domestic and international trade

Incoterms rules have traditionally been used in *international* sale contracts where goods pass across national borders. In various areas of the world, however, trade blocs, like the European Union, have made border formalities between different countries less significant. Consequently, the subtitle of the Incoterms® 2010 rules formally recognizes that they are available for application to both international and domestic sale contracts. As a result, the Incoterms® 2010 rules clearly state in a number of places that the obligation to comply with export/import formalities exists only where applicable.

Two developments have persuaded ICC that a movement in this

direction is timely. Firstly, traders commonly use Incoterms rules for purely domestic sale contracts. The second reason is the greater willingness in the United States to use Incoterms rules in domestic trade rather than the former Uniform Commercial Code shipment and delivery terms.

4. Guidance Notes

Before each Incoterms® 2010 rule you will find a Guidance Note. The Guidance Notes explain the fundamentals of each Incoterms rule, such as when it should be used, when risk passes, and how costs are allocated between seller and buyer. The Guidance Notes are not part of the actual Incoterms® 2010 rules, but are intended to help the user accurately and efficiently steer towards the appropriate Incoterms rule for a particular transaction.

5. Electronic communication

Previous versions of Incoterms rules have specified those documents that could be replaced by EDI messages. Articles A1/B1 of the Incoterms® 2010 rules, however, now give electronic means of communication the same effect as paper communication, as long as the parties so agree or where customary. This formulation facilitates the evolution of new electronic procedures throughout the lifetime of the Incoterms® 2010 rules.

6. Insurance cover

The Incoterms® 2010 rules are the first version of the Incoterms rules since the revision of the Institute Cargo Clauses and take account of alterations made to those clauses. The Incoterms® 2010 rules place information duties relating to insurance in articles A3/B3, which deal with contracts of carriage and insurance. These provisions have been moved from the more generic articles found in articles A10/B10 of the Incoterms 2000 rules. The language in articles A3/B3 relating to insurance has also been altered with a view to clarifying the parties' obligations in this regard.

7. Security-related clearances and information required for such clearances

There is heightened concern nowadays about security in the movement of goods, requiring verification that the goods do not pose a threat to life or property for reasons other than their inherent nature. Therefore, the

Incoterms® 2010 rules have allocated obligations between the buyer and seller to obtain or to render assistance in obtaining security-related clearances, such as chain-of-custody information, in articles A2/B2 and A10/B10 of various Incoterms rules.

8. Terminal handling charges

Under Incoterms rules CPT, CIP, CFR, CIF, DAT, DAP, and DDP, the seller must make arrangements for the carriage of the goods to the agreed destination. While the freight is paid by the seller, it is actually paid for by the buyer as freight costs are normally included by the seller in the total selling price. The carriage costs will sometimes include the costs of handling and moving the goods within port or container terminal facilities and the carrier or terminal operator may well charge these costs to the buyer who receives the goods. In these circumstances, the buyer will want to avoid paying for the same service twice : once to the seller as part of the total selling price and once independently to the carrier or the terminal operator. The Incoterms® 2010 rules seek to avoid this happening by clearly allocating such costs in articles A6/B6 of the relevant Incoterms rules.

9. String sales

In the sale of commodities, as opposed to the sale of manufactured goods, cargo is frequently sold several times during transit "down a string". When this happens, a seller in the middle of the string does not "ship" the goods because these have already been shipped by the first seller in the string. The seller in the middle of the string therefore performs its obligations towards its buyer not by shipping the goods, but by "procuring" goods that have been shipped. For clarification purposes, Incoterms® 2010 rules include the obligation to "procure goods shipped" as an alternative to the obligation to ship goods in the relevant Incoterms rules.

번역 **1. 두 개의 새로운 인코텀즈 규칙, 즉 DAT와 DAP가 인코텀즈 2000 규칙인 DAF, DES, DEQ 및 DDU를 대체함.**

인코텀즈 규칙의 숫자는 13개에서 11개로 감축되었다. 이는 합의된 운송방식에 관계 없이 사용할 수 있는 두 개의 새로운 규칙, 즉 DAT(터미널인도)와 DAP(착지인도)가 인코텀즈 2000 규칙인 DAF, DES, DEQ 및 DDU를 대체함으로써 성취된 것이다.

새로운 양자의 규칙 하에서, 인도는 지정된 목적지에서 발생한다. 즉, DAT에서는 (기존의 DEQ 규칙 하에서처럼) 도착하는 차량으로부터 양하된 후 매수인의 임의처분하에서 발생하며, 또 DAP에서는 (기존의 DAF, DES 및 DDU 규칙 하에서처럼) 양하할 준비만 갖추어 마찬가지로 매수인의 임의처분하에서 발생한다.

새로운 규칙은 인코텀즈 2000 규칙인 DES와 DEQ를 불필요하게 만들었다. DAT에서 지정된 터미널은 당연히 항구일 수도 있으며, 따라서 DAT는 인코텀즈 2000 규칙인 DEQ가 한 때 사용되었던 경우에도 안전하게 사용할 수 있다. 마찬가지로 DAP 하에서 도착하는 "차량"(vehicle)은 당연히 선박일 수도 있으며, 또 지정된 목적장소는 당연히 항구일 수도 있다. 즉, 결과적으로 DAP는 인코텀즈 2000 규칙인 DES가 한 때 사용되었던 경우에도 안전하게 사용할 수 있다. 이들 새로운 규칙은 종래의 규칙들처럼 "도착지인도"(delivered)이므로, 매도인은 지정된 목적장소까지 물품을 운반하는데 관련된 모든 비용(적용가능한 경우의 수입수속에 관련된 비용은 제외)과 위험을 부담한다.

2. 인코텀즈® 2010 규칙 11개의 분류

인코텀즈® 2010 규칙 11개는 두 개의 구별되는 종류로 제시되어 있다.

단일이나 복수의 모든 운송방식용 규칙

EXW 공장인도
FCA 운송인인도
CPT 운송비지급인도
CIP 운송비 · 보험료지급인도
DAT 터미널인도
DAP 착지인도
DDP 관세지급인도

해상 및 내수로 운송용 규칙

FAS 선측인도

FOB 본선인도

CFR 운임포함인도

CIF 운임·보험료포함인도

첫 번째의 종류는 선정된 운송방식에 관계 없이 그리고 하나 또는 둘 이상의 운송방식이 채용되든지 여부에 관계 없이 사용할 수 있는 일곱 개의 인코텀즈® 2010 규칙을 포함한다. EXW, FCA, CPT, CIP, DAT, DAP 및 DDP가 이 종류에 속한다. 이들은 해상운송이 전혀 존재하지 아니한 때에도 사용할 수 있다. 그러나 이들 규칙은 선박이 운송의 일부로 사용되는 경우에도 사용할 수 있음을 유념하는 것이 중요하다.

인코텀즈® 2010 규칙의 두 번째 종류에서, 인도지점과 물품이 매수인에게 운송되는 장소는 모두 항구이며, 그러므로 "해상 및 내수로"(sea and inland waterway) 규칙이라는 표지가 붙었다. FAS, FOB, CFR 및 CIF가 이 종류에 속한다. 마지막 세 개의 인코텀즈 규칙 하에서는, 인도지점으로서 선박의 난간에 대한 모든 인용은 삭제되었으며, 오히려 물품이 본선의 "갑판상에"(on board) 적재된 때에 인도되는 것으로 하였다. 이는 현재의 상업적인 현실을 보다 면밀하게 반영하면서, 가상의 수직선을 가로질러 위험이 이리저리 오간다는 아주 구시대의 인상을 탈피하는 것이다.

3. 국내와 국제무역거래를 위한 규칙

인코텀즈 규칙은 전통적으로 물품이 국경을 가로질러 넘어가는 국제 매매계약에 사용되어왔다. 그러나 세계의 여러 지역에서, 유럽연합과 같은 무역 블록의 등장은 상이한 국가간의 국경절차를 덜 중요하게 만들었다. 결과적으로 인코텀즈® 2010 규칙의 부제에서는 그것이 국제 및 국내매매계약의 양자에 적용가능하다는 것을 공식적으로 인정하고 있다. 결국 인코텀즈® 2010 규칙의 많은 곳에서 수출과 수입절차를 준수할 의무는 적용가능한 경우에만 존재한다는 것을 명확하게 기재하고 있다.

다음 두 가지의 변화는 ICC에게 이러한 방향으로의 선회가 시의적절하다는 것을 설득하게 되었다. 첫째, 무역거래자들은 순수한 국내매매계약에서도 인코텀즈를 보편적으로 사용한다는 것이다. 둘째의 이유는 미국에서 국내무역거래에 기존의 통일상법전(UCC)의 선적 및 인도조건 대신에 인코텀즈 규칙을 사용하고자 하는 의지가 더 크기 때문이다.

4. 안내문

인코텀즈® 2010 각 규칙의 앞에는 안내문을 볼 수 있다. 안내문은 인코텀즈 각 규칙의 근본, 예컨대 언제 이를 사용하여야 하고, 언제 위험이 넘어가며, 또 매도인과 매수인간에 어떻게 비용이 분담되는지 등을 설명하고 있다. 안내문은 실질적인 인코텀즈® 2010 규칙의 일부가 아니며, 단지 사용자로 하여금 특정거래에서 적절한 인코텀즈 규칙을 향하여 정확하고 효율적으로 접근할 수 있도록 도움을 주고자 의도된 것이다.

5. 전자통신

인코텀즈 규칙의 구본은 EDI 메시지에 의하여 대체될 수 있는 서류를 명시하였다. 그러나 인코텀즈® 2010 규칙의 제A1조와 제B1조에서는 이에 당사자들이 합의하거나 관습적인 경우의 범위 내에서 전자적 통신수단에 대하여 종이 통신과 동등한 효력을 부여하고 있다. 이러한 성문화는 인코텀즈® 2010 규칙의 존속기간 전반에 걸쳐 새로운 전자적 처리방법의 개발을 촉진시킨다.

6. 보험담보

인코텀즈® 2010 규칙은 협회적하약관(ICC)의 개정 이래 인코텀즈 규칙의 최초본이며, 또 이들 약관에서 이루어진 변경을 고려하고 있다. 인코텀즈® 2010 규칙은 운송 및 보험계약을 다루는 제A3조와 제B3조에서 보험에 관련한 정보의무를 규정하고 있다. 이들 규정은 인코텀즈 2000 규칙의 제A10조와 제B10조에서 보았던 상당히 포괄적인 조항들로부터 이동된 것이다. 또한 보험에 관련한 제A3조와 제B3조에서의 언어는 이에 관하여 당사자들의 의무를 명쾌하게 할 목적으로 변경되었다.

7. 보안관련 수속과 그러한 수속에 요구되는 정보

오늘날 물품의 이동에서는 보안에 관한 관심이 증가되고 있으며, 물품이 그 고유의 성격 이외의 이유로는 생명이나 재산에 위협을 주지 아니한다는 확인이 요구되고 있다. 따라서 인코텀즈® 2010 규칙은 여러 인코텀즈 규칙의 제A2조와 제B2조 및 제A10조와 제B10조에서 매수인과 매도인간에 일체의 보관정보 등 보안관련 수속을 취득하거나 또는 그 취득에 협조를 공여할 의무를 분담시키고 있다.

8. 터미널 취급경비(THC)

인코텀즈 규칙 CPT, CIP, CFR, CIF, DAT, DAP 및 DDP 하에서, 매도인은 반드시 합의된 목적지까지 물품의 운송약정을 체결하여야 한다. 운임이 매도인에 의하여 지급되도록 하고 있지만, 운임비용이 통상적으로 매도인에 의하여 총 매각대금에 포함되기 때문에, 이는 현실적으로 매수인에 의하여 지급되는 것이다. 운송비용은 종종 항구나 컨테이너 터미널 시설 내에서 물품의 취급 또는 이동비용을 포함할 때가 있으며, 운송인과 터미널 운영자는 당연히 물품을 수령하는 매수인에게 이들 비용을 부과한다. 이러한 사정에서, 매수인은 동일한 서비스에 대하여 두 번, 즉 총 매각대금의 일부로서 매도인에게 한 번 그리고 이와 별도로 운송인이나 터미널 운영자에게 또 한 번 지급하는 것을 회피하고자 원할 것이다. 인코텀즈® 2010 규칙은 관련된 인코텀즈 규칙의 제A6조와 제B6조에서 그러한 비용을 명확하게 분담시킴으로써 이러한 사태를 회피하고자 모색하고 있다.

9. 연계매매

제조된 물품매매에 반대되는 상품매매에서는, 화물은 흔히 "한 연계선에서"(down a string) 수송 동안에 여러 번 매각된다. 이러한 때에는, 연계선의 중간에 있는 매도인은 물품을 "선적하지"(ship) 아니한다. 왜냐하면 물품은 이미 연계선의 첫째 매도인에 의하여 선적되었기 때문이다. 따라서 연계선의 중간에 있는 매도인은 물품을 선적하는 것이 아니라, 선적된 물품을 "조달함"(procuring)으로써 매수인에 대한 자신의 의무를 이행한다. 이를 명쾌히 할 목적으로, 인코텀즈® 2010 규칙은 관련된 인코텀즈 규칙에서 물품을 선적할 의무의 대안으로서 "선적된 물품을 조달할"(procure goods shipped) 의무를 포함하고 있다.

Variants of Incoterms rules
(인코텀즈 규칙의 변형)

Sometimes the parties want to alter an Incoterms rule. The Incoterms® 2010 rules do not prohibit such alteration, but there are dangers in so doing. In order to avoid any unwelcome surprises, the parties would need to make the intended effect of such alterations extremely clear in their contract. Thus, for example, if the allocation of costs in the Incoterms® 2010 rules is altered in the contract, the parties should also clearly state whether they intend to vary the point at which the risk passes from seller to buyer.

번역 당사자들은 종종 인코텀즈 규칙을 변경하고자 원한다. 인코텀즈® 2010은 그러한 변경을 금지하지는 아니하지만, 그렇게 행하는 데에는 위험이 따르게 된다. 어떠한 반갑지 아니한 결과를 회피하기 위하여는, 당사자들은 계약에서 그러한 변경의 의도된 효과를 극히 명확하게 규정할 필요가 있을 것이다. 따라서, 예컨대 인코텀즈® 2010 규칙에서의 비용의 분담이 계약에서 변경되는 경우에는, 당사자들은 위험이 매도인으로부터 매수인에게 넘어가는 지점의 변형을 의도하였는지의 여부 또한 명확하게 기재하여야 한다.

Status of this introduction
(이 서문의 지위)

This introduction gives general information on the use and interpretation of the Incoterms® 2010 rules, but does not form part of those rules.

번역 이 서문은 인코텀즈® 2010 규칙의 사용과 해석에 관한 일반적인 정보를 제공하고 있지만, 그러한 규칙의 일부를 구성하지는 아니한다.

Explanation of terms used in the Incoterms® 2010 rules
(인코텀즈® 2010 규칙에 사용된 용어의 설명)

As in the Incoterms 2000 rules, the seller's and buyer's obligations are presented in mirror fashion, reflecting under column A the seller's obligations and under column B the buyer's obligations. These obligations can be carried out personally by the seller or the buyer or sometimes, subject to terms in the contract or the applicable law, through intermediaries such as carriers, freight forwarders or other persons nominated by the seller or the buyer for a specific purpose.

The text of the Incoterms® 2010 rules is meant to be self-explanatory. However, in order to assist users the following text sets out guidance as to the sense in which selected terms are used throughout the document.

Carrier: For the purposes of the Incoterms® 2010 rules, the carrier is the party with whom carriage is contracted.

Customs formalities: These are requirements to be met in order to comply with any applicable customs regulations and may include documentary, security, information or physical inspection obligations.

Delivery: This concept has multiple meanings in trade law and practice, but in the Incoterms® 2010 rules, it is used to indicate where the risk of loss of or damage to the goods passes from the seller to the buyer.

Delivery document: This phrase is now used as the heading to article A8. It means a document used to prove that delivery has occurred. For many of the Incoterms® 2010 rules, the delivery document is a transport document or corresponding electronic record. However, with EXW, FCA, FAS and FOB, the delivery document may simply be a receipt. A delivery document may also have other functions, for example as part of the mechanism for payment.

Electronic record or procedure: A set of information constituted of one or more electronic messages and, where applicable, being functionally equivalent with the corresponding paper document.

Packaging: This word is used for different purposes:

1. The packaging of the goods to comply with any requirements under the contract of sale.

2. The packaging of the goods so that they are fit for transportation.

3. The stowage of the packaged goods within a container or other means of transport.

In the Incoterms® 2010 rules, packaging means both the first and second of the above. The Incoterms® 2010 rules do not deal with the parties' obligations for stowage within a container and therefore, where relevant, the parties should deal with this in the sale contract.

번역 인코텀즈 2000 규칙에서처럼, 매도인과 매수인의 의무는 대칭적인 모양으로 제시되어 있으며, A 항목 아래에는 매도인의 의무를, 그리고 B 항목 아래에는 매수인의 의무를 반영하고 있다. 이들 의무는 매도인이나 매수인에 의하여 친히 이행되거나, 또는 종종 계약조건이나 준거법에 따라 운송인, 운송주선인 또는 매도인이나 매수인에 의하여 특정목적에 지명된 기타의 자 등의 중간당사자에 의하여 이행될 수 있다.

인코텀즈® 2010 규칙의 본문은 자기 설명형으로 의도되어 있다. 그러나 사용자들에게 도움을 주기 위하여, 다음과 같은 본문에는 선정된 용어가 이 문서의 전반에 걸쳐 사용되는 의미에 관한 안내를 설정하고 있다.

운송인(carrier) : 인코텀즈® 2010 규칙의 목적상, 운송인이라 함은 운송계약이 체결되어지는 당사자를 말한다.

통관절차(customs formalities) : 이는 어떠한 적용가능한 통관규정을 준수하기 위하여 당면하는 요건이며, 서류나 보안, 정보 또는 물리적인 검사의 의무를 포함할 수 있다.

인도(delivery) : 이 개념은 무역법과 실무에서는 복합적인 의미를 갖고 있지만, 인코텀즈® 2010 규칙에서, 인도라 함은 어디서 물품의 멸실 또는 손상의 위험이 매도인으로부터 매수인에게 넘어가는지를 명시하는 데 사용된다.

인도서류(delivery document) : 이 문구는 현재 제A8조의 제목으로서 사용되고 있다. 인도서류라 함은 인도가 발생하였다는 사실을 입증하는 데 사용되는 서류를 의미한다. 다수의 인코텀즈® 2010 규칙에서, 인도서류라 함은 운송서류 또는 이에 상응하는 전자기록을 말한다. 그러나 EXW, FCA, FAS 및 FOB에서, 인도서류라 함은 단순히 수령증이 될 수도 있다. 또한 인도서류는 다른 기능, 예컨대 지급체계의 일부로서 기능을 가질 수 있다.

전자기록 또는 처리방법(electronic record or procedure) : 이는 하나 또는 둘 이상의 전자메시지로 구성되어 있고, 적용가능한 경우에는 이에 상응하는 종이서류와 동등한 기능을 하는 일체의 정보를 말한다.

포장(packaging) : 이 문언은 다음과 같이 상이한 목적으로 사용되고 있다.

1. 매매계약의 어떠한 요건을 준수하기 위한 물품의 포장.
2. 물품이 운송에 적합하도록 하기 위한 물품의 포장.
3. 컨테이너나 기타의 운송수단 안으로 포장된 물품의 적부.

인코텀즈® 2010 규칙에서, 포장이라 함은 상기의 첫째와 둘째의 양자를 의미한다. 인코텀즈® 2010 규칙은 컨테이너 안으로 적부할 당사자의 의무는 다루지 아니하며, 따라서 관련이 있는 경우에는 당사자들은 매매계약에서 이를 다루어야 한다.

Ⅱ. INCOTERMS® 2010 축조해설

Ⅱ

INCOTERMS® 2010 축조해설

RULES FOR ANY MODE OR MODES OF TRANSPORT
(단일이나 복수의 모든 운송방식용 규칙)

1. EXW : EX WORKS(공장인도)

EXW (insert named place of delivery) Incoterms® 2010
(EXW [지정인도장소 삽입] 인코텀즈® 2010)

GUIDANCE NOTE(안내문)

This rule may be used irrespective of the mode of transport selected and may also be used where more than one mode of transport is employed. It is suitable for domestic trade, while FCA is usually more appropriate for international trade.

"Ex Works" means that the seller delivers when it places the goods at the disposal of the buyer at the seller's premises or at another named place (i.e., works, factory, warehouse, etc.). The seller does not need to load the goods on any collecting vehicle, nor does it need to clear the goods for export, where such clearance is applicable.

The parties are well advised to specify as clearly as possible the point within the named place of delivery, as the costs and risks to that point are for the account of the seller. The buyer bears all costs and risks involved in taking the goods from the agreed point, if any, at the named place of delivery.

EXW represents the minimum obligation for the seller. The rule should be used with care as :

a) The seller has no obligation to the buyer to load the goods, even though in practice the seller may be in a better position to do so. If the seller does load the goods, it does so at the buyer's risk and expense. In cases where the seller is in a better position to load the goods, FCA, which obliges the seller to do so at its own risk and expense, is usually more appropriate.

b) A buyer who buys from a seller on an EXW basis for export needs to be aware that the seller has an obligation to provide only such assistance as the buyer may require to effect that export : the seller is not bound to organize the export clearance. Buyers are therefore well advised not to use EXW if they cannot directly or indirectly obtain export clearance.

c) The buyer has limited obligations to provide to the seller any information regarding the export of the goods. However, the seller may need this information for, e.g., taxation or reporting purposes.

번역 이 규칙은 선정된 운송방식에 관계 없이 사용할 수 있으며, 또 둘 이상의 운송방식이 채용되는 경우에도 사용할 수 있다. FCA가 통상적으로 국제무역거래에 더 적절한 반면에, 이는 국내무역거래에 적합한 것이다.

"공장인도"(ex works)라 함은 매도인이 자신의 영업장구내 또는 기타의 지정된 장소(예컨대 공장, 작업장, 창고 등)에서 물품을 매수인의 임의처분하에 적치한 때에 인도하는 것을 의미한다. 매도인은 어떠한 수거용 차량상에 물품을 적재할 필요가 없으며, 또 물품의 수출수속이 적용가능한 경우에도 이를 행하여야 할 필요가 없다.

당사자들은 지정된 인도장소내의 지점을 가능한 한 명확하게 명시하는 것이 아주 바람직하다. 왜냐하면 당해 지점까지의 비용과 위험이 매도인의 계산에 속하기 때문이다. 매수인은 지정된 인도장소의 합의된 지점(있는 경우)으로부터 물품을 접수하는데 관련된 모든 비용과 위험을 부담한다.

EXW는 매도인에게 최소한의 의무를 나타낸다. 이 규칙은 다음과 같은 점에 주의하여 사용하여야 한다.

a) 매도인이 관례적으로 물품을 적재하는데 유리한 위치에 있다 하더라도, 매도인은 매수인에 대하여 이를 적재할 아무런 의무도 부담하지 아니한다. 매도인이 물품을 적재하는 경우에는, 매도인은 매수인의 위험과 비용부담으로 이를 행하는 것이다. 매도인이 물품을 적재하는데 유리한 위치에 있는 경우에는, 매도인에게 자신의 위험과 비용부담으로 이를 행하도록 의무를 부여하는 FCA가 통상적으로 더 적절하다.

b) 매수인은 EXW에 기초하여 매도인으로부터 수출 매입하는 경우에는, 매도인은 단지 매수인이 동 수출을 진행하는데 요구될 수 있는 협조만을 제공할 의무를 부담한다는 사실을 인식할 필요가 있다. 즉, 매도인은 수출수속을 계획할 의무가 없다. 따라서 매수인은 자신이 직접 또는 간접적으로 수출수속을 취득할 수 없는 경우에는 EXW를 사용하지 아니하는 것이 아주 바람직하다.

c) 매수인은 물품의 수출에 관한 모든 정보를 매도인에게 제공할 의무를 제한하고 있다. 그러나 매도인에게는 예컨대 과세 또는 보고의 목적으로 이러한 정보가 필요할 수 있다.

해설 1. [EXW의 정의] "EXW"(공장인도)라 함은 매도인이 자신의 영업장구내(at the seller's premises)에서 매수인에게 물품을 인도하는 거래조건을 말한다. 즉, 매도인은 자신의 영업장구내 또는 기타 지정된 장소내의 공장, 작업장, 창고 등에서 물품을 매수인의 임의처분하에 적치하여야 한다.[15]

그러나 매도인은 물품의 수출수속이나 매수인의 수거용 차량에 적재할 책임이 없으며, 물품이 인도된 이후의 모든 절차는 매수인의 위험과 비용부담으로 이를 행하게 된다. 이러한 거래조건을 영국에서는 일명 "Loco"(현지인도) 또는 "On spot"(현장인도)라고도 부르며, 미국에서는 "Ex... point of origin"(지정원산지인도), "FOB factory"(공장본선인도) 등으로 부르기도 한다.[16)]

EXW는 매도인의 입장에서는 수출적합포장과 제품점검비용을 비롯한 기타 부대비용을 부담하는 것을 제외하면 국내매매와 동일하다고 볼 수 있다. 따라서 이 규칙은 순수한 국내매매(미국 등)나 외국무역에 익숙치 못한 국내의 생산업자가 직접 수출에 참여할 경우, 또는 수입상이 수출국내에 구매대리점이나 출장소를 설치하여 수출지의 사정을 잘 아는 경우에 주로 사용된다.

다만 수출국가의 법령에 따라 외국의 매수인이 수출수속을 이행할 수 없을 때에는 EXW 규칙을 사용할 수 없으며, 이러한 경우에는 FCA 규칙이 더 적합하다. 그러나 FCA 규칙으로 전환할 경우에는, 물품의 차량적재(loading)에 대한 책임은 매도인의 부담에 속한다는 점에 유의하여야 한다.

2. **[위험 · 비용부담의 분기점]** EXW 규칙하에서 물품에 대한 모든 위험과 비용부담의 분기점은 물품이 합의된 시기에 매도인의 영업장구내에서 매수인의 임의처분하에(at the disposal of the buyer) 적치된 때이다.

따라서 매도인은 물품의 제조원가와 이윤, 수출포장의 비용, 품질 · 수량점검비용, 기타 자신의 영업장구내에서 물품을 인도할 때까지의 부대비용을 가산한 요소비용만을 부담할 뿐이며, 그 후에 물품을 매수인의 수거용 차량에 적재하고 수입국의 최종목적지까지 운반하는데 따른 일체의 비용과 위험은 매수인이 이를 부담하여야 한다. 다만 출발시에 물품의 차량적재에 대한 책임을 매도인에게 전가시키려면, 그 취지를 매매계약상에 명확히 기재하여야 한다.

결국 EXW 규칙은 인코텀즈® 2010 상의 11개 무역거래조건 중에서 매도인에 대하여는 최소한의 의무(minimum obligation)를, 그리고 매수인에 대하여는 최대한의 의무(maximum obligation)를 나타내는 것이다.

---

15) Jan Ramberg, *ICC Guide to Incoterms® 2010*, Publication No. 720E, 2011, p. 87.
16) Carole Murray et al., *Schmitthoff's Export Trade*, Sweet & Maxwell, 2007, p. 11.

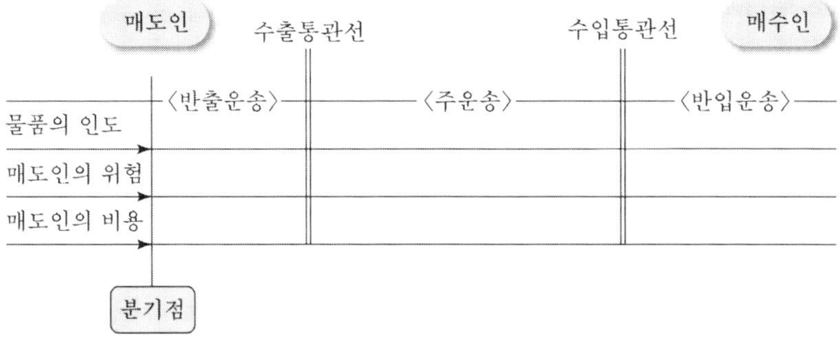

3. [매매당사자의 주요의무] EXW 규칙하에서 매도인은 ① 매매계약에 일치하는 물품을 자신의 영업장구내에서 매수인에게 인도하여야 하고, ② 계약에 일치함을 입증하는 상업송장(commercial invoice), 품질·수량 등의 검사증명서(certificate of checking) 또는 이와 동등한 전자기록을 제공하여야 한다.

또 매도인은 ③ 매수인의 요청과 비용 및 위험부담으로 보안관련 정보를 포함하여 원산지증명서(certificate of origin), 영사송장(consular invoice) 등 수출, 수입 또는 제3국의 통과에 필요한 서류를 취득하는데 협조하여야 한다.

반면 EXW 규칙하에서 매수인은 ① 매도인의 영업장구내에서 물품을 수령하고 이 사실을 입증하는 물품수령증(buyer's receipt)을 제공하여야 하고, ② 자신의 위험과 비용부담으로 물품을 최종목적지까지 운반하기 위한 모든 조치, 예컨대 수출입수속과 선적전검사 및 운송계약 등을 이행하여야 한다.

A THE SELLER'S OBLIGATIONS(매도인의 의무)

A1 General obligations of the seller. The seller must provide the goods and the commercial invoice in conformity with the contract of sale and any other evidence of conformity that may be required by the contract.

Any document referred to in A1-A10 may be an equivalent electronic record or procedure if agreed between the parties or customary.

번역 **제A1조 매도인의 일반적 의무.** 매도인은 반드시 매매계약에 일치하는 물품과 상업송장 및 계약에 의하여 요구될 수 있는 기타 모든 일치의 증명서류를 제공하여야 한다.

제A1조 내지 제A10조에 언급된 모든 서류는 당사자간에 합의되었거나 관습적인 경우에는 이와 동등한 전자기록 또는 처리방법으로 할 수 있다.

해설 EXW 규칙하에서 매도인은 매매계약에 일치하는 물품을 제공하여야 하며, 또 대금을 지급받기 위하여는 매수인에게 계약에 일치하는 상업송장을 제공하여야 한다. 또 계약에 일치하는 다른 증명서류, 예컨대 품질 · 용적 · 중량 · 수량증명서 등이 계약상에 요구된 경우에는 이를 제공하여야 한다.

또 EXW 규칙 제A1조의 증명서류뿐만 아니라 이하 제A10조까지의 모든 서류는 당사자간의 합의 또는 관습에 따라 전자기록이나 처리방법으로 대체할 수 있다. 여기서 "전자기록이나 처리방법"(electronic record or procedure)이라 함은 하나 또는 둘 이상의 전자메시지로 구성되어 있고, 적용가능한 경우에는 이에 상응하는 종이서류와 동등한 기능을 하는 일체의 정보를 말한다(서문).

즉, 인코텀즈® 2010에서는 당사자들이 합의하거나 관습적인 경우, 모든 전자적 통신수단에 대하여 종이서류와 동등한 효력을 부여하고 있다(서문).

A2 Licences, authorizations, security clearances and other formalities.

Where applicable, the seller must provide the buyer, at the buyer's request, risk and expense, assistance in obtaining any export licence, or other official authorization necessary for the export of the goods.

Where applicable, the seller must provide, at the buyer's request, risk and expense, any information in the possession of the seller that is required for the security clearance of the goods.

번역 **제A2조 허가, 승인, 보안수속 및 기타 절차.** 적용가능한 경우에는, 매도인은 반드시 매수인의 요청과 위험 및 비용부담으로 모든 수출허가 또는 물품의 수출에 필요한 기타 공적인 승인을 취득하는데 따른 협조를 매수인에게 제공하여야 한다.

적용가능한 경우에는, 매도인은 반드시 매수인의 요청과 위험 및 비용부담으로 물품의 보안수속을 위하여 요구되는 매도인의 점유 하에 있는 모든 정보를 제공하여야 한다.

해설 EXW 규칙하에서는 매수인이 수입허가는 물론이고 수출허가 또는 수출에 필요한 공적인 승인도 취득하여야 하기 때문에, 매도인은 매수인의 요청과 위험 및 비용부담으로 이를 취득하는데 필요한 협조를 다하여야 한다.

또 EXW 규칙하에서 매도인은 매수인의 요청과 위험 및 비용부담으로 물품 고유의 성격 이외의 이유로는 생명이나 재산에 위협을 주지 아니한다는 확인, 즉 보안수속에 필요한 매도인 점유하의 모든 정보를 제공하여야 한다.

다만 수출입수속에 관한 의무는 "적용가능한 경우"(where applicable)에만 해당된다. 따라서 유럽연합과 같이 관세가 면제되고 국경절차가 덜 중요한 국가나 지역 또는 순수한 국내매매(미국 등)에서 수출입수속이 요구되지 아니한 때에도, 어떠한 애매함이 없이 인코텀즈® 2010 규칙을 사용할 수 있다.

여기서 수출입수속이라 하면 수출입허가(licence)나 승인(authorization), 통관수속(customs clearance), 보안수속(security clearance) 등을 포함한다.

A3 Contracts of carriage and insurance. a) Contract of carriage. The seller has no obligation to the buyer to make a contract of carriage.

b) Contract of insurance. The seller has no obligation to the buyer to make a contract of insurance. However, the seller must provide the buyer, at the buyer's request, risk and expense (if any), with information that the buyer needs for obtaining insurance.

번역 **제A3조 운송 및 보험계약.** a) 운송계약. 매도인은 매수인에 대하여 운송계약을 체결할 아무런 의무도 부담하지 아니한다.

b) 보험계약. 매도인은 매수인에 대하여 보험계약을 체결할 아무런 의무도 부담하지 아니한다. 그러나 매도인은 반드시 매수인의 요청과 위험 및 비용부담(있는 경우)으로 매수인이 보험을 취득하는데 필요한 정보를 매수인에게 제공하여

야 한다.

해설 EXW 규칙하에서는 물품이 매도인의 영업장구내에서 매수인의 임의처분하에 인도되기 때문에, 매도인은 목적지까지의 운송 및 보험계약을 체결할 의무가 없다. 다만 매도인은 매수인의 요청 시에는 매수인의 위험과 비용부담으로 보험을 취득하는데 필요한 정보를 매수인에게 제공하여야 한다.

특히 인코텀즈® 2010 규칙은 2009년 개정된 협회적하약관(ICC)의 변화를 고려하였고, 각 규칙의 제A3조와 제B3조에서 보험에 관련한 정보의무를 추가한 것이 특징적이다. 이러한 의무는 구규칙의 제A10조와 제B10조에 있던 상당히 포괄적인 내용들을 이동시킨 것이며, 또 보험에 관련한 제A3조와 제B3조의 용어는 당사자들의 의무를 명쾌하게 할 목적으로 수정하였다(서문).

A4 Delivery. The seller must deliver the goods by placing them at the disposal of the buyer at the agreed point, if any, at the named place of delivery, not loaded on any collecting vehicle. If no specific point has been agreed within the named place of delivery, and if there are several points available, the seller may select the point that best suits its purpose. The seller must deliver the goods on the agreed date or within the agreed period.

번역 **제A4조 인도.** 매도인은 반드시 지정된 인도장소의 합의된 지점(있는 경우)에서 어떠한 수거용 차량상에 적재되지 아니한 상태로 물품을 매수인의 임의처분하에 적치하는 행위로 이를 인도하여야 한다. 지정된 인도장소 내에서 특정한 지점이 전혀 합의되지 아니한 경우와 여러 개의 이용가능한 지점이 있는 경우에는, 매도인은 자신의 목적에 가장 적합한 지점을 선정할 수 있다. 매도인은 반드시 합의된 일자 또는 합의된 기간내에 물품을 인도하여야 한다.

해설 EXW 규칙하에서 매도인은 자신의 영업장구내 또는 기타 지정된 인도장소의 합의된 지점에서 물품을 매수인의 임의처분하에 적치하여야 한다. 지점이 합의되지 아니하거나 여러 개의 이용가능한 지점이 있는 경우에는, 매도인이 지점을 선정할 수 있다. 또 매도인은 합의된 시기에 물품을 인도하여야 하며, 인도의 시기가 합의되지 아니한 경우에는, 물품의 인도는 통상적으로 당사자간의 종래의 관례나 거래의 과정에 따라 이행되어야 한다(구규칙).

여기서 "인도"(delivery)라 함은 무역법과 실무에서는 복합적인 의미를 갖고 있지만, 인코텀즈® 2010 규칙에서는 어디서 물품의 멸실 또는 손상의 위험이 매도인으로부터 매수인에게 넘어가는지를 명시하는데 사용된다(서문).

특히 EXW 규칙하에서 매도인은 관례적으로 물품을 적재하는데 유리한 위치에 있더라도, 이를 수거용 차량에 적재할 의무가 없다. 따라서 수거용 차량에 적재할 의무를 매도인에게 전가시키고자 할 경우에는, EXW 뒤에 "loaded upon departing vehicle"(출발차량적재필)이라는 문언을 추가하여 그 의무를 명확히 하여야 한다. 이러한 경우에는 EXW 보다 FCA 규칙이 더 적절하다.

A5 Transfer of risks. The seller bears all risks of loss of or damage to the goods until they have been delivered in accordance with A4 with the exception of loss or damage in the circumstances described in B5.

번역 **제A5조 위험의 이전.** 매도인은 제B5조에 기술된 사정에서의 멸실 또는 손상을 제외하고, 물품이 제A4조에 따라 인도된 때까지 물품의 멸실 또는 손상의 모든 위험을 부담하여야 한다.

해설 EXW 규칙을 비롯한 인코텀즈® 2010의 모든 규칙은 매도인이 각 제A4조에 따른 인도의 의무를 이행하였을 때에 물품에 대한 멸실 또는 손상의 모든 위험도 매수인에게 이전한다는 동일한 원칙을 견지하고 있다.

인코텀즈® 2010의 이러한 원칙은 1980년에 제정된 국제물품매매계약에 관한 유엔 협약(CISG)의 일반원칙과도 일치한다(제67조 1항). 즉, 위험의 이전은 물품의 인도시기와 연계되는 것이며, 결코 당사자간의 물품에 대한 소유권의 이전시기나 계약체결의 시기와 같은 기타 사정에 관계되는 것은 아니다.

여기서 "위험"(risks)이라 함은 운송 동안의 우연한 사고로 인한 위험만을 의미하므로, 물품의 부적합한 포장이나 화인과 같이 당사자의 과실에 의하여 야기된 물품의 멸실 또는 손상의 위험은 포함되지 아니한다.

따라서 인코텀즈® 2010의 각 규칙에 따라 위험이 매수인에게 이전된 후에도 물품이 계약조건과 불일치하게 인도된 사실에 기인하여 손해가 발생한 경우에는, 매도인은 이러한 손해에 대하여 책임을 져야 한다(제A9조).

A6 Allocation of costs. The seller must pay all costs relating to the goods until they have been delivered in accordance with A4, other than those payable by the buyer as envisaged in B6.

번역 **제A6조 비용의 분담.** 매도인은 반드시 제B6조에 적시된 대로 매수인에 의하여 지급되는 비용을 제외하고, 물품이 제A4조에 따라 인도된 때까지 물품에 관련한 모든 비용을 지급하여야 한다.

해설 위험이전의 경우와 마찬가지로 EXW 규칙을 비롯한 인코텀즈® 2010의 모든 규칙은 인도의 시점에서 매도인과 매수인간에 비용의 분담이 이루어진다. 즉, 매도인은 계약에 합의된 대로 매수인에 의하여 지급되는 비용을 제외하고, 인도의 의무를 완성한 때까지의 비용을 부담하여야 한다.

예컨대 EXW 규칙하에서 매도인은 물품의 제조 후 포장비용, 품질・수량점검비용, 기타 자신의 영업장구내에서 물품을 인도할 때까지의 모든 부대비용을 부담하여야 한다. 여기서 "포장"이라 함은 계약요건의 준수를 위한 포장과 운송에 적합한 포장을 말하며, 컨테이너 등으로의 적부는 제외한다(서문).

인코텀즈® 2010 규칙의 모든 무역거래조건을 가격조건적인 측면과 인도조건적인 측면으로 나누어 볼 경우, EXW 규칙은 비용부담의 분기점을 기준으로 계산된 모든 요소비용의 합계인 바로 "공장인도가격"을 구성하게 된다.

A7 Notices to the buyer. The seller must give the buyer any notice needed to enable the buyer to take delivery of the goods.

번역 **제A7조 매수인에 대한 통지.** 매도인은 반드시 매수인이 물품의 인도를 접수할 수 있도록 매수인에게 필요한 모든 통지를 행하여야 한다.

해설 EXW 규칙하에서 매도인은 매수인이 인도접수를 위한 준비를 할 수 있도록 인도시기와 장소 등 매수인에게 필요한 통지를 하여야 한다. 매도인이 이러한 통지를 행하지 아니한 경우에는 계약위반이 되기 때문에, 매도인은 당해 계약에 적용가능한 법률에 따라 계약위반의 책임을 지게 될 수 있다.

A8 Delivery document. The seller has no obligation to the buyer.

번역 **제A8조 인도서류.** 매도인은 매수인에 대하여 아무런 의무도 부담하지 아니한다.

해설 EXW 규칙하에서 매도인은 자신의 영업장구내 또는 국내의 기타 지정된 장소(예컨대 공장, 작업장, 창고 등)에서 물품을 매수인에게 직접 인도하기 때문에, 별도로 운송서류와 같은 인도서류를 제공할 의무가 없다.

인코텀즈® 2010 규칙에서 "인도서류"라 함은 인도가 발생하였다는 사실을 입증하는데 사용되는 서류를 의미한다. 다수의 인코텀즈® 2010 규칙에서 인도서류는 운송서류나 이에 상응하는 전자기록이 되지만, EXW를 비롯한 FCA, FAS, FOB 등에서는 단순히 수령증이 될 수도 있다. 또 인도서류는 다른 기능, 예컨대 지급체계의 일부로서 기능을 가질 수도 있다(서문).

A9 Checking - packaging - marking. The seller must pay the costs of those checking operations (such as checking quality, measuring, weighing, counting) that are necessary for the purpose of delivering the goods in accordance with A4.

The seller must, at its own expense, package the goods, unless it is usual for the particular trade to transport the type of goods sold unpackaged. The seller may package the goods in the manner appropriate for their transport, unless the buyer has notified the seller of specific packaging requirements before the contract of sale is concluded. Packaging is to be marked appropriately.

번역 **제A9조 점검 · 포장 · 화인.** 매도인은 반드시 제A4조에 따라 물품을 인도하기 위하여 필요한 물품점검업무(품질, 용적, 중량, 수량점검 등)의 비용을 지급하여야 한다.

특정무역거래에서 매각된 종류의 물품을 무포장으로 운송하는 것이 통상적이지 아니하는 한, 매도인은 반드시 자신의 비용부담으로 물품을 포장하여야 한다. 매수인이 매매계약의 체결 이전에 매도인에게 특정한 포장요건을 통지하지 않은 한, 매도인은 물품운송에 적절한 방법으로 이를 포장할 수 있다. 포장에는 적절한 화인이 있어야 한다.

해설 EXW 규칙하에서 매도인은 물품상태(품질 · 용적 · 중량 · 수량 등)에 관한 점검의무를 이행하여야 한다. 매수인의 입장에서는 물품을 수령 · 확인하기 전에 대금을 지급할 경우에는, 매도인이 이러한 의무를 이행하였다는 사실을 입증하는 검사증명서를 첨부하도록 요구하는 것이 매우 중요하다.

또 EXW 규칙하에서 물품의 무포장운송이 통상적이지 않은 한, 매도인은 자신의 비용부담으로 물품을 포장하여야 한다. 인코텀즈® 2010 규칙에서 "포장"(packaging)이라 함은 ① 계약요건을 준수하기 위한 포장과 ② 물품운송에 적합한 포장을 의미한다. 기타 이 규칙하에서는 ③ 컨테이너나 기타의 운송수단 안으로 포장된 물품을 적부할 의무 등은 포함하지 아니한다(서문).

포장은 운송사정에 따라 상당한 차이가 있기 때문에, 당사자들은 매매계약에서 특정한 포장요건을 합의하는 것이 바람직하다. 매수인이 계약체결시에 이러한 포장요건을 통지하지 않은 한, 매도인은 각 물품운송에 적절한 방법으로 포장할 수 있다. 아울러 포장에는 적절한 화인(marking)이 있어야 한다.

A10 Assistance with information and related costs. The seller must, where applicable, in a timely manner, provide to or render assistance in obtaining for the buyer, at the buyer's request, risk and expense, any documents and information, including security-related information, that the buyer needs for the export and/or import of the goods and/or for their transport to the final destination.

번역 **제A10조 정보의 협조 및 관련 비용.** 매도인은 반드시 적용가능한 경우에는, 매수인의 요청과 위험 및 비용부담으로 매수인이 물품의 수출 및/또는 수입 및/또는 최종목적지까지의 물품운송에 필요한 보안관련 정보를 포함하여 모든 서류와 정보를 취득하는데 따른 협조를 매수인에게 시의적절한 방법으로 제공하거나 공여하여야 한다.

해설 EXW 규칙하에서 물품의 수출통관, 제3국의 통과와 수입통관, 반입운송 등 수출입수속은 모두 매수인이 이행하여야 하기 때문에, 매도인은 매수인의 요청시 매수인의 위험과 비용부담으로 보안관련 정보(security-related information)를 포함하여 자신의 국가 또는 원산지국가에서 발급되는 모든 서류(원산지증명서, 세관송장, 검역증명서 등)와 정보 또는 이와 동등한 전자기록이나 처리방법 등을 취득하는데 시의적절하게 협조를 다하여야 한다.

특히 인코텀즈® 2010 규칙은 여러 규칙의 제A2조와 제B2조 및 제A10조와 제B10조에서 매수인과 매도인간에 일체의 보관정보 등 보안관련 수속을 취득하거나 또는 이에 협조를 공여할 의무를 추가한 것이 특징적이다(서문).

B THE BUYER'S OBLIGATIONS(매수인의 의무)

B1 General obligations of the buyer. The buyer must pay the price of the goods as provided in the contract of sale.

Any document referred to in B1-B10 may be an equivalent electronic record or procedure if agreed between the parties or customary.

번역 **제B1조 매수인의 일반적 의무.** 매수인은 반드시 매매계약에 약정된 대로 물품의 대금을 지급하여야 한다.

제B1조 내지 제B10조에 언급된 모든 서류는 당사자간에 합의되었거나 관습적인 경우에는 이와 동등한 전자기록 또는 처리방법으로 할 수 있다.

해설 EXW 규칙하에서 매도인이 계약에 일치하는 물품과 상업송장 및 기타 증명서류를 제공하면, 이에 대응하여 매수인은 매매계약에 합의된 시기와 방법 및 금액으로 물품의 대금을 지급하여야 한다. 계약상에 별도의 합의가 없는 한, 매수인의 대금지급은 매도인의 물품인도와 동시에 이루어져야 하기 때문에, 이를 소위 "동시이행조건"(concurrent conditions)이라고 한다.

또 EXW 규칙 제B1조의 증명서류뿐만 아니라 이하 제B10조까지의 모든 서류는 당사자간의 합의 또는 관습에 따라 전자기록이나 처리방법으로 대체할 수 있다. 여기서 "전자기록이나 처리방법"(electronic record or procedure)이라 함은 하나 또는 둘 이상의 전자메시지로 구성되어 있고, 적용가능한 경우에는 이에 상응하는 종이서류와 동등한 기능을 하는 일체의 정보를 말한다(서문).

즉, 인코텀즈® 2010에서는 당사자들이 합의하거나 관습적인 경우, 모든 전자적 통신수단에 대하여 종이서류와 동등한 효력을 부여하고 있다(서문).

B2 Licences, authorizations, security clearances and other formalities.
Where applicable, it is up to the buyer to obtain, at its own risk and expense, any export and import licence or other official authorization and carry out all customs formalities for the export of the goods.

번역 **제B2조 허가, 승인, 보안수속 및 기타 절차.** 적용가능한 경우에는, 매수인 자신의 위험과 비용부담으로 모든 수출과 수입허가 또는 기타 공적인 승인을 취득하여야 하는 것과 물품의 수출에 필요한 모든 통관절차를 이행하여야 하는 것은 매수인의 책임에 속한다.

해설 EXW 규칙하에서는 매도인이 영업장구내에서 물품을 인도하기 때문에, 매수인은 물품의 수출과 수입허가 및 기타 공적인 승인을 취득하여야 하며, 물품의 수출통관절차도 매수인이 이행하여야 한다. 여기서 "통관절차"라 함은 어떠한 적용가능한 통관규정을 준수하기 위하여 당면하는 요건이며, 서류나 보안, 정보 또는 물리적인 검사의무를 포함한다(서문). 계약상에 매수인의 면책조항(relief clauses)이 특별히 없는 한, 정부의 수출 또는 수입금지의 조치가 있더라도 매매계약에 따른 매수인의 이러한 의무는 면제되지 아니한다.

따라서 EXW 규칙하에서 매수인은 수출수속의무를 수용하기 전에 수출국가의 법령에 따라 외국인에 의한 수출허가나 수출통관이 금지되어 있는지의 여부를 확인하여야 한다. 이러한 예외적인 경우 매수인은 운송주선인 또는 통관중개인(customs brokers)을 통하여 수출수속을 밟게 하거나, 또는 수출수속의무를 회피하고자 할 때에는 EXW 뒤에 "cleared for export"(수출수속필)라는 문언을 추가하거나 EXW 대신에 FCA 규칙을 사용하여야 할 것이다.

그러나 EXW 규칙하에서 매수인은 매도인에 대하여 물품의 수입통관과 반입운송 등 수입수속의무는 부담하지 아니한다. 이는 국내매매에서는 물론이고, 필요한 경우에 매수인이 임의로 결정할 문제이기 때문이다.

B3 Contracts of carriage and insurance. a) Contract of carriage. The buyer has no obligation to the seller to make a contract of carriage.

b) Contract of insurance. The buyer has no obligation to the seller to make a contract of insurance.

번역 **제B3조 운송 및 보험계약.** a) 운송계약. 매수인은 매도인에 대하여 운송계약을 체결할 아무런 의무도 부담하지 아니한다.

b) 보험계약. 매수인은 매도인에 대하여 보험계약을 체결할 아무런 의무도 부담하지 아니한다.

해설 EXW 규칙하에서 매수인은 자신의 이해관계를 위하여 필요한 경우가 아닌 한, 매도인에 대하여는 운송 및 보험계약을 체결할 의무가 없다.

B4 Taking delivery. The buyer must take delivery of the goods when A4 and A7 have been complied with.

번역 **제B4조 인도의 접수.** 매수인은 반드시 제A4조 및 제A7조가 준수된 때에 물품의 인도를 접수하여야 한다.

해설 EXW 규칙하에서 매수인은 합의된 시기와 장소에서 물품이 매수인의 임의처분하에 적치되고 통지되면 이를 수령할 의무가 있다. 따라서 매수인은 물품을 수령하지 아니하였다고 하여 대금지급의 의무가 면제되는 것은 아니다. 이때부터 물품의 멸실 또는 손상의 위험은 이미 매수인에게 이전된 것이며, 또 매수인은 그 불이행으로 인한 추가적인 비용을 지급하여야 한다.

B5 Transfer of risks. The buyer bears all risks of loss of or damage to the goods from the time they have been delivered as envisaged in A4.

If the buyer fails to give notice in accordance with B7, then the buyer bears all risks of loss of or damage to the goods from the agreed date or the expiry date of the agreed period for delivery, provided that the goods have been clearly identified as the contract goods.

번역 **제B5조 위험의 이전.** 매수인은 물품이 제A4조에 적시된 대로 인도된 시간부터 물품의 멸실 또는 손상의 모든 위험을 부담하여야 한다.

매수인이 제B7조에 따라 통지를 행하지 아니한 경우에는, 이에 매수인은 인도의 합의된 일자 또는 합의된 기간의 만기일자로부터 물품의 멸실 또는 손상의 모든 위험을 부담하여야 한다. 다만 물품이 계약물품으로서 명확하게 특정되어 있어야 한다.

해설 EXW를 비롯한 인코텀즈® 2010의 모든 규칙은 각 제A4조에 따른 인도시점으로부터 매수인이 물품의 멸실 또는 손상의 모든 위험을 부담하도록 하고 있다. 여기서 "인도시점"(delivery point)이라 함은 EXW, DAT, DAP, DDP, FAS 규칙에서는 수출국가나 수입국가의 지정된 장소에서 물품이 매수인의 임의처분하에 적치된 때이며, 또 FCA, CPT, CIP, FOB, CFR, CIF 규칙에서는 수출국가에서 물품이 운송인이나 본선의 갑판상에 인도된 때가 된다.

그러나 EXW 규칙하에서 매수인이 제B7조에 따른 통지의무, 즉 인도수령의 시간과 지점 등에 대한 결정권이 주어졌을 때 이를 매도인에게 통지하지 아니함으로써 야기된 경우에는, 물품의 인도가 있기 전에 합의된 인도의 만기일자로부터 물품의 멸실 또는 손상의 모든 위험은 매수인에게 이전한다. 이것은 매수인의 통지의무가 매도인의 인도의무에 대한 정지조건임을 의미한다.

다만 물품이 계약에 정히 충당되기까지는 위험은 이전하지 아니한다. 예컨대 물품이 같은 품목으로 여러 매수인에게 인도되도록 통합되어 있는 불특정물(unascertained goods)인 경우에는, 당해 물품이 계약물품으로서 다른 물품과 명확히 구분되거나 기타의 방법으로 특정되어 있어야 계약에 정히 충당된 것으로 보며, 이 때 비로소 위험이 매수인에게 이전한다(CISG 제67조 2항).

B6 Allocation of costs. The buyer must :

a) pay all costs relating to the goods from the time they have been delivered as envisaged in A4;

b) pay any additional costs incurred by failing either to take delivery of the goods when they have been placed at its disposal or to give appropriate notice in accordance with B7, provided that the goods have been clearly identified as the contract goods;

c) pay, where applicable, all duties, taxes and other charges, as well as the costs of carrying out customs formalities payable upon export; and

d) reimburse all costs and charges incurred by the seller in providing assistance as envisaged in A2.

번역 **제B6조 비용의 분담.** 매수인은 반드시 다음과 같이 행하여야 한다.

a) 물품이 제A4조에 적시된 대로 인도된 시간부터 물품에 관련한 모든 비용을 지급하여야 하고,

b) 물품이 자신의 임의처분하에 적치된 때에 물품의 인도를 접수하지 아니하거나 또는 제B7조에 따라 적절한 통지를 행하지 아니함으로써 발생된 모든 추가적인 비용을 지급하여야 한다. 다만 물품이 계약물품으로서 명확하게 특정되어 있어야 한다.

c) 적용가능한 경우에는, 수출시에 지급되는 모든 관세, 조세 및 기타 경비뿐만 아니라, 통관절차를 이행하는 비용을 지급하여야 하며, 그리고

d) 제A2조에 적시된 대로 매도인이 협조를 제공하는데 발생된 모든 비용과 경비를 보상하여야 한다.

해설 ① EXW 규칙하에서 매수인은 매도인의 영업장구내에서 물품이 자신의 임의처분하에 적치된 때부터 물품에 관한 모든 비용을 부담하여야 한다.

특히 EXW 규칙하에서는 매수인의 수거용 차량상에 물품을 적재하지 아니한 상태로 인도한다는 것을 분명히 하고 있다. 관례적으로 매도인은 자신의 인력이나 장비로 매수인의 차량상에 물품을 적재하기 위한 장치(ramp) 또는 트럭에까지 적치하는 것이 보통이지만, 물품을 매도인의 영업창고에서 매수인의 차량이 있는 장소까지 출고하는 비용은 매수인이 부담하여야 한다.

② EXW 규칙하에서 매수인은 자신의 임의처분하에 적치된 물품을 인수하지 아니하거나 또는 매도인에 대한 통지의무, 즉 인도접수의 시간과 지점 등에 대한 결정권이 주어졌을 때 이를 매도인에게 통지하지 아니한 경우에는, 합의된 인도기일로부터 발생하는 물품의 창고료 등의 추가적인 비용을 부담하여야 한다. 다만 당해 물품이 계약물품으로서 명확하게 특정되어 있어야 한다.

③ EXW 규칙하에서 매수인은 수출시에 지급되는 모든 관세, 조세 및 기타 수출국가 당국의 경비와 수출통관절차의 비용을 부담하여야 한다. 다만 이 규칙하에서는 수입시와 제3국 통과시에 지급되는 비용은 매도인에 대하여 부담하는 의무에서 제외된다. 이는 매수인 자신의 이익을 위하여 부담할 뿐이다.

④ EXW 규칙하에서 매수인은 매도인이 수출허가나 기타 공적인 승인을 취득하기 위한 협조와 보안수속에 요구되는 정보의 제공에 발생된 모든 비용과 경비를 보상하여야 한다. 이는 인코텀즈® 2010 규칙에서 추가된 의무이다.

B7 Notices to the seller. The buyer must, whenever it is entitled to determine the time within an agreed period and/or the point of taking delivery within the named place, give the seller sufficient notice thereof.

번역 **제B7조 매도인에 대한 통지.** 매수인은 반드시 합의된 기간내의 시간 및/또는 지정된 장소내의 인도접수의 지점을 결정할 권한이 주어진 때에는, 항상

2. FCA : FREE CARRIER(운송인인도)

FCA (insert named place of delivery) Incoterms® 2010
(FCA [지정인도장소 삽입] 인코텀즈® 2010)

GUIDANCE NOTE(안내문)

This rule may be used irrespective of the mode of transport selected and may also be used where more than one mode of transport is employed.

"Free Carrier" means that the seller delivers the goods to the carrier or another person nominated by the buyer at the seller's premises or another named place. The parties are well advised to specify as clearly as possible the point within the named place of delivery, as the risk passes to the buyer at that point.

If the parties intend to deliver the goods at the seller's premises, they should identify the address of those premises as the named place of delivery. If, on the other hand, the parties intend the goods to be delivered at another place, they must identify a different specific place of delivery.

FCA requires the seller to clear the goods for export, where applicable. However, the seller has no obligation to clear the goods for import, pay any import duty or carry out any import customs formalities.

번역 이 규칙은 선정된 운송방식에 관계 없이 사용할 수 있으며, 또 둘 이상의 운송방식이 채용되는 경우에도 사용할 수 있다.

"운송인인도"(free carrier)라 함은 매도인이 자신의 영업장구내 또는 기타의 지정된 장소에서 매수인에 의하여 지명된 운송인 또는 기타의 자에게 물품을 인도하는 것을 의미한다. 당사자들은 지정된 인도장소내의 지점을 가능한 한 명확하게 명시하는 것이 아주 바람직하다. 왜냐하면 위험이 당해지점에서 매수인에게 넘어가기 때문이다.

당사자들은 매도인의 영업장구내에서 물품을 인도하도록 의도하는 경우에는, 그러한 영업장구내의 주소를 지정된 인도장소로서 확인하여야 한다. 다른 한편으로, 당사자들은 기타의 장소에서 물품이 인도되도록 의도하는 경우에는, 반드시 상이한 특정의 인도장소를 확인하여야 한다.

FCA는 적용가능한 경우에는 매도인이 물품의 수출수속을 하도록 요구한다. 그러나 매도인은 물품의 수입수속을 하거나, 어떠한 수입관세를 지급하거나 또는 어떠한 수입통관절차를 이행할 아무런 의무도 부담하지 아니한다.

해설 1. [FCA의 정의] "FCA"(운송인인도)라 함은 매도인이 물품의 수출수속을 이행하고, 자신의 영업장구내 또는 지정된 장소에서 매수인이 지정한 운송인에게 이를 인도하는 거래조건을 말한다.[17] 따라서 매수인은 물품의 인도지점을 정확히 지정하여야 하며, 매수인이 이를 지정하지 아니한 경우에는, 매도인은 지정된 장소 내에서 가장 적합한 지점을 선택할 권리가 있다.

여기서 "운송인"(carrier)이라 함은 철도·도로·항공·해상·내수로 또는 복합운송 등에서 화주와 운송계약을 체결하고 직접 운송계약의 이행을 약속하는 본인(principal) 또는 그 이행을 조달하는 운송대리인(shipping agent)을 의미하므로, 매도인은 이러한 자격의 운송인에게 물품을 인도하여야 자신의 인도의무를 다하는 것이다. 다만 매수인이 운송주선인(freight forwarder) 등 운송인 이외의 자에게 물품을 인도하도록 지시한 경우에는, 매도인은 이러한 기타의 자에게 물품을 인도하여도 자신의 인도의무를 다한 것으로 본다.

FCA는 매도인이 지정된 장소(named place)에서 지정된 운송인에게 인도하는 것을 제외하면, 이는 선적항의 본선에서 물품을 인도하는 해상전용의 FOB 규칙

17) Jan Ramberg, *ICC Guide to Incoterms® 2010*, Publication No. 720E, 2011, p. 97.

과 동일하다. 원래 FCA 규칙은 "Incoterms 1980"에서 정형화된 복합운송전용의 FRC에 종래의 철도운송용 FOR/FOT 및 항공운송용 FOA를 통합하여 "Incoterms 1990" 때부터 명명된 것으로서, 이는 복합운송뿐만 아니라 철도·도로·해상·항공·내수로운송 등 모든 운송방식에 사용할 수 있다.[18]

2. **[위험·비용부담의 분기점]** FCA 규칙하에서 물품에 대한 모든 위험과 비용부담의 분기점(critical point)은 매도인이 합의된 시기에 지정된 장소에서 지정된 운송인 또는 기타의 자에게 물품을 인도한 때이다. 만약 매수인의 요청이 있거나 상관습에 따라 매도인이 운송계약을 체결하는 경우(예컨대 철도 또는 항공운송)에는, 이는 매수인의 위험과 비용부담으로 하는 것이다.

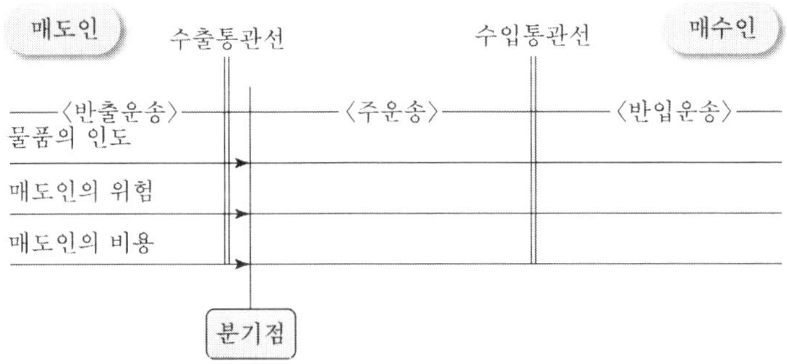

현실적으로 "운송인"이라고 하면 철도·도로·내수로·해상·항공 또는 복합운송에 따라 다르므로, 운송인에 대한 인도의 완성시점도 운송방식의 사정에 따라 다르게 나타날 수 있다. 그러나 인코텀즈® 2010의 FCA 규칙에서는 인도가 매도인의 영업장구내에서 이루어질 경우와 기타 모든 지정장소에서 이루어질 경우의 두 가지로만 구별하여 인도의 완성시점을 규정하고 있다.

따라서 물품에 대한 위험과 비용부담의 분기점도 운송방식에 따라 달리 적용될 수 있겠으나, 크게 다음과 같은 두 가지의 경우로 나누어진다.

① 매도인 영업장구내인 경우 : 물품이 매도인의 영업장구내에서 매수인에 의하여 제공된 운송수단상에 적재된 때부터 그 물품에 대한 위험과 비용부담의 책

18) Carole Murray et al., *Schmitthoff's Export Trade*, Sweet & Maxwell, 2007, p. 13.

임은 매수인에게 이전한다.

② 기타 모든 지정장소인 경우 : 물품이 지정된 장소에서 양하할 준비를 갖춘 매도인의 운송수단상에서 운송인이나 기타 자의 임의처분하에 적치된 때부터 그 물품에 대한 위험과 비용부담의 책임은 매수인에게 이전한다.

3. [매매당사자의 주요의무] FCA 규칙하에서 매도인은 ① 매매계약과 일치하는 물품을 지정된 장소에서 매수인이 지정한 운송인에게 인도하여야 하고, ② 매도인의 비용부담으로 수출수속을 이행하고 관세, 조세 등의 경비를 지급하여야 하고, ③ 계약에 일치함을 입증하는 상업송장, 그리고 관습적인 경우 운송인에게 물품을 인도하였다는 통상적인 증거서류를 제공하여야 한다. 이 서류가 운송서류가 아닌 때에는, 매도인은 매수인의 요청과 위험 및 비용부담으로 운송계약을 체결하고 운송서류를 취득하는데 협조하여야 한다.

여기서 "운송서류"라 함은 해상·내수로·항공·철도·도로 또는 복합운송의 운송방식에 따라 다를 수 있다. 예컨대 유통성 선화증권(negotiable bill of lading), 비유통성 해상화물운송장(non-negotiable sea waybill), 내수로 운송서류(inland waterway document), 항공화물운송장(air waybill), 철도화물탁송장(railway consignment note), 도로화물탁송장(road consignment note), 복합운송서류(multimodal transport document) 등이 있으며, 이러한 모든 서류는 당사자간의 합의나 관습에 따라 각각 전자기록으로 대체할 수 있다.

반면 FCA 규칙하에서 매수인은 ① 매도인의 물품인도를 위한 운송인을 지정하고 운송방식과 물품의 인도기일 및 장소의 지점을 통지하여야 하며, ② 매도인에게 특별히 운송계약을 요청하지 아니하는 한 지정장소로부터 물품의 운송을 위한 운송계약을 체결하고 운송비를 지급하여야 한다.

A THE SELLER'S OBLIGATIONS(매도인의 의무)

A1 General obligations of the seller. The seller must provide the goods and the commercial invoice in conformity with the contract of sale and any other evidence of conformity that may be required by the contract.

Any document referred to in A1-A10 may be an equivalent electronic record or procedure if agreed between the parties or customary.

번역 **제A1조 매도인의 일반적 의무.** 매도인은 반드시 매매계약에 일치하는 물품과 상업송장 및 계약에 의하여 요구될 수 있는 기타 모든 일치의 증명서류를 제공하여야 한다.

제A1조 내지 제A10조에 언급된 모든 서류는 당사자간에 합의되었거나 관습적인 경우에는 이와 동등한 전자기록 또는 처리방법으로 할 수 있다.

해설 FCA 규칙하에서 매도인은 매매계약에 일치하는 물품과 상업송장을 제공하여야 하며, 또 매도인은 계약에 일치하는 다른 증명서류가 계약상에 요구된 경우 이를 제공하여야 한다. 이하 모든 서류는 당사자간의 합의 또는 관습에 따라 전자기록이나 처리방법으로 대체할 수 있다. 기타 매도인의 일반적인 의무에 관한 상세한 설명은 앞의 EXW 규칙 제A1조에서와 같다.

A2 Licences, authorizations, security clearances and other formalities.
Where applicable, the seller must obtain, at its own risk and expense, any export licence or other official authorization and carry out all customs formalities necessary for the export of the goods.

번역 **제A2조 허가, 승인, 보안수속 및 기타 절차.** 적용가능한 경우에는, 매도인은 반드시 자신의 위험과 비용부담으로 모든 수출허가 또는 기타 공적인 승인을 취득하여야 하며, 또 물품의 수출에 필요한 모든 통관절차를 이행하여야 한다.

해설 EXW를 제외하고, FCA를 비롯한 모든 규칙하에서 물품의 수출수속은 매도인이 이를 이행하고 그 위험과 비용을 부담하여야 한다. 따라서 정부의 수출금지, 수출품에 대한 특별조세, 기타 예상보다 과대한 정부요건이 부과될 경우에는, 이에 대한 모든 위험과 비용을 매도인이 부담하여야 한다.

다만 수출입수속에 관한 의무는 "적용가능한 경우"(where applicable)에만 해당된다. 따라서 유럽연합과 같이 관세가 면제되고 국경절차가 덜 중요한 국가나 지역 또는 순수한 국내매매(미국 등)에서 수출입수속이 요구되지 아니한 때에도, 어떠한 애매함이 없이 인코텀즈® 2010 규칙을 사용할 수 있다.

그러나 매도인은 계약체결시에 위와 같은 돌발사태에 대한 면책조항(relief clauses)을 둘 수 있다. 특히 1980년에 제정된 국제물품매매계약에 관한 유엔협약(CISG) 제79조와 각국의 물품매매법에서도 매도인은 예견되지 아니한 정부의 수출금지로 인한 결과에 대하여 면책되게 규정하고 있다.

A3 Contracts of carriage and insurance. a) Contract of carriage. The seller has no obligation to the buyer to make a contract of carriage. However, if requested by the buyer or if it is commercial practice and the buyer does not give an instruction to the contrary in due time, the seller may contract for carriage on usual terms at the buyer's risk and expense. In either case, the seller may decline to make the contract of carriage and, if it does, shall promptly notify the buyer.

b) Contract of insurance. The seller has no obligation to the buyer to make a contract of insurance. However, the seller must provide the buyer, at the buyer's request, risk, and expense (if any), with information that the buyer needs for obtaining insurance.

번역 **제A3조 운송 및 보험계약.** a) **운송계약.** 매도인은 매수인에 대하여 운송계약을 체결할 아무런 의무도 부담하지 아니한다. 그러나 매수인이 요청한 경우 또는 상업적인 관례가 있고 매수인이 적기에 그 반대의 지시를 하지 아니한 경우에는, 매도인은 매수인의 위험과 비용부담으로 통상적인 조건의 운송계약을 체결할 수 있다. 이중의 어느 경우에서도, 매도인은 운송계약의 체결을 거절할 수 있으며, 또 그러한 경우에는 매수인에게 즉시 통지하여야 한다.

b) **보험계약.** 매도인은 매수인에 대하여 보험계약을 체결할 아무런 의무도 부담하지 아니한다. 그러나 매도인은 반드시 매수인의 요청과 위험 및 비용부담(있는 경우)으로 매수인이 보험을 취득하는데 필요한 정보를 매수인에게 제공하여

야 한다.

해설 1. [운송계약] FCA 규칙하에서 매도인은 선적지에서 지정된 운송인에게 물품을 인도할 뿐이기 때문에 목적지까지 운송계약을 체결할 의무가 없다. 다만 매도인은 매수인의 요청 시에는 매수인의 위험과 비용부담으로 목적지까지 통상적인 조건(usual terms)의 운송계약을 체결할 수 있다.

또 당사자들 사이에 매도인이 운송계약을 추가로 체결해 주는 상관습이 있는 경우(예컨대 철도・항공운송)에는, FCA 규칙하에서도 매도인은 매수인이 반대의 지시를 하지 아니하는 한 이러한 운송계약을 채결할 수 있다.

이러한 상관습이 있는 경우에는 매수인은 자신이 보다 유리하게 운송계약을 체결할 수 있거나 이를 체결하여야 할 다른 이유가 있다면, FCA 규칙에 따른 매매계약을 체결할 때 그 취지를 매도인에게 미리 통지하여야 한다. 반대로 매도인은 운송계약에 관한 매수인의 요청이나 상관습을 따를 수 없는 어떠한 이유가 있을 경우에는, 그 취지를 매수인에게 즉시 통지하여야 한다.

그러나 FCA 규칙하에서 매도인은 지정된 운송인까지 이르는 내륙구간의 운송계약을 체결하고 반출운송비(pre-carriage)를 스스로 부담하여야 한다.

2. [보험계약] FCA 규칙하에서 매도인은 목적지까지 보험계약을 체결할 의무를 부담하지 아니한다. 다만 매도인은 매수인의 요청 시에는 매수인의 위험과 비용부담으로 보험을 취득하는데 필요한 정보를 제공하여야 한다.

특히 인코텀즈® 2010 규칙은 2009년 개정된 협회적하약관(ICC)의 변화를 고려하였고, 각 규칙의 제A3조와 제B3조에서 보험에 관련한 정보의무를 추가한 것이 특징적이다. 이러한 의무는 구규칙의 제A10조와 제B10조에 있던 상당히 포괄적인 내용들을 이동시킨 것이며, 또 보험에 관련한 제A3조와 제B3조의 용어는 당사자들의 의무를 명쾌하게 할 목적으로 수정하였다(서문).

A4 Delivery. The seller must deliver the goods to the carrier or another person nominated by the buyer at the agreed point, if any, at the named place on the agreed date or within the agreed period.

Delivery is completed :

a) If the named place is the seller's premises, when the goods have been loaded on the means of transport provided by the buyer.

b) In any other case, when the goods are placed at the disposal of the carrier or another person nominated by the buyer on the seller's means of transport ready for unloading.

If no specific point has been notified by the buyer under B7 d) within the named place of delivery, and if there are several points available, the seller may select the point that best suits its purpose.

Unless the buyer notifies the seller otherwise, the seller may deliver the goods for carriage in such a manner as the quantity and/or nature of the goods may require.

번역 **제A4조 인도.** 매도인은 반드시 합의된 일자 또는 합의된 기간내에 지정된 장소의 합의된 지점(있는 경우)에서 매수인에 의하여 지명된 운송인 또는 기타의 자에게 물품을 인도하여야 한다.

인도는 다음과 같은 때에 완성된다.

a) 지정된 장소가 매도인의 영업장구내인 경우에는, 물품이 매수인에 의하여 제공된 운송수단상에 적재된 때.

b) 기타 모든 경우에는, 물품이 양하할 준비를 갖춘 매도인의 운송수단상에서 매수인에 의하여 지명된 운송인 또는 기타 자의 임의처분하에 적치된 때.

지정된 인도장소 내에서 특정한 지점이 제B7조 d항에 따라 매수인에 의하여 전혀 통지되지 아니한 경우와 여러 개의 이용가능한 지점이 있는 경우에는, 매도인은 자신의 목적에 가장 적합한 지점을 선정할 수 있다.

매수인이 매도인에게 별도로 통지하지 않은 한, 매도인은 물품의 수량 및/또는 성질에 따라 요구될 수 있는 그러한 방법으로 운송물품을 인도할 수 있다.

해설 FCA 규칙은 1980년 인코텀즈 때부터 화물의 컨테이너화와 기타 운송용구로의 단위화에 따른 문제를 해결하기 위하여 "FRC"라는 명칭으로 도입되었다. 인도의 장소도 본선을 전제한 FOB 규칙과 달리 매도인의 영업장구내나 기타 장소에서 지명된 운송인이나 기타의 자에게 인도하도록 하고 있다.

즉, FCA 규칙하에서 매수인이 운송계약을 체결하고 운송인을 지명하므로, 인도의 완성시기는 운송방식이 철도·도로·해상·항공 또는 복합운송 중에 어느 것인가에 따라 다를 수 있다. 여기서 "운송인"(carrier)이라 함은 각 운송계약이 체결되어지는 당사자를 말한다(서문). 인도의 장소를 크게 매도인의 영업장구내와 기타 모든 지정장소로 나누면, 인도의 완성시기는 다음과 같다.

① 매도인의 영업장구내인 경우에는, 매도인이 매수인에 의하여 제공된 운송수단상에 물품을 적재한 때에 인도의 의무가 완성된다.

② 기타 모든 지정장소인 경우에는, 매도인이 양하할 준비를 갖춘 자신의 운송수단상에서 지명된 운송인이나 기타 자의 임의처분하에 적치한 때가 된다.

따라서 매매계약을 체결할 때 운송인에게 물품을 인도할 정확한 인도지점과 방법을 합의해 두어야 한다. 예컨대 물품을 화물터미널에서 인도할 것인지, 또는 매도인의 공장에서부터 컨테이너화 할 것인지 등을 합의해 두어야 한다.

인도지점에 대한 합의가 없거나 여러 개가 이용가능한 경우, 또는 인도방법에 관한 매수인의 통지가 없는 경우에는, 매도인은 적합한 지점을 선정하여 물품의 수량이나 성질에 따라 요구되는 방법으로 물품을 인도할 수 있다.

나아가 FCA 규칙하에서는 매도인은 반드시 운송인(carrier) 자신에게만 물품을 인도하여야 하는 것은 아니며, 매수인이 특별히 지명하여 통지한 경우에는 운송인 이외의 자(예컨대 운송주선인)에게도 물품을 인도할 수 있다.

A5 Transfer of risks. The seller bears all risks of loss of or damage to the goods until they have been delivered in accordance with A4, with the exception of loss or damage in the circumstances described in B5.

번역 **제A5조 위험의 이전.** 매도인은 제B5조에 기술된 사정에서의 멸실 또는 손상을 제외하고, 물품이 제A4조에 따라 인도된 때까지 물품의 멸실 또는 손상의 모든 위험을 부담하여야 한다.

해설 FCA 규칙하에서는 매도인이 합의된 기일과 지정된 장소에서 운송인에게 물품을 인도한 때에 물품의 멸실 또는 손상의 모든 위험도 매수인에게 이전한다. 여기서 "위험"(risks)이라 함은 물품의 운송 동안에 우연한 사고로 인한 위험만을 의미하므로, 물품의 부적합한 포장이나 화인과 같이 당사자의 과실에 의하여 야기된 멸실 또는 손상의 위험은 포함되지 아니한다.

따라서 인코텀즈® 2010의 각 규칙에 따라 위험이 매수인에게 이전된 후에도 물품이 계약조건과 불일치하게 인도된 사실에 기인하여 손해가 발생한 경우에는, 매도인은 이러한 손해에 대하여 책임을 져야 한다(제A9조).

A6 Allocation of costs. The seller must pay

a) all costs relating to the goods until they have been delivered in accordance with A4, other than those payable by the buyer as envisaged in B6; and

b) where applicable, the costs of customs formalities necessary for export, as well as all duties, taxes, and other charges payable upon export.

번역 **제A6조 비용의 분담.** 매도인은 반드시 다음과 같은 비용을 지급하여야 한다.

a) 제B6조에 적시된 대로 매수인에 의하여 지급되는 비용을 제외하고, 물품이 제A4조에 따라 인도된 때까지 물품에 관련한 모든 비용, 그리고

b) 적용가능한 경우에는, 수출에 필요한 통관절차의 비용뿐만 아니라, 수출시에 지급되는 모든 관세, 조세 및 기타 경비.

해설 ① FCA 규칙하에서 매도인은 계약에 합의된 대로 매수인에 의하여 지급되는 비용을 제외하고, 지정된 장소에서 운송인이나 기타의 자에게 물품을 인도한 때까지 물품에 관한 모든 비용을 부담하여야 한다.

② FCA 규칙하에서 매도인이 수출통관을 이행하므로, 매도인은 수출통관절차의 비용과 이에 따른 모든 관세, 조세 및 기타 수출국가 당국의 경비를 부담하여야 한다. 여기서 "경비"(charges)이라 함은 사적인 당사자에 의하여 부과되는 보관료 등은 포함하지 아니하고, 수출이나 수입에 필수적인 결과로서 적용가능한 수출입법규에 따라 지급되어야 하는 공적인 비용만을 의미한다.

A7 Notices to the buyer. The seller must, at the buyer's risk and expense, give the buyer sufficient notice either that the goods have been delivered in accordance with A4 or that the carrier or another person nominated by the buyer has failed to take the goods within the time agreed.

번역 **제A7조 매수인에 대한 통지.** 매도인은 반드시 매수인의 위험과 비용부담으로 물품이 제A4조에 따라 인도되었다는 사실 또는 매수인에 의하여 지명된 운송인 또는 기타의 자가 합의된 시간내에 물품을 접수하지 아니하였다는 사실에 관하여 매수인에게 충분한 통지를 행하여야 한다.

해설 FCA 규칙하에서 매도인은 합의된 기간내에 지정된 장소나 지점에서에서 매수인에 의하여 지명된 운송인이나 기타의 자에게 물품을 인도한 사실을 충분히 통지하여야 한다. 반대로 이 규칙하에서 매도인은 운송인이 기한내에 물품을 접수하지 아니한 경우에는, 그 사실도 즉시 통지하여야 한다.

다만 FCA 규칙하에서 매도인의 통지의무는 매수인의 위험과 비용부담을 전제로 하지만, 이를 행하지 아니한 경우에는 계약위반이 되므로, 매도인은 당해 계약에 적용가능한 법률에 따라 계약위반의 책임을 지게 될 수 있다.

A8 Delivery document. The seller must provide the buyer, at the seller's expense, with the usual proof that the goods have been delivered in accordance with A4.

The seller must provide assistance to the buyer, at the buyer's request, risk and expense, in obtaining a transport document.

번역 **제A8조 인도서류.** 매도인은 반드시 자신의 비용부담으로 물품이 제A4조에 따라 인도되었다는 통상적인 증거를 매수인에게 제공하여야 한다.

매도인은 반드시 매수인의 요청과 위험 및 비용부담으로 운송서류를 취득하는데 따른 협조를 매수인에게 제공하여야 한다.

해설 FCA 규칙하에서 매도인이 운송인에게 물품을 인도하면, 운송인은 매도인에게 통상적으로 운송서류화 되는 물품수령증 등의 인도서류를 교부한다. 인코텀즈® 2010 규칙에서 "인도서류"라 함은 인도가 발생하였다는 사실을 입증하는데 사용되는 서류를 의미한다. 다수의 인코텀즈® 2010 규칙에서 인도서류는 운송서류나 이에 상응하는 전자기록이 되지만, FCA를 비롯한 EXW, FAS, FOB 등에서는 단순히 수령증이 될 수도 있다(서문). 반면 운송서류는 운송계약의 증거일 뿐만 아니라, 운송인에 대한 물품인도의 증거가 된다.

만약 FCA 규칙하에서 매도인이 운송서류가 아닌 서류(예컨대 부두수령증 등)를 받은 경우에는, 매도인은 매수인의 요청 시에는 매수인의 위험과 비용부담으로 운송서류(예컨대 유통성 선화증권, 비유통성 해상화물운송장, 항공화물운송장, 철도화물탁송장, 도로화물탁송장, 복합운송서류 등)를 취득하는데 따른 협조를 다하여야 한다. 이러한 모든 서류는 제A1조에 규정된 대로 당사자간의 합의 또는 관습에 따라 전자기록이나 처리방법으로 대체할 수 있다.

A9 Checking - packaging - marking. The seller must pay the costs of those checking operations (such as checking quality, measuring, weighing, counting) that are necessary for the purpose of delivering the goods in accordance with A4, as well as the costs of any pre-shipment inspection mandated by the authority of the country of export.

The seller must, at its own expense, package the goods, unless it is usual for the particular trade to transport the type of goods sold unpackaged. The seller may package the goods in the manner appropriate for their transport, unless the buyer has notified the seller of specific packaging requirements before the contract of sale is concluded. Packaging is to be marked appropriately.

번역 **제A9조 점검 · 포장 · 화인.** 매도인은 반드시 제A4조에 따라 물품을 인도하기 위하여 필요한 물품점검업무(품질, 용적, 중량, 수량점검 등)의 비용뿐만 아니라, 수출국가의 당국에 의하여 강제된 모든 선적전검사의 비용을 지급하여야 한다.

특정무역거래에서 매각된 종류의 물품을 무포장으로 운송하는 것이 통상적이지 아니하는 한, 매도인은 반드시 자신의 비용부담으로 물품을 포장하여야 한다. 매수인이 매매계약의 체결 이전에 매도인에게 특정한 포장요건을 통지하지 않은 한, 매도인은 물품운송에 적절한 방법으로 이를 포장할 수 있다. 포장에는 적절한 화인이 있어야 한다.

해설 FCA 규칙하에서 매도인은 물품상태(품질 · 용적 · 중량 · 수량 등)에 관한 점검의무를 이행하여야 한다. 매수인의 입장에서는 물품을 수령 · 확인하기 전에 대금을 지급할 경우에는, 매도인이 이러한 의무를 이행하였다는 사실을 입증하는 검사증명서를 첨부하도록 요구하는 것이 매우 중요하다.

아울러 FCA 규칙하에서 수출자는 매도인이 되기 때문에, 매도인은 수출국가의 당국이 지정한 모든 선적전검사(PSI)의 비용도 지급하여야 한다.

또 FCA 규칙하에서 물품의 무포장운송이 통상적이지 않은 한, 매도인은 자신의 비용부담으로 물품을 포장하여야 한다. 인코텀즈® 2010 규칙에서 "포장"(packaging)이라 함은 ① 계약요건을 준수하기 위한 포장과 ② 물품운송에 적합한 포장을 의미한다. 기타 이 규칙의 범위내에서는 ③ 컨테이너나 기타의 운송수단 안으로 포장된 물품을 적부할 의무 등은 다루지 아니한다(서문).

포장은 운송사정에 따라 상당한 차이가 있기 때문에, 당사자들은 매매계약에서 특정한 포장요건을 합의하는 것이 바람직하다. 매수인이 계약체결시에 이러한 포장요건을 통지하지 않은 한, 매도인은 각 물품운송에 적절한 방법으로 포장할 수 있다. 또 포장에는 적절한 화인(marking)이 있어야 한다.

A10 Assistance with infomation and related costs. The seller must, where applicable, in a timely manner, provide to or render assistance in obtaining for the buyer, at the buyer's request, risk and expense, any documents and information, including security-related information, that the buyer needs for the import of the goods and/or for their transport to the final destination.

The seller must reimburse the buyer for all costs and charges incurred by the buyer in providing or rendering assistance in obtaining documents and information as envisaged in B10.

번역 **제A10조 정보의 협조 및 관련 비용.** 매도인은 반드시 적용가능한 경우에는, 매수인의 요청과 위험 및 비용부담으로 매수인이 물품의 수입 및/또는 최종목적지까지의 물품운송에 필요한 보안관련 정보를 포함하여 모든 서류와 정보를 취득하는데 따른 협조를 매수인에게 시의적절한 방법으로 제공하거나 공여하여야 한다.

매도인은 반드시 제B10조에 적시된 대로 서류와 정보를 취득하는데 따른 협조를 제공하거나 공여하면서 매수인에 의하여 발생된 모든 비용과 경비를 매수인에게 보상하여야 한다.

해설 FCA 규칙하에서 물품의 수출통관 등 수출수속은 매도인 자신의 비용부담으로 이행하지만, 제3국 통과와 수입통관, 반입운송 등 수입수속은 모두 매수인이 이행하여야 하기 때문에(제B2조), 매도인은 매수인의 요청 시에는 매수인의 위험과 비용부담으로 보안관련 정보(security-related information)를 포함하여 자신의 국가 또는 원산지국가에서 발급되는 모든 서류(원산지증명서, 세관송장, 검역증명서 등)와 정보 또는 이와 동등한 전자기록이나 처리방법(제B1조) 등을 취득하는데 시의적절한 방법으로 협조를 다하여야 한다.

또 FCA 규칙하에서 매도인은 제B10조에 적시된 대로 서류와 정보를 취득하기 위한 매수인의 협조에 소요된 모든 비용과 위험을 부담하여야 한다.

특히 인코텀즈® 2010 규칙은 여러 규칙의 제A2조와 제B2조 및 제A10조와 제B10조에서 매수인과 매도인간에 일체의 보관정보 등 보안관련 수속을 취득하거나 또는 이에 협조를 공여할 의무를 추가한 것이 특징적이다(서문).

B THE BUYER'S OBLIGATIONS(매수인의 의무)

B1 General obligations of the buyer. The buyer must pay the price of the goods as provided in the contract of sale.

Any document referred to in B1-B10 may be an equivalent electronic record or procedure if agreed between the parties or customary.

번역 **제B1조 매수인의 일반적 의무.** 매수인은 반드시 매매계약에 약정된 대로 물품의 대금을 지급하여야 한다.

제B1조 내지 제B10조에 언급된 모든 서류는 당사자간에 합의되었거나 관습적인 경우에는 이와 동등한 전자기록 또는 처리방법으로 할 수 있다.

해설 FCA 규칙하에서 매도인이 계약에 일치하는 물품과 상업송장 및 기타 증명서류를 제공하면, 이에 매수인은 매매계약에 합의된 시기와 방법 및 금액으로 물품의 대금을 지급하여야 한다. 이하 모든 서류는 당사자간의 합의 또는 관습에 따라 전자기록이나 처리방법으로 대체할 수 있다. 기타 매수인의 일반적인 의무에 관한 상세한 설명은 앞의 EXW 규칙 제B1조에서와 같다.

B2 Licences, authorizations, security clearances and other formalities. Where applicable, it is up to the buyer to obtain, at its own risk and expense, any import licence or other official authorization and carry out all customs formalities for the import of the goods and for their transport through any country.

번역 **제B2조 허가, 승인, 보안수속 및 기타 절차.** 적용가능한 경우에는, 매수인 자신의 위험과 비용부담으로 모든 수입허가 또는 기타 공적인 승인을 취득하여야 하는 것과 물품의 수입 및 어떠한 국가를 통과하는 운송을 위한 모든 통관절차를 이행하여야 하는 것은 매수인의 책임에 속한다.

해설 FCA 규칙하에서 매도인은 물품을 수출국가에서 인도하기 때문에, 물품의 수입허가나 기타 공적인 승인을 취득하는 문제, 물품의 수입 및 인도 후의 제3국 통과를 위한 모든 통관절차는 매수인이 이행하여야 한다. 여기서 "통관절차"라 함은 어떠한 적용가능한 통관규정을 준수하기 위하여 당면하는 요건이며, 서류나 보안, 정보 또는 물리적인 검사의 의무를 포함한다(서문).

따라서 계약상에 매수인의 면책조항이 없는 한, 정부의 수입금지조치가 있더라도 매매계약에 따른 매수인의 이러한 의무는 면제되지 아니한다.

B3 Contracts of carriage and insurance. a) Contract of carriage. The buyer must contract at its own expense for the carriage of the goods from the named place of delivery, except when the contract of carriage is made by the seller as provided for in A3 a).

b) Contract of insurance. The buyer has no obligation to the seller to make a contract of insurance.

번역 **제B3조 운송 및 보험계약**. a) **운송계약**. 매수인은 반드시 운송계약이 제A3조 a항에 규정된 대로 매도인에 의하여 체결된 때를 제외하고, 자신의 비용부담으로 지정된 인도장소로부터 물품의 운송계약을 체결하여야 한다.

b) **보험계약**. 매수인은 매도인에 대하여 보험계약을 체결할 아무런 의무도 부담하지 아니한다.

해설 FCA 규칙하에서 매수인은 지정된 인도장소로부터 목적지까지 운송계약을 체결하고 운송비(carriage)를 지급할 의무가 있다. 비록 매도인이 매수인의 요청이나 상관습에 따라 추가적인 서비스로 목적지까지 운송계약을 체결하더라도, 이는 매수인의 위험과 비용부담으로 행하는 것이다.

한편 FCA 규칙하에서 매수인은 매도인에 대하여 목적지까지 보험계약을 체결할 의무가 없다. 그렇다고 하여 이것은 매수인 자신의 이익을 위하여도 당해 직무를 이행할 필요가 없음을 의미하지 아니한다. 특히 이 규칙하에서는 매도인도 보험계약을 체결할 의무가 없기 때문에, 매수인은 자신의 이익을 위하여는 매도인에게 보험에 필요한 정보를 요청하여 이를 취득할 필요가 있다.

B4 Taking delivery. The buyer must take delivery of the goods when they have been delivered as envisaged in A4.

번역 **제B4조 인도의 접수.** 매수인은 반드시 물품이 제A4조에 적시된 대로 인도된 때에 물품의 인도를 접수하여야 한다.

해설 FCA 규칙하에서 매수인은 합의된 시기와 장소에서 물품이 운송인이나 기타의 지명된 자에게 인도되면 이를 수령할 의무가 있다. 따라서 매수인은 물품을 수령하지 아니하였다고 하여 대금지급의 의무가 면제되는 것은 아니다. 이 때부터 물품의 멸실 또는 손상의 위험은 이미 매수인에게 이전된 것이며, 또 매수인은 그 불이행으로 인한 추가적인 비용을 지급하여야 한다.

B5 Transfer of risks. The buyer bears all risks of loss of or damage to the goods from the time they have been delivered as envisaged in A4.

If a) the buyer fails in accordance with B7 to notify the nomination of a carrier or another person as envisaged in A4 or to give notice; or

b) the carrier or person nominated by the buyer as envisaged in A4 fails to take the goods into its charge,

then, the buyer bears all risks of loss of or damage to the goods :

(i) from the agreed date, or in the absence of an agreed date,

(ii) from the date notified by the seller under A7 within the agreed period; or, if no such date has been notified,

(iii) from the expiry date of any agreed period for delivery,

provided that the goods have been clearly identified as the contract goods.

번역 **제B5조 위험의 이전.** 매수인은 물품이 제A4조에 적시된 대로 인도된 시간부터 물품의 멸실 또는 손상의 모든 위험을 부담하여야 한다.

a) 매수인이 제B7조에 따라 제A4조에 적시된 대로 운송인 또는 기타 자의 지

명을 통지하지 아니하거나 또는 통지를 행하지 아니한 경우, 또는

b) 제A4조에 적시된 대로 운송인 또는 매수인에 의하여 지명된 자가 자신의 관리하에 물품을 접수하지 아니한 경우에는,

이에 매수인은 다음과 같은 때부터 물품의 멸실 또는 손상의 모든 위험을 부담하여야 한다.

(i) 합의된 일자로부터, 또는 합의된 일자가 없는 경우,

(ii) 합의된 기간 중 제A7조에 따라 매도인에 의하여 통지된 일자로부터, 또는 그러한 일자가 전혀 통지되지 아니한 경우,

(iii) 인도의 어떠한 합의된 기간의 만기일자로부터.

다만 물품이 계약물품으로서 명확하게 특정되어 있어야 한다.

해설 FCA 규칙하에서 매수인은 지정된 장소에서 운송인에게 물품이 인도된 때부터 물품의 멸실 또는 손상의 모든 위험을 부담하여야 한다.

그러나 FCA 규칙하에서 매수인이 제B7조에 따른 통지의무, 즉 운송인의 명의 · 인도시간 · 운송방식 · 인도접수의 지점 등을 통지하지 아니하거나, 운송인 또는 지명된 자가 합의된 시기에 자신의 관리하에 물품을 수령하지 아니함으로써 야기된 경우에는, 물품의 인도가 있기 전에 합의된 인도의 만기일자로부터 물품의 멸실 또는 손상의 모든 위험은 매수인에게 이전한다. 다만 당해 물품이 계약물품으로서 명확하게 특정되기까지는 위험은 이전하지 아니한다.

B6 Allocation of costs. The buyer must pay

a) all costs relating to the goods from the time they have been delivered as envisaged in A4, except, where applicable, the costs of customs formalities necessary for export, as well as all duties, taxes, and other charges payable upon export as referred to in A6 b);

b) any additional costs incurred, either because :

(i) the buyer fails to nominate a carrier or another person as envisaged in A4, or

(ii) the carrier or person nominated by the buyer as envisaged in A4 fails to take the goods into its charge, or

(iii) the buyer has failed to give appropriate notice in accordance with B7,

provided that the goods have been clearly identified as the contract goods; and

c) where applicable, all duties, taxes and other charges as well as the costs of carrying out customs formalities payable upon import of the goods and the costs for their transport through any country.

번역 **제B6조 비용의 분담.** 매수인은 반드시 다음과 같은 비용을 지급하여야 한다.

a) 물품이 제A4조에 적시된 대로 인도된 시간부터 물품에 관련한 모든 비용. 다만 적용가능한 경우에는, 수출에 필요한 통관절차의 비용뿐만 아니라, 제A6조 b항에 언급된 대로 수출시에 지급되는 모든 관세, 조세 및 기타 경비는 제외한다.

b) 다음과 같은 원인으로 발생된 모든 추가적인 비용.

(i) 매수인이 제A4조에 적시된 대로 운송인 또는 기타의 자를 지명하지 아니한 경우, 또는

(ii) 제A4조에 적시된 대로 매수인에 의하여 지명된 운송인 또는 기타의 자가 물품을 자신의 관리하에 접수하지 아니한 경우, 또는

(iii) 매수인이 제B7조에 따라 적절한 통지를 행하지 아니한 경우. 다만 물품이 계약물품으로서 명확하게 특정되어 있어야 한다. 그리고

c) 적용가능한 경우에는, 물품의 수입시에 지급되는 모든 관세, 조세 및 기타 경비뿐만 아니라, 통관절차를 이행하는 비용 및 어떠한 국가를 통과하는 운송 비용.

해설 ① FCA 규칙하에서 매수인은 지정된 장소에서 운송인에게 물품이 인도된 때부터 물품에 관한 모든 비용을 부담하여야 한다. 다만 수출통관절차의 비용과 수출시에 지급되는 관세, 조세 및 기타 공적인 경비는 제외한다.

② FCA 규칙하에서 매수인은 운송인이나 기타의 자를 지명하지 아니하거나, 운송인 또는 기타의 자가 합의된 시기에 물품을 자신의 관리하에 접수하지 아니

하거나, 또는 매수인이 제B7조에 따른 통지의무, 즉 운송인의 명의 · 인도시간 · 운송방식 · 인도접수의 지점 등을 통지하지 아니한 경우에는, 합의된 인도기일로부터 발생하는 물품의 창고료 등의 추가적인 비용을 부담하여야 한다. 다만 당해 물품이 계약물품으로서 명확하게 특정되어 있어야 한다.

③ FCA 규칙하에서 매수인은 수입시에 지급되는 모든 관세, 조세와 기타 경비, 수입통관절차의 비용 및 인도 후의 제3국 통과비용도 부담하여야 한다.

B7 Notices to the seller. The buyer must notify the seller of

a) the name of the carrier or another person nominated as envisaged in A4 within sufficient time as to enable the seller to deliver the goods in accordance with that article;

b) where necessary, the selected time within the period agreed for delivery when the carrier or person nominated will take the goods;

c) the mode of transport to be used by the person nominated; and

d) the point of taking delivery within the named place.

번역 **제B7조 매도인에 대한 통지.** 매수인은 반드시 다음에 관하여 매도인에게 통지하여야 한다.

a) 매도인이 제A4조에 따라 물품을 인도할 수 있도록 충분한 시간내에 제A4조에 적시된 대로 지명된 운송인 또는 기타 자의 명의,

b) 필요한 경우에는, 운송인 또는 지명된 자가 물품을 수령하여야 할 인도의 합의된 기간내의 선정된 시간,

c) 지명된 자에 의하여 사용되어야 할 운송방식, 그리고

d) 지정된 장소내의 인도접수의 지점.

해설 FCA 규칙하에서 매수인은 운송인의 명의뿐만 아니라 매도인의 물품인도에 필요한 기타 사항, 예컨대 운송인이 물품을 수령할 정확한 인도시간, 운송방식, 인도접수의 지점 등을 매도인에게 충분히 통지하여야 한다.

결국 FCA 규칙하에서 매수인이 이를 통지하지 아니한 경우에는, 물품의 인도가 있기 전에 매수인은 합의된 인도기일로부터 발생하는 물품의 멸실 또는 손상

의 모든 위험과 창고료 등의 추가적인 비용을 부담하여야 한다.

B8 Proof of delivery. The buyer must accept the proof of delivery provided as envisaged in A8.

번역 **제B8조 인도의 증거.** 매수인은 반드시 제A8조에 적시된 대로 제공된 인도의 증거를 인수하여야 한다.

해설 FCA 규칙하에서 매도인이 인도서류를 제공하면, 매수인은 서류가 제A8조에 적시된 대로 정당한 인도의 증거서류인 한 이를 인수하여야 한다.

만약 FCA 규칙하에서 매도인이 정당한 인도의 증거서류를 제시하였음에도 불구하고, 매수인이 신용장 개설은행으로 하여금 매도인에게 수출대금을 지급하지 못하도록 지시하는 등 인도서류의 인수를 거절한다면, 이는 매매계약의 위반이 되므로 매수인은 이에 따른 모든 손해를 배상하여야 한다.

그러나 FCA 규칙하에서 매수인은 인도의 적절한 증거가 되지 못하는 서류, 예컨대 물품 또는 포장의 하자나 수량부족에 관한 부기가 있는 고장부서류(unclean documents)가 제시된 경우에도 이를 인수할 의무는 없다.

B9 Inspection of goods. The buyer must pay the costs of any mandatory pre-shipment inspection, except when such inspection is mandated by the authorities of the country of export.

번역 **제B9조 물품의 검사.** 매수인은 반드시 수출국가의 당국에 의하여 강제된 그러한 검사의 경우를 제외하고, 모든 강제적인 선적전검사의 비용을 지급하여야 한다.

해설 FCA 규칙하에서 매수인은 물품의 모든 선적전검사(pre-shipment inspection : PSI)에 관한 의무를 부담하여야 한다. 종종 수출국가의 당국에서 수출상품의 관리를 위하여 물품의 선적전에 일정한 검사를 받도록 강제하는 경우가 있으며, 또 수입국가의 당국에서도 물품의 수입에 앞서 수출국가로부터 선적전에 물품이 계약에 일치함을 입증하는 공인된 검사를 받아 오도록 강제하는 경우가 있다. 이러한 검사를 통칭하여 "선적전검사"라고 한다.

다만 FCA 규칙하에서 매수인은 수출국가의 당국이 지정한 선적전검사의 비용은 부담하지 아니한다. 왜냐하면 이 규칙하에서 수출국가의 당국이 지정한 선적전검사는 수출에 따른 검사로서 매도인이 부담하는 것이기 때문이다.

B10 Assistance with information and related costs. The buyer must, in a timely manner, advise the seller of any security information requirements so that the seller may comply with A10.

The buyer must reimburse the seller for all costs and charges incurred by the seller in providing or rendering assistance in obtaining documents and information as envisaged in A10.

The buyer must, where applicable, in a timely manner, provide to or render assistance in obtaining for the seller, at the seller's request, risk and expense, any documents and information, including security-related information, that the seller needs for the transport and export of the goods and for their transport through any country.

번역 **제B10조 정보의 협조 및 관련 비용.** 매수인은 반드시 매도인이 제A10조를 준수할 수 있도록 모든 보안정보요건에 관하여 매도인에게 시의적절한 방법으로 고지하여야 한다.

매수인은 반드시 제A10조에 적시된 대로 서류와 정보를 취득하는데 따른 협조를 제공하거나 공여하면서 매도인에 의하여 발생된 모든 비용과 경비를 매도인에게 보상하여야 한다.

매수인은 반드시 적용가능한 경우에는, 매도인의 요청과 위험 및 비용부담으로 매도인이 물품의 운송과 수출 및 어떠한 국가를 통과하는 물품운송에 필요한 보안관련 정보를 포함하여 모든 서류와 정보를 취득하는데 따른 협조를 매도인에게 시의적절한 방법으로 제공하거나 공여하여야 한다.

해설 FCA 규칙하에서는 매도인이 물품의 수입통관, 제3국 통과, 반입운송 등 수입수속을 위한 서류와 정보를 취득하는데 협조를 다하도록 하고 있으므로, 매수인은 이러한 매도인의 협조에 소요된 모든 비용과 위험을 부담하여야 한다. 특히 인코텀즈® 2010 규칙하에서 매수인은 매도인의 제A10조 의무준수를 위한 보안정보요건을 시의적절한 방법으로 고지하여야 한다(서문).

또 FCA 규칙하에서 매수인은 매도인의 요청 시 매도인의 위험과 비용부담으로 물품의 반출운송과 수출통관 등 수출수속에 필요한 보안관련 정보를 포함하여 모든 서류와 정보 또는 이와 동등한 전자기록이나 처리방법 등을 취득하는데 시의적절한 방법으로 협조를 다하여야 한다.

3. CPT : CARRIAGE PAID TO(운송비지급인도)

CPT (insert named place of destination) Incoterms® 2010
(CPT [지정목적장소 삽입] 인코텀즈® 2010)

GUIDANCE NOTE(안내문)

This rule may be used irrespective of the mode of transport selected and may also be used where more than one mode of transport is employed.

"Carriage Paid To" means that the seller delivers the goods to the carrier or another person nominated by the seller at an agreed place (if any such place is agreed between the parties) and that the seller must contract for and pay the costs of carriage necessary to bring the goods to the named place of destination.

When CPT, CIP, CFR or CIF are used, the seller fulfils its obligation to deliver when it hands the goods over to the carrier and not when the goods reach the place of destination.

This rule has two critical points, because risk passes and costs are transferred at different places. The parties are well advised to identify as precisely as possible in the contract both the place of delivery, where the risk passes to the buyer, and the named place of destination to which the seller must contract for the carriage. If several carriers are used for the carriage to the agreed destination and the parties do not agree on a specific point of delivery, the default position is that risk passes when the goods have been delivered to the first carrier at a point entirely of the seller's choosing and over which the buyer has no control. Should the parties wish the risk to pass at a later stage (e.g., at an ocean port or airport), they need to specify this in their contract of sale.

The parties are also well advised to identify as precisely as possible the point within the agreed place of destination, as the costs to that point are for the account of the seller. The seller is advised to procure contracts of carriage that match this choice precisely. If the seller incurs costs under its contract of carriage related to unloading at the named place of destination, the seller is not entitled to recover such costs from the buyer unless otherwise agreed between the parties.

CPT requires the seller to clear the goods for export, where applicable. However, the seller has no obligation to clear the goods for import, pay any import duty or carry out any import customs formalities.

번역 이 규칙은 선정된 운송방식에 관계 없이 사용할 수 있으며, 또 둘 이상의 운송방식이 채용되는 경우에도 사용할 수 있다.

"운송비지급인도"(carriage paid to)라 함은 매도인이 (당사자간에 어떠한 장소가 합의된 경우) 그러한 합의된 장소에서 매도인에 의하여 지명된 운송인 또는 기타의 자에게 물품을 인도하는 것과 매도인이 반드시 지정된 목적장소까지 물품을 운반하는데 필요한 운송계약을 체결하고 그 비용을 지급하여야 하는 것을 의미한다.

CPT, CIP, CFR 또는 CIF가 사용되는 경우에는, 매도인은 자신이 운송인에게 물품을 인계하는 때에 자신의 인도의무를 완수하게 되며, 또 물품이 목적장소에 도달하는 때가 되는 것은 아니다.

이 규칙은 상이한 장소에서 위험이 넘어가고 비용이 이전되기 때문에 두 개의 분기점을 갖고 있다. 당사자들은 계약에서 위험이 매수인에게 넘어가는 인도장소와 매도인이 반드시 운송계약을 체결하여야 하는 지정된 목적장소의 양자를 가능한 한 정확하게 확인하는 것이 아주 바람직하다. 합의된 목적지까지의 운송에 복수의 운송인이 사용되고 또 당사자들이 특정한 인도지점을 합의하지 아니한 경우에는, 물품이 전적으로 매도인의 선택하에 있고 매수인의 통제를 벗어난 지점에서 최초의 운송인에게 인도된 때가 위험이 넘어가는 불이행위치가 된다. 당사자들이 이후의 단계에서 (예컨대 해양의 항구 또는 공항에서) 위험이 넘어가도록 원하는 경우에는, 당사자들은 매매계약에서 이를 명시할 필요가 있다.

당사자들은 또한 합의된 목적장소내의 지점을 가능한 한 정확하게 확인하는 것이 아주 바람직하다. 왜냐하면 당해 지점까지의 비용이 매도인의 계산에 속하기 때문이다. 매도인은 이 선택사항에 정확하게 부합하는 운송계약을 조달하는 것이 바람직하다. 매도인이 자신의 운송계약에 따라 지정된 목적장소에서의 양하에 관련된 비용을 부담하는 경우에는, 매도인은 당사자간에 별도의 합의가 없는 한 매수인으로부터 그러한 비용을 회수할 권한이 없다.

CPT는 적용가능한 경우에는 매도인이 물품의 수출수속을 하도록 요구한다. 그러나 매도인은 물품의 수입수속을 하거나, 어떠한 수입관세를 지급하거나 또는 어떠한 수입통관절차를 이행할 아무런 의무도 부담하지 아니한다.

해설 1. **[CPT의 정의]** "CPT"(운송비지급인도)라 함은 매도인이 지정된 목적지까지 운송계약을 체결하고 물품의 운송비(carriage)를 지급하되, 물품에 대한 모든 위험과 추가적인 비용은 물품이 선적지에서 운송인에게 인도된 때에 매도인으로부터 매수인에게 이전하는 거래조건을 말한다.[19)]

여기서 "운송인"(carrier)이라 함은 운송계약에 따라 철도・도로・해상・항공・내수로 또는 복합운송을 이행하거나 또는 그 이행을 조달할 것을 약정하는 모든 자를 의미한다. 따라서 목적지까지 여러 운송인에 의하여 운송되는 복합운송의 경우에는, 위험은 물품이 최초운송인에게 인도된 때에 이전한다.

19) Jan Ramberg, *ICC Guide to Incoterms® 2010*, Publication No. 720E, 2011, p. 111.

CPT는 매도인이 물품의 수출수속을 이행하여야 하며, 이는 복합운송을 포함하여 모든 운송방식에 사용할 수 있다. 또 CPT는 매도인이 목적지까지 운송계약을 체결하고 운송비를 지급한다는 점에서 기본적으로 CFR 규칙과 같지만, 물품을 선박이 아닌 운송인에게 인도한다는 점에서 이와 구분된다.

CPT 규칙하에서 매도인은 CFR 규칙에서와 같은 운송서류를 반드시 제공하여야 하는 것이 아니라, 해당되는 운송방식에서 관습적이거나 매수인의 요청이 있는 경우에만 통상적인 운송서류를 제공하면 된다는 점이 특징적이다.[20]

CPT는 원래 "Incoterms 1953"에서 내륙운송에 대비한 "Freight or Carriage paid to"라는 명칭으로 처음 도입된 후 "Incoterms 1980"에서는 복합운송에 적합한 "Freight or Carriage Paid to"(DCP)로 보완되었다가, "Incoterms 1990" 때부터 모든 운송방식에 사용할 수 있도록 개정된 것이다.

2. **[위험 · 비용부담의 분기점]** CPT는 선적지인도규칙의 하나로서 매도인이 자신의 운송인에게 물품을 인도하면 그 의무를 다하게 되지만, 이 규칙하에서 물품에 대한 위험과 비용부담의 분기점은 일치하지 아니하는 면이 있다.

① CPT 규칙하에서 매도인은 물품이 운송인에게 인도된 때까지 물품의 멸실과 손상의 모든 위험을 부담하기 때문에, 위험부담의 분기점도 선적지에서 물품이 운송인에게 인도된(delivered to the carrier) 때가 된다.

따라서 물품이 운송인에게 인도된 때부터 물품에 대한 모든 위험은 매수인이 부담하여야 한다. 예컨대 운송인에게 물품의 인도가 완성된 이후 운송 중에 화물이 멸실되었다 하더라도 이는 매수인측의 책임에 속한다.

② CPT 규칙하에서 매도인은 물품이 운송인에게 인도된 때까지의 물품에 관련된 모든 비용뿐만 아니라, 목적지까지의 운송비를 별도로 부담하여야 한다. 반면에 매수인은 목적지까지의 운송비를 제외하고, 물품이 운송인에게 인도된 때부터 그 물품에 관련된 모든 추가적인 비용을 부담하여야 한다.

결과적으로 CPT 규칙에 있어서 비용부담의 분기점(critical point)은 장소적인 측면에서 보면 선적지에서 물품이 운송인에게 인도된 때가 되지만, 비용한도의 측면에서 보면 매도인이 FCA 규칙하에서의 모든 비용에 목적지까지의 운송비를

20) Carole Murray et al., *Schmitthoff's Export Trade*, Sweet & Maxwell, 2007, p. 55.

합산한 금액을 지급한 때가 된다. 즉, 매도인은 물품을 운송인에게 인도하기까지 일체의 수출비용, 물품의 적재비(loading costs)를 포함하여 목적지까지의 운송계약에 따른 비용(costs)과 운송비(carriage), 그리고 운송계약시 부과되는 목적지에서의 양하비(unloading costs) 등을 부담하여야 한다.

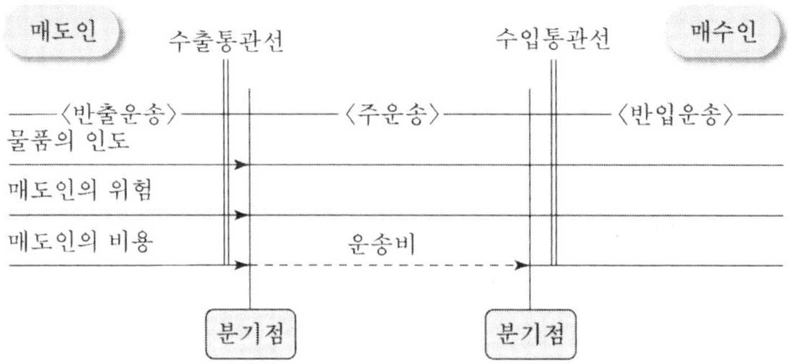

3. [매매당사자의 주요의무] CPT 규칙하에서 매도인은 ① 자신의 비용부담으로 약정품의 운송에 통상적인 경로와 관습적인 방법으로 목적지까지 물품의 운송계약을 체결하여야 하고, ② 매매계약에 일치하는 물품을 운송인이나 최초운송인에게 인도하여야 하고, ③ 자신의 비용부담으로 물품의 수출수속을 이행하고 이에 따른 관세, 조세 등의 경비를 지급하여야 하고, ④ 계약에 일치함을 입증하는 상업송장과 관습적인 경우에는 통상적인 운송서류(유통성 선화증권, 해상화물운송장, 내수로 운송서류, 항공화물운송장, 철도화물탁송장, 도로화물탁송장 또는 복합운송서류 등)를 제공하여야 하며, 이러한 모든 서류는 당사자간의 합의나 관습에 따라 각각 전자기록으로 대체할 수 있다.

또 매도인은 ⑤ 물품의 적재비(loading costs)뿐만 아니라 운송계약의 체결시 운송비에 포함될 수 있는 목적지에서의 양하비(unloading costs)도 지급하여야 한다. 즉, 매도인은 물품의 적재비는 운송비에 포함되어 있든 없든 당연히 지급하여야 하며, 정기운송의 경우와 같이 운송계약시 목적지에서의 양하비가 운송비에 포함되어 있으면 이것도 지급하여야 한다.

반면 CPT 규칙하에서 매수인은 ① 물품이 운송인에게 인도되고 상업송장과 관습적인 경우의 운송서류가 자신에게 제시되면 물품이 운송인에게 인도된 때에 이를 접수하고 목적지에서 물품을 수령하여야 하고, ② 목적지에서의 양하비가 운송비에서 누락된 경우에는 양하비를 지급하여야 한다.

또 매수인은 ③ 매도인에 대한 통지불이행으로 인하여 물품의 인도가 지연되어 발생하는 모든 위험과 추가적인 비용을 지급하여야 한다.

A THE SELLER'S OBLIGATIONS(매도인의 의무)

A1 General obligations of the seller. The seller must provide the goods and the commercial invoice in conformity with the contract of sale and any other evidence of conformity that may be required by the contract.

Any document referred to in A1-A10 may be an equivalent electronic record or procedure if agreed between the parties or customary.

번역 **제A1조 매도인의 일반적 의무.** 매도인은 반드시 매매계약에 일치하는 물품과 상업송장 및 계약에 의하여 요구될 수 있는 기타 모든 일치의 증명서류를 제공하여야 한다.

제A1조 내지 제A10조에 언급된 모든 서류는 당사자간에 합의되었거나 관습적인 경우에는 이와 동등한 전자기록 또는 처리방법으로 할 수 있다.

해설 CPT 규칙하에서 매도인은 매매계약에 일치하는 물품과 상업송장을 제공하여야 하며, 또 매도인은 계약에 일치하는 다른 증명서류가 계약상에 요구된 경우 이를 제공하여야 한다. 이하 모든 서류는 당사자간의 합의 또는 관습에 따라 전자기록이나 처리방법으로 대체할 수 있다. 기타 매도인의 일반적인 의무에 관한 상세한 설명은 앞의 EXW 규칙 제A1조에서와 같다.

A2 Licences, authorizations, security clearances and other formalities. Where applicable, the seller must obtain, at its own risk and expense, any export licence or other official authorization and carry out all customs formalities necessary for the export of the goods, and for their transport through any country prior to delivery.

번역 **제A2조 허가, 승인, 보안수속 및 기타 절차.** 적용가능한 경우에는, 매도인은 반드시 자신의 위험과 비용부담으로 모든 수출허가 또는 기타 공적인 승인을 취득하여야 하며, 또 물품의 수출 및 인도하기 이전의 어떠한 국가를 통과하는 운송에 필요한 모든 통관절차를 이행하여야 한다.

해설 EXW를 제외하고, CPT를 비롯한 모든 규칙하에서 물품의 수출수속은 매도인이 이를 이행하고 그 위험과 비용을 부담하여야 한다. 따라서 정부의 수출금지, 수출품에 대한 특별조세, 기타 예상보다 과대한 정부요건이 부과될 경우에는, 이에 대한 모든 위험과 비용을 매도인이 부담하여야 한다. 또 매도인은 인도 전의 제3국을 통과하는 통관절차도 이행하여야 한다. 기타 이 규칙하에서 매도인의 수출수속에 관한 설명은 앞의 FCA와 같다.

A3 Contracts of carriage and insurance. a) Contract of carriage. The seller must contract or procure a contract for the carriage of the goods from the agreed point of delivery, if any, at the place of delivery to the named place of destination or, if agreed, any point at that place. The contract of carriage must be made on usual terms at the seller's expense and provide for carriage by the usual route and in a customary manner. If a specific point is not agreed or is not determined by practice, the seller may select the point of delivery and the point at the named place of destination that best suit its purpose.

b) Contract of insurance. The seller has no obligation to the buyer to make a contract of insurance. However, the seller must provide the buyer, at the buyer's request, risk, and expense (if any), with information that the buyer needs for obtaining insurance.

번역 **제A3조 운송 및 보험계약.** a) 운송계약. 매도인은 반드시 인도장소의 합의된 인도지점(있는 경우)으로부터 지정된 목적장소 또는 당해장소의 어떠한 지점(합의된 경우)까지 물품의 운송계약을 체결하거나 조달하여야 한다. 운송계약은 반드시 매도인의 비용부담으로 통상적인 조건에 따라 체결되어야 하며, 또 통상적인 경로와 관습적인 방법에 따른 운송을 제공하여야 한다. 특정한 지점이 합의되지 아니하거나 또는 관례에 따라 결정되지 아니한 경우에는, 매도인은 자신의 목적에 가장 적합한 인도장소 및 지정된 목적장소의 지점을 선정할 수 있다.

b) **보험계약.** 매도인은 매수인에 대하여 보험계약을 체결할 아무런 의무도 부담하지 아니한다. 그러나 매도인은 반드시 매수인의 요청과 위험 및 비용부담(있는 경우)으로 매수인이 보험을 취득하는데 필요한 정보를 매수인에게 제공하여야 한다.

해설 1. [운송계약] CPT 규칙하에서 매도인은 목적지나 합의된 지점까지 운송계약을 체결하거나 조달하고 운송비를 지급하여야 한다. 지점이 합의되지 아니하거나 관례적으로 결정되지 아니한 경우에는, 매도인이 지점을 선정할 수 있다. 여기서 "조달"이란 언급은 연계매매를 대비한 것이다(서문).

이때 운송계약은 통상적인 조건(usual terms)으로 체결하여야 하고, 통상적인 경로(usual route)와 관습적인 방법(customary manner)에 따라야 한다. 기타 이 규칙하에서 매도인의 운송계약에 관한 설명은 뒤의 CIP와 같다.

2. [보험계약] CPT 규칙하에서 매도인은 목적지까지 보험계약을 체결할 의무를 부담하지 아니한다. 다만 매도인은 매수인의 요청 시 매수인의 위험과 비용부담으로 보험을 취득하는데 필요한 정보를 매수인에게 제공하여야 한다.

특히 인코텀즈® 2010 규칙은 2009년 개정된 협회적하약관(ICC)의 변화를 고려하였고, 각 규칙의 제A3조와 제B3조에서 보험에 관련한 정보의무를 추가한 것이 특징적이다. 이러한 의무는 구규칙의 제A10조와 제B10조에 있던 상당히 포괄적인 내용들을 이동시킨 것이며, 또 보험에 관련한 제A3조와 제B3조에서의 용어는 당사자들의 의무를 명쾌하게 할 목적으로 수정하였다(서문).

A4 Delivery. The seller must deliver the goods by handing them over to the carrier contracted in accordance with A3 on the agreed date or within the agreed period.

번역 **제A4조 인도.** 매도인은 반드시 합의된 일자 또는 합의된 기간내에 제A3조에 따라 계약된 운송인에게 물품을 인계하는 행위로 이를 인도하여야 한다.

해설 CPT 규칙하에서 매도인은 합의된 시기에 자신이 운송계약을 체결하거나 조달한 운송인에게 물품을 인계하는 방법으로 인도의 의무를 완성하여야 한다. 기타 매도인의 인도의무에 관한 설명은 뒤의 CIP와 같다.

A5 Transfer of risks. The seller bears all risks of loss of or damage to the goods until they have been delivered in accordance with A4, with the exception of loss or damage in the circumstances described in B5.

번역 **제A5조 위험의 이전.** 매도인은 제B5조에 기술된 사정에서의 멸실 또는 손상을 제외하고, 물품이 제A4조에 따라 인도된 때까지 물품의 멸실 또는 손상의 모든 위험을 부담하여야 한다.

해설 CPT 규칙하에서는 매도인이 합의된 시기에 자신이 운송계약을 체결하거나 조달한 운송인에게 물품을 인계한 때에 물품의 멸실 또는 손상의 모든 위험도 매수인에게 이전한다. 따라서 매도인은 이 때까지의 위험만 부담하면 된다. 다만 운송 중인 물품의 연계매매(string sales)에서는 물품에 대한 위험은 매매계약시에 매수인에게 이전한다. 이러한 매매에서도 보험계약의 체결 등 특별한 사정이 있는 경우에는, 매도인이 물품의 멸실 또는 손상을 알 수 없는 한, 위험은 운송인에게 물품을 인도한 때에 매수인에게 이전한다(CISG 제68조). 기타 이 규칙하에서 위험이전에 관한 설명은 뒤의 CIP와 같다.

A6 Allocation of costs. The seller must pay

a) all costs relating to the goods until they have been delivered in accordance with A4, other than those payable by the buyer as envisaged in B6;

b) the freight and all other costs resulting from A3 a), including the costs of loading the goods and any charges for unloading at the place of destination that were for the seller's account under the contract of carriage; and

c) where applicable, the costs of customs formalities necessary for export, as well as all duties, taxes and other charges payable upon export, and the costs for their transport through any country that were for the seller's account under the contract of carriage.

번역 **제A6조 비용의 분담.** 매도인은 반드시 다음과 같은 비용을 지급하여야 한다.

a) 제B6조에 적시된 대로 매수인에 의하여 지급되는 비용을 제외하고, 물품이 제A4조에 따라 인도된 때까지 물품에 관련한 모든 비용,

b) 물품의 적재비용 및 운송계약에 따라 매도인의 계산에 속한 목적장소에서의 모든 양하경비를 포함하여, 제A3조 a항의 결과로 발생하는 운임과 기타 모든 비용, 그리고

c) 적용가능한 경우에는, 수출에 필요한 통관절차의 비용뿐만 아니라, 수출시에 지급되는 모든 관세, 조세 및 기타 경비, 그리고 운송계약에 따라 매도인의 계산에 속한 어떠한 국가를 통과하는 운송비용.

해설 ① CPT 규칙하에서 매도인은 계약에 합의된 대로 매수인에 의하여 지급되는 비용을 제외하고, 자신이 운송계약을 체결하거나 조달한 운송인에게 물품을 인계한 때까지 물품에 관한 모든 비용을 부담하여야 한다.

② CPT 규칙하에서 매도인은 물품의 적재비와 운송계약에 따른 목적지에서의 양하비를 포함한 운임 등의 비용을 부담하여야 한다. 여기서 "양하비"라 함은 항구나 컨테이너 터미널 시설 내에서 물품의 취급경비(THC)도 포함한다.

③ CPT 규칙하에서 매도인은 수출통관절차의 비용과 이에 따른 모든 관세, 조세 및 기타 수출국가 당국의 공적인 경비(charges)를 부담하고, 나아가 운송계약에 포함된 경우 제3국의 통과비용도 매도인이 부담하여야 한다.

A7 Notices to the buyer. The seller must notify the buyer that the goods have been delivered in accordance with A4.

The seller must give the buyer any notice needed in order to allow the buyer to take measures that are normally necessary to enable the buyer to take the goods.

번역 **제A7조 매수인에 대한 통지.** 매도인은 반드시 물품이 제A4조에 따라 인도되었다는 사실에 관하여 매수인에게 통지하여야 한다.

매도인은 반드시 매수인이 물품을 접수할 수 있도록 하는데 정상적으로 필요한 조치를 취할 수 있도록 매수인에게 필요한 모든 통지를 행하여야 한다.

해설 CPT 규칙하에서 매도인은 합의된 시기에 자신이 운송계약을 체결하거나 조달한 운송인에게 물품을 인계한 사실과 목적지에서 매수인이 물품을 접수하는데 필요한 조치를 취할 수 있도록 요구되는 정보를 통지하여야 한다. 기타 이 규칙하에서 매도인의 통지의무에 관한 설명은 뒤의 CIP와 같다.

A8 Delivery document. If customary or at the buyer's request, the seller must provide the buyer, at the seller's expense, with the usual transport document[s] for the transport contracted in accordance with A3.

This transport document must cover the contract goods and be dated within the period agreed for shipment. If agreed or customary, the document must also enable the buyer to claim the goods from the carrier at the named place of destination and enable the buyer to sell the goods in transit by the transfer of the document to a subsequent buyer or by notification to the carrier.

When such a transport document is issued in negotiable form and in several originals, a full set of originals must be presented to the buyer.

번역 **제A8조 인도서류.** 관습적이거나 또는 매수인의 요청이 있는 경우에는, 매도인은 반드시 자신의 비용부담으로 제A3조에 따라 계약을 체결한 운송에 관한 통상적인 운송서류[들]을 매수인에게 제공하여야 한다.

이 운송서류는 반드시 계약물품을 커버하여야 하며, 또 운송을 위하여 합의된 기간내로 일부되어 있어야 한다. 또한 합의되었거나 또는 관습적인 경우에는, 서류는 반드시 매수인이 지정된 목적장소에서 운송인으로부터 물품을 청구할 수 있는 것이어야 하며, 또 매수인이 후속되는 매수인에게 서류의 이전에 의하거나 또는 운송인에 대한 통지에 의하여 수송 중인 물품을 매각할 수 있는 것이어야 한다.

그러한 운송서류가 유통가능한 양식이면서 복수의 원본으로 발행되는 때에는, 반드시 전통의 원본이 매수인에게 제시되어야 한다.

해설 CPT 규칙하에서 매도인은 관습적이거나 매수인의 요청 시에는 자신의 비용부담으로 목적지까지의 운송계약을 입증하는 통상적인 운송서류들(transport documents)을 매수인에게 제공하여야 한다. 운송서류는 계약물품을 커버하고, 선적기일내의 일자가 명기되어 있어야 하며, 또 목적지에서 물품을 청구할 수 있고 운송 중인 물품을 매각할 수도 있는 양식이어야 한다.

나아가 운송서류가 유통가능하고 복수로 발행된 때에는 전통의 원본이 제시되어야 한다. 기타 이 규칙하에서 인도서류에 관한 설명은 뒤의 CIP와 같다.

A9 Checking - packaging - marking. The seller must pay the costs of those checking operations (such as checking quality, measuring, weighing, counting) that are necessary for the purpose of delivering the goods in accordance with A4, as well as the costs of any pre-shipment inspection mandated by the authority of the country of export.

The seller must, at its own expense, package the goods, unless it is usual for the particular trade to transport the type of goods sold unpackaged. The seller may package the goods in the manner appropriate for their transport, unless the buyer has notified the seller of specific packaging requirements before the contract of sale is concluded. Packaging is to be marked appropriately.

번역 **제A9조 점검·포장·화인.** 매도인은 반드시 제A4조에 따라 물품을 인도하기 위하여 필요한 물품점검업무(품질, 용적, 중량, 수량점검 등)의 비용뿐만 아니라, 수출국가의 당국에 의하여 강제된 모든 선적전검사의 비용을 지급하여야 한다.

특정무역거래에서 매각된 종류의 물품을 무포장으로 운송하는 것이 통상적이지 아니하는 한, 매도인은 반드시 자신의 비용부담으로 물품을 포장하여야 한다. 매수인이 매매계약의 체결 이전에 매도인에게 특정한 포장요건을 통지하지 않은 한, 매도인은 물품운송에 적절한 방법으로 이를 포장할 수 있다. 포장에는 적절한 화인이 있어야 한다.

해설 CPT 규칙하에서 매도인은 물품상태(품질 · 용적 · 중량 · 수량 등)에 관한 점검과 수출국가의 당국이 지정한 선적전검사의 비용을 지급하여야 한다.

또 CPT 규칙하에서 무포장운송이 통상적이지 않은 한, 매도인은 자신의 비용부담으로 물품을 포장하여야 하고, 포장에는 적절한 화인이 있어야 한다. 기타 이 규칙하에서 점검 · 포장 · 화인의무에 관한 설명은 앞의 FCA와 같다.

A10 Assistance with information and related costs. The seller must, where applicable, in a timely manner, provide to or render assistance in obtaining for the buyer, at the buyer's request, risk and expense, any documents and information, including security-related information, that the buyer needs for the import of the goods and/or for their transport to the final destination.

The seller must reimburse the buyer for all costs and charges incurred by the buyer in providing or rendering assistance in obtaining documents and information as envisaged in B10.

번역 **제A10조 정보의 협조 및 관련 비용.** 매도인은 반드시 적용가능한 경우에는, 매수인의 요청과 위험 및 비용부담으로 매수인이 물품의 수입 및/또는 최종목적지까지의 물품운송에 필요한 보안관련 정보를 포함하여 모든 서류와 정보를 취득하는데 따른 협조를 매수인에게 시의적절한 방법으로 제공하거나 공여하여야 한다.

매도인은 반드시 제B10조에 적시된 대로 서류와 정보를 취득하는데 따른 협조를 제공하거나 공여하면서 매수인에 의하여 발생된 모든 비용과 경비를 매수인에게 보상하여야 한다.

해설 CPT 규칙하에서 매도인은 매수인의 요청 시에는 매수인의 위험과 비용부담으로 인도 후의 제3국 통과와 수입통관, 반입운송 등 수입수속에 필요한 보안관련 정보를 포함하여 모든 서류와 정보 또는 이와 동등한 전자기록이나 처리방법 등을 취득하는데 시의적절한 방법으로 협조를 다하여야 한다.

또 CPT 규칙하에서 매도인은 제B10조에 적시된 대로 서류와 정보를 취득하기 위한 매수인의 협조에 소요된 모든 비용과 위험을 부담하여야 한다. 기타 매도인의 정보협조와 관련 비용에 관한 설명은 앞의 FCA와 같다.

B THE BUYER'S OBLIGATIONS(매수인의 의무)

B1 General obligations of the buyer. The buyer must pay the price of the goods as provided in the contract of sale.

Any document referred to in B1-B10 may be an equivalent electronic record or procedure if agreed between the parties or customary.

번역 **제B1조 매수인의 일반적 의무.** 매수인은 반드시 매매계약에 약정된 대로 물품의 대금을 지급하여야 한다.

제B1조 내지 제B10조에 언급된 모든 서류는 당사자간에 합의되었거나 관습적인 경우에는 이와 동등한 전자기록 또는 처리방법으로 할 수 있다.

해설 CPT 규칙하에서 매도인이 계약에 일치하는 물품과 상업송장 및 기타 증명서류를 제공하면, 이에 매수인은 매매계약에 합의된 시기와 방법 및 금액으로 물품의 대금을 지급하여야 한다. 이하 모든 서류는 당사자간의 합의 또는 관습에 따라 전자기록이나 처리방법으로 대체할 수 있다. 기타 매수인의 일반적인 의무에 관한 상세한 설명은 앞의 EXW 규칙 제B1조에서와 같다.

B2 Licences, authorizations, security clearances and other formalities. Where applicable, it is up to the buyer to obtain, at its own risk and expense, any import licence or other official authorization and carry out all customs formalities for the import of the goods and for their transport through any country.

번역 **제B2조 허가, 승인, 보안수속 및 기타 절차.** 적용가능한 경우에는, 매수인 자신의 위험과 비용부담으로 모든 수입허가 또는 기타 공적인 승인을 취득하여야 하는 것과 물품의 수입 및 어떠한 국가를 통과하는 운송을 위한 모든 통관절차를 이행하여야 하는 것은 매수인의 책임에 속한다.

해설 CPT 규칙하에서 물품의 수입허가나 기타 공적인 승인의 취득, 물품의 수입과 인도 후의 제3국 통과를 위한 모든 통관절차는 매수인이 이행하여야 한다. 기타 매수인의 수입수속에 관한 설명은 앞의 FCA와 같다.

B3 Contracts of carriage and insurance. a) Contract of carriage. The buyer has no obligation to the seller to make a contract of carriage.

b) Contract of insurance. The buyer has no obligation to the seller to make a contract of insurance. However, the buyer must provide the seller, upon request, with the necessary information for obtaining insurance.

번역 **제B3조 운송 및 보험계약.** a) **운송계약.** 매수인은 매도인에 대하여 운송계약을 체결할 아무런 의무도 부담하지 아니한다.

b) **보험계약.** 매수인은 매도인에 대하여 보험계약을 체결할 아무런 의무도 부담하지 아니한다. 그러나 매수인은 요청 시에는 반드시 보험을 취득하는데 필요한 정보를 매도인에게 제공하여야 한다.

해설 CPT 규칙하에서는 매도인이 목적지까지 운송계약을 체결하고 운송비를 지급하기 때문에, 매수인은 매도인에 대하여 이를 체결할 의무가 없다.

한편 CPT 규칙하에서 매수인은 매도인에 대하여 목적지까지 보험계약을 체결할 의무가 없다. 그렇다고 하여 이것은 매수인 자신의 이익을 위하여도 당해 직무를 이행할 필요가 없음을 의미하지 아니한다. 특히 이 규칙하에서는 매도인도 보험계약을 체결할 의무가 없기 때문에, 매수인은 자신의 이익을 위하여는 매도인에게 보험에 필요한 정보를 제공하여 보험을 취득하게 하거나, 또는 매수인 스스로 보험에 필요한 정보를 요청하여 이를 취득할 필요가 있다.

B4 Taking delivery. The buyer must take delivery of the goods when they have been delivered as envisaged in A4 and receive them from the carrier at the named place of destination.

번역 **제B4조 인도의 접수.** 매수인은 반드시 물품이 제A4조에 적시된 대로 인도된 때에 물품의 인도를 접수하여야 하며, 또 지정된 목적장소에서 운송인으로부터 이를 수령하여야 한다.

해설 CPT 규칙하에서 매도인은 선적지의 운송인에게 물품을 인도함으로써 그 의무를 다하게 되기 때문에, 매수인은 선적지에서 인도를 접수할 의무가 있으며, 또 목적지에서 운송인으로부터 물품을 수령할 의무도 있다. 기타 이 규칙하에서 매수인의 인도접수의무에 관한 설명은 뒤의 CIP와 같다.

B5 Transfer of risks. The buyer bears all risks of loss of or damage to the goods from the time they have been delivered as envisaged in A4.

If the buyer fails to give notice in accordance with B7, it must bear all risks of loss of or damage to the goods from the agreed date or the expiry date of the agreed period for delivery, provided that the goods have been clearly identified as the contract goods.

번역 **제B5조 위험의 이전.** 매수인은 물품이 제A4조에 적시된 대로 인도된 시간부터 물품의 멸실 또는 손상의 모든 위험을 부담하여야 한다.

매수인이 제B7조에 따라 통지를 행하지 아니한 경우에는, 매수인은 반드시 인도의 합의된 일자 또는 합의된 기간의 만기일자로부터 물품의 멸실 또는 손상의 모든 위험을 부담하여야 한다. 다만 물품이 계약물품으로서 명확하게 특정되어 있어야 한다.

해설 CPT 규칙하에서 매수인은 매도인에 의하여 계약된 운송인에게 물품이 인도된 때부터 물품의 멸실 또는 손상의 모든 위험을 부담하여야 한다. 기타 이 규칙하에서 매수인의 위험부담에 관한 설명은 뒤의 CIP와 같다.

B6 Allocation of costs. The buyer must, subject to the provisions of A3 a), pay

a) all costs relating to the goods from the time they have been delivered as envisaged in A4, except, where applicable, the costs of customs formalities necessary for export, as well as all duties, taxes, and other charges payable upon export as referred to in A6 c);

b) all costs and charges relating to the goods while in transit until their arrival at the agreed place of destination, unless such costs and charges were for the seller's account under the contract of carriage;

c) unloading costs, unless such costs were for the seller's account under the contract of carriage;

d) any additional costs incurred if the buyer fails to give notice in accordance with B7, from the agreed date or the expiry date of the agreed period for dispatch, provided that the goods have been clearly identified as the contract goods; and

e) where applicable, all duties, taxes and other charges, as well as the costs of carrying out customs formalities payable upon import of the goods and the costs for their transport through any country, unless included within the cost of the contract of carriage.

번역 **제B6조 비용의 분담.** 매수인은 반드시 제A3조 a항에 규정된 경우를 제외하고, 다음과 같은 비용을 지급하여야 한다.

a) 물품이 제A4조에 적시된 대로 인도된 시간부터 물품에 관련한 모든 비용. 다만 적용가능한 경우에는, 수출에 필요한 통관절차의 비용뿐만 아니라, 제A6조 c항에 언급된 대로 수출시에 지급되는 모든 관세, 조세 및 기타 경비는 제외한다.

b) 운송계약에 따라 매도인의 계산에 속한 것이 아닌 한, 합의된 목적장소에 도착할 때까지의 수송 중에 물품에 관련한 모든 비용 및 경비,

c) 운송계약에 따라 매도인의 계산에 속한 것이 아닌 한, 양하비용,

d) 매수인이 제B7조에 따라 통지를 행하지 아니한 경우에는, 발송을 위하여 합의된 일자 또는 합의된 기간의 만기일자로부터 발생된 모든 추가적인 비용. 다만 물품이 계약물품으로서 명확하게 특정되어 있어야 한다. 그리고

e) 적용가능한 경우에는, 물품의 수입시에 지급되는 모든 관세, 조세 및 기타 경비뿐만 아니라, 통관절차를 이행하는 비용 및 운송계약의 비용에 포함되지 않은 한 어떠한 국가를 통과하는 운송비용.

해설 앞의 제A3조 a항에 따라 매도인이 운송계약을 체결하거나 조달하는 비용을 제외하고, ① CPT 규칙하에서 매수인은 계약된 운송인에게 물품이 인도된 때부터 물품에 관한 모든 비용을 부담하여야 한다. 다만 수출통관절차의 비용과 수출시에 지급되는 관세, 조세 및 기타 경비는 제외한다.

② CPT 규칙하에서 매수인은 운송계약에 포함되지 아니한 경우, 목적지에 도착할 때까지의 운송 중 물품에 관한 모든 비용과 경비도 부담하여야 한다.

③ CPT 규칙하에서 매수인은 운송계약에 포함되지 아니한 경우, 양하비도 부담하여야 한다. 여기서 "양하비"라 함은 항구나 컨테이너 터미널 시설 내에서 물품의 취급경비(terminal handling charges : THC)를 포함한다(서문).

④ CPT 규칙하에서 매수인은 제B7조에 따른 통지의무, 즉 물품발송의 시간·목적지·물품수령의 지점 등에 대한 결정권이 주어졌을 때 이를 통지하지 아니한 경우에는, 합의된 발송기일로부터 발생하는 모든 추가적인 비용을 부담하여야 한다. 다만 물품이 계약물품으로서 명확하게 특정되어 있어야 한다.

⑤ CPT 규칙하에서 매수인은 수입시에 지급되는 모든 관세, 조세와 기타 수입국가 당국의 공적인 경비(charges), 수입통관절차의 비용 및 운송계약의 비용에 포함되지 아니한 경우에는 제3국의 통과비용도 부담하여야 한다.

B7 Notices to the seller. The buyer must, whenever it is entitled to determine the time for dispatching the goods and/or the named place of destination or the point of receiving the goods within that place, give the seller sufficient notice thereof.

번역 **제B7조 매도인에 대한 통지.** 매수인은 반드시 물품발송의 시간 및/또는 지정된 목적장소 또는 당해 장소내의 물품수령의 지점을 결정할 권한이 주어진 때에는, 항상 이에 관하여 매도인에게 충분한 통지를 행하여야 한다.

해설 CPT 규칙하에서 매수인은 물품발송의 시간과 목적지, 수령지점 등의 결정권이 주어졌을 때에는, 매도인에게 이에 관한 충분한 통지를 하여야 한다. 기타 이 규칙하에서 매수인의 통지의무에 관한 설명은 뒤의 CIP와 같다.

B8 Proof of delivery. The buyer must accept the transport document provided as envisaged in A8 if it is in conformity with the contract.

번역 **제B8조 인도의 증거.** 매수인은 반드시 운송서류가 계약에 일치하는 경우에는 제A8조에 적시된 대로 제공된 운송서류를 인수하여야 한다.

해설 CPT 규칙하에서 매수인은 운송서류가 계약에 일치하고 제A8조에 적시된 대로 정당한 인도의 증거서류인 한 이를 인수하여야 한다. 기타 이 규칙하에서 매수인의 운송서류 인수의무에 관한 설명은 뒤의 CIP와 같다.

B9 Inspection of goods. The buyer must pay the costs of any mandatory pre-shipment inspection, except when such inspection is mandated by the authorities of the country of export.

번역 **제B9조 물품의 검사.** 매수인은 반드시 수출국가의 당국에 의하여 강제된 그러한 검사의 경우를 제외하고, 모든 강제적인 선적전검사의 비용을 지급하여야 한다.

해설 CPT 규칙하에서 매수인은 수출국가의 당국이 지정한 선적전검사를 제외하고, 모든 선적전검사(PSI)에 관한 의무를 부담하여야 한다. 기타 이 규칙하에서 매수인의 선적전검사의무에 관한 설명은 앞의 FCA와 같다.

B10 Assistance with information and related costs. The buyer must, in a timely manner, advise the seller of any security information requirements so that the seller may comply with A10.

The buyer must reimburse the seller for all costs and charges incurred by the seller in providing or rendering assistance in obtaining documents and information as envisaged in A10.

The buyer must, where applicable, in a timely manner, provide to or render assistance in obtaining for the seller, at the seller's request, risk and expense, any documents and information, including security-related information, that the seller needs for the transport and export of the goods and for their transport through any country.

번역 **제B10조 정보의 협조 및 관련 비용**. 매수인은 반드시 매도인이 제A10조를 준수할 수 있도록 모든 보안정보요건에 관하여 매도인에게 시의적절한 방법으로 고지하여야 한다.

매수인은 반드시 제A10조에 적시된 대로 서류와 정보를 취득하는데 따른 협조를 제공하거나 공여하면서 매도인에 의하여 발생된 모든 비용과 경비를 매도인에게 보상하여야 한다.

매수인은 반드시 적용가능한 경우에는, 매도인의 요청과 위험 및 비용부담으로 매도인이 물품의 운송과 수출 및 어떠한 국가를 통과하는 물품운송에 필요한 보안관련 정보를 포함하여 모든 서류와 정보를 취득하는데 따른 협조를 매도인에게 시의적절한 방법으로 제공하거나 공여하여야 한다.

해설 CPT 규칙하에서는 매도인이 물품의 수입통관, 제3국 통과, 반입운송 등 수입수속을 위한 서류와 정보를 취득하는데 협조를 다하도록 하고 있으므로, 매수인은 이러한 매도인의 협조에 소요된 모든 비용과 위험을 부담하여야 한다. 특히 인코텀즈® 2010 규칙하에서 매수인은 매도인의 제A10조 의무준수를 위한 보안정보요건을 시의적절한 방법으로 고지하여야 한다(서문).

또 CPT 규칙하에서 매수인은 매도인의 요청 시 매도인의 위험과 비용부담으로 물품의 반출운송과 수출통관, 인도 전의 제3국 통과 등 수출수속에 필요한 보안관련 정보를 포함하여 서류와 정보를 취득하는데 시의적절하게 협조하여야 한다. 기타 매수인의 정보협조와 관련 비용의 설명은 FCA와 같다.

4. CIP : CARRIAGE AND INSURANCE PAID TO (운송비 · 보험료지급인도)

CIP (insert named place of destination) Incoterms® 2010
(CIP [지정목적장소 삽입] 인코텀즈® 2010)

GUIDANCE NOTE(안내문)

This rule may be used irrespective of the mode of transport selected and may also be used where more than one mode of transport is employed.

"Carriage and Insurance Paid to" means that the seller delivers the goods to the carrier or another person nominated by the seller at an agreed place (if any such place is agreed between the parties) and that the seller must contract for and pay the costs of carriage necessary to bring the goods to the named place of destination.

The seller also contracts for insurance cover against the buyer's risk of loss of or damage to the goods during the carriage. The buyer should note that under CIP the seller is required to obtain insurance only on minimum cover. Should the buyer wish to have more insurance protection, it will need either to agree as much expressly with the seller or to make its own extra insurance arrangements.

When CPT, CIP, CFR or CIF are used, the seller fulfils its obligation to deliver when it hands the goods over to the carrier and not when the goods reach the place of destination.

This rule has two critical points, because risk passes and costs are transferred at different places. The parties are well advised to identify as precisely as possible in the contract both the place of delivery, where the risk passes to the buyer, and the named place of destination to which the seller must contract for carriage. If several carriers are used for the carriage to the agreed destination and the parties do not agree on a specific point of delivery, the default position is that risk passes when the goods have been delivered to the first carrier at a point entirely of the seller's choosing and over which the buyer has no control. Should the parties wish the risk to pass at a later stage (e.g., at an ocean port or an airport), they need to specify this in their contract of sale.

The parties are also well advised to identify as precisely as possible the point within the agreed place of destination, as the costs to that point are for the account of the seller. The seller is advised to procure contracts of carriage that match this choice precisely. If the seller incurs costs under its contract of carriage related to unloading at the named place of destination, the seller is not entitled to recover such costs from the buyer unless otherwise agreed between the parties.

CIP requires the seller to clear the goods for export, where applicable. However, the seller has no obligation to clear the goods for import, pay any import duty or carry out any import customs formalities.

번역 이 규칙은 선정된 운송방식에 관계 없이 사용할 수 있으며, 또 둘 이상의 운송방식이 채용되는 경우에도 사용할 수 있다.

"운송비 · 보험료지급인도"(carriage and insurance paid to)라 함은 매도인이 (당사자간에 어떠한 장소가 합의된 경우) 그러한 합의된 장소에서 매도인에 의하여 지명된 운송인 또는 기타의 자에게 물품을 인도하는 것과 매도인이 반드시 지정된 목적장소까지 물품을 운반하는데 필요한 운송계약을 체결하고 그 비용을 지급하여야 하는 것을 의미한다.

매도인은 또한 운송 동안에 물품의 멸실 또는 손상의 매수인 위험에 대한 보험담보의 계약을 체결한다. 매수인은 CIP 하에서 매도인에게는 단지 최소한의 담보에 관한 보험만 취득하도록 요구된다는 사실에 유의하여야 한다. 매수인이 더 이상의 보험보호를 받고자 원하는 경우에는, 매수인은 매도인과 그만큼 명시적으로 합의하거나 또는 매수인 자신의 특별한 보험약정을 체결할 필요가 있을 것이다.

CPT, CIP, CFR 또는 CIF가 사용되는 경우에는, 매도인은 자신이 운송인에게 물품을 인계하는 때에 자신의 인도의무를 완수하게 되며, 또 물품이 목적장소에 도달하는 때가 되는 것은 아니다.

이 규칙은 상이한 장소에서 위험이 넘어가고 비용이 이전되기 때문에 두 개의 분기점을 갖고 있다. 당사자들은 계약에서 위험이 매수인에게 넘어가는 인도장소와 매도인이 반드시 운송계약을 체결하여야 하는 지정된 목적장소의 양자를 가능한 한 정확하게 확인하는 것이 아주 바람직하다. 합의된 목적지까지의 운송에 복수의 운송인이 사용되고 또 당사자들이 특정한 인도지점을 합의하지 아니한 경우에는, 물품이 전적으로 매도인의 선택하에 있고 매수인의 통제를 벗어난 지점에서 최초의 운송인에게 인도된 때가 위험이 넘어가는 불이행위치가 된다. 당사자들이 이후의 단계에서 (예컨대 해양의 항구 또는 공항에서) 위험이 넘어가도록 원하는 경우에는, 당사자들은 매매계약에서 이를 명시할 필요가 있다.

당사자들은 또한 합의된 목적장소내의 지점을 가능한 한 정확하게 확인하는 것이 아주 바람직하다. 왜냐하면 당해 지점까지의 비용이 매도인의 계산에 속하기 때문이다. 매도인은 이 선택사항에 정확하게 부합하는 운송계약을 조달하는 것이 바람직하다. 매도인이 자신의 운송계약에 따라 지정된 목적장소에서의 양하에 관련된 비용을 부담하는 경우에는, 매도인은 당사자간에 별도의 합의가 없는 한 매수인으로부터 그러한 비용을 회수할 권한이 없다.

CIP는 적용가능한 경우에는 매도인이 물품의 수출수속을 하도록 요구한다. 그러나 매도인은 물품의 수입수속을 하거나, 어떠한 수입관세를 지급하거나 또는 어떠한 수입통관절차를 이행할 아무런 의무도 부담하지 아니한다.

해설 1. [CIP의 정의] "CIP"(운송비 · 보험료지급인도)라 함은 매도인이 지정된 목적지까지 운송 · 보험계약을 체결하고 물품의 운송비(carriage)와 보험료(insurance premium)를 지급하되, 물품의 모든 위험과 추가적인 비용은 물품이 선적지에서 운송인에게 인도된 때에 이전하는 거래조건을 말한다.[21)]

특히 CIP는 매도인이 단지 런던의 협회적하약관(ICC)이나 이에 준하는 약관의 최소담보조건(C)으로 부보하고 매도인이 물품의 수출수속을 이행하여야 하며, 이 규칙은 복합운송을 포함하여 모든 운송방식에 사용할 수 있다.

CIP는 매도인이 목적지까지 운송 및 보험계약을 체결하고 이에 따른 운송비와 보험료를 지급한다는 점에서 기본적으로 해상전용의 CIF 규칙과 같지만, 물품을 선박이 아닌 운송인에게 인도한다는 점에서 이와 구분된다. 또 이 규칙하에서 매도인은 CIF 규칙에서와 같은 운송서류를 반드시 제공하여야 하는 것이 아니라, 해당되는 운송방식에서 관습적이거나 매수인의 요청이 있는 경우에 한하여 통상적인 운송서류를 제공하면 된다는 점이 특징적이다.

CIP는 원래 "Incoterms 1980"에서 복합운송에 대비하여 FRC와 함께 처음 도입된 후 1990년부터 모든 운송방식에 사용할 수 있도록 개정되었다.[22)]

2. [위험 · 비용부담의 분기점] CIP는 선적지인도규칙의 하나로서 매도인이 자신의 운송인에게 물품을 인도하면 그 의무를 다하게 되지만, 이 규칙하에서 물품에 대한 위험과 비용부담의 분기점은 일치하지 아니하는 면이 있다.

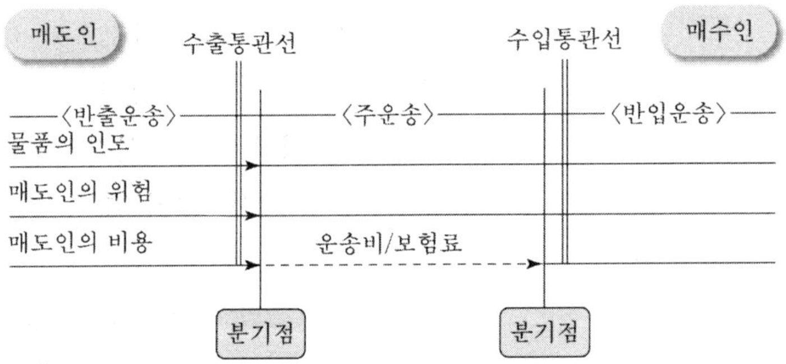

21) Jan Ramberg, *ICC Guide to Incoterms® 2010,* Publication No. 720E, 2011, p. 123.
22) Carole Murray et al., *Schmitthoff's Export Trade,* Sweet & Maxwell, 2007, p. 55.

① CIP 규칙하에서 매도인은 물품이 운송인에게 인도된 때까지 물품의 멸실과 손상의 모든 위험을 부담하기 때문에, 위험부담의 분기점도 선적지에서 물품이 운송인에게 인도된(delivered to the carrier) 때가 된다.

따라서 물품이 운송인에게 인도된 때부터 물품에 대한 모든 위험은 매수인이 부담하여야 한다. 예컨대 운송인에게 물품의 인도가 완성된 이후 운송 중에 화물이 멸실되었다 하더라도 이는 매수인측의 책임에 속한다.

② CIP 규칙하에서 매도인은 물품이 운송인에게 인도된 때까지의 물품에 관련된 모든 비용에 목적지까지의 운송비와 보험료를 별도로 부담하여야 한다. 반면에 매수인은 목적지까지의 운송비와 보험료를 제외하고, 물품이 운송인에게 인도된 때부터 기타 관련된 모든 추가적인 비용을 부담하여야 한다.

결과적으로 CIP 규칙에 있어서 비용부담의 분기점(critical point)은 장소적인 측면에서 보면 선적지에서 물품이 운송인에게 인도된 때가 되지만, 비용한도의 측면에서 보면 매도인이 FCA 규칙하에서의 모든 비용에 목적지까지의 운송비와 보험료를 합산한 금액을 지급한 때가 된다.

즉, 매도인은 물품을 운송인에게 인도하기까지 일체의 수출비용, 물품의 적재비(loading costs)를 포함하여 목적지까지의 운송계약에 따른 비용(costs)과 운송비(carriage), 그리고 운송계약시에 부과되는 목적지에서의 양하비(unloading costs) 등을 부담하여야 한다. 아울러 매도인은 목적지까지의 적하보험에 부보한 보험료(insurance premium)까지 부담하여야 한다.

3. **[매매당사자의 주요의무]** CIP 규칙하에서 매도인은 ① 자신의 비용부담으로 약정품의 운송에 통상적인 경로와 관습적인 방법으로 목적지까지 물품의 운송계약을 체결하여야 하고, ② 매매계약에 일치하는 물품을 운송인이나 최초운송인에게 인도하여야 하고, ③ 자신의 비용부담으로 물품의 수출수속을 이행하고 이에 따른 관세, 조세 등의 경비를 지급하여야 한다.

특히 매도인은 ④ 자신의 비용부담으로 평판이 좋은 보험자와 목적지까지의 운송에 수반되는 보험계약을 체결하고 보험료를 지급하여야 한다. 이때 보험계약은 런던 보험시장의 협회적하약관(ICC)이나 이와 유사한 약관의 최소담보조건(C)을 택하여 적어도 물품대금의 110% 한도까지 계약상의 통화단위로 부보하여야 한다. 물론 매수인의 요구가 있을 경우에는 매수인의 비용부담으로 조달가능한 전쟁위험, 동맹파업위험 등의 추가적인 보험에 부보하여야 한다.

또 매도인은 ⑤ 계약에 일치함을 입증하는 상업송장과 관습적인 경우에는 통상적인 운송서류(유통성 선화증권, 해상화물운송장, 내수로 운송서류, 항공화물운송장, 철도화물탁송장, 도로화물탁송장 또는 복합운송서류 등) 및 양도가능한 양식의 보험서류(보험증권, 보험증명서 등)를 제공하여야 하며, 이러한 모든 서류는 당사자간의 합의나 관습에 따라 전자기록으로 대체할 수 있다.

나아가 매도인은 ⑥ 물품의 적재비(loading costs)뿐만 아니라 운송계약의 체결시 운송비에 포함될 수 있는 목적지에서의 양하비(unloading costs)도 지급하여야 한다. 즉, 매도인은 물품의 적재비는 운송비에 포함되어 있든 없든 당연히 지급하여야 하며, 정기운송의 경우와 같이 운송계약시 목적지에서의 양하비가 운송비에 포함되어 있으면 이것도 지급하여야 한다.

반면 CIP 규칙하에서 매수인은 ① 물품이 운송인에게 인도되고 상업송장, 보험서류 및 관습적인 경우의 운송서류가 자신에게 제시되면 물품이 운송인에게 인도된 때에 이를 접수하고 목적지에서 물품을 수령하여야 하고, ② 목적지에서의 양하비가 운송비에서 누락된 경우에는 양하비를 지급하여야 한다.

또 매수인은 ③ 매도인에 대한 통지불이행으로 인하여 물품의 인도가 지연되어 발생하는 모든 위험과 추가적인 비용을 지급하여야 한다.

A THE SELLER'S OBLIGATIONS(매도인의 의무)

A1 General obligations of the seller. The seller must provide the goods and the commercial invoice in conformity with the contract of sale and any other evidence of conformity that may be required by the contract.

Any document referred to in A1-A10 may be an equivalent electronic record or procedure if agreed between the parties or customary.

번역 **제A1조 매도인의 일반적 의무.** 매도인은 반드시 매매계약에 일치하는 물품과 상업송장 및 계약에 의하여 요구될 수 있는 기타 모든 일치의 증명서류를 제공하여야 한다.

제A1조 내지 제A10조에 언급된 모든 서류는 당사자간에 합의되었거나 관습적인 경우에는 이와 동등한 전자기록 또는 처리방법으로 할 수 있다.

해설 CIP 규칙하에서 매도인은 매매계약에 일치하는 물품과 상업송장을 제공하여야 하며, 또 매도인은 계약에 일치하는 다른 증명서류가 계약상에 요구된 경우 이를 제공하여야 한다. 이하 모든 서류는 당사자간의 합의 또는 관습에 따라 전자기록이나 처리방법으로 대체할 수 있다. 기타 매도인의 일반적인 의무에 관한 상세한 설명은 앞의 EXW 규칙 제A1조에서와 같다.

A2 Licences, authorizations, security clearances and other formalities.
Where applicable, the seller must obtain, at its own risk and expense, any export licence or other official authorization and carry out all customs formalities necessary for the export of the goods and for their transport through any country prior to delivery.

번역 **제A2조 허가, 승인, 보안수속 및 기타 절차.** 적용가능한 경우에는, 매도인은 반드시 자신의 위험과 비용부담으로 모든 수출허가 또는 기타 공적인 승인을 취득하여야 하며, 또 물품의 수출 및 인도하기 이전의 어떠한 국가를 통과하는 운송에 필요한 모든 통관절차를 이행하여야 한다.

해설 EXW를 제외하고, CIP를 비롯한 모든 규칙하에서 물품의 수출수속은 매도인이 이를 이행하고 그 위험과 비용을 부담하여야 한다. 따라서 정부의 수출금지, 수출품에 대한 특별조세, 기타 예상보다 과대한 정부요건이 부과될 경우에는, 이에 대한 모든 위험과 비용을 매도인이 부담하여야 한다. 또 매도인은 인도전의 제3국을 통과하는 통관절차도 이행하여야 한다. 기타 이 규칙하에서 매도인의 수출수속에 관한 설명은 앞의 FCA와 같다.

A3 Contracts of carriage and insurance. a) Contract of carriage. The seller must contract or procure a contract for the carriage of the goods from the agreed point of delivery, if any, at the place of delivery to the named place of destination or, if agreed, any point at that place. The contract of carriage must be made on usual terms at the seller's expense and provide for carriage by the usual route and in a customary manner. If a specific point is not agreed or is not determined by practice, the seller may select the point of delivery and the point at the named place of destination that best suit its purpose.

b) Contract of insurance. The seller must obtain at its own expense cargo insurance complying at least with the minimum cover as provided by Clauses (C) of the Institute Cargo Clauses (LMA/IUA) or any similar clauses. The insurance shall be contracted with underwriters or an insurance company of good repute and entitle the buyer, or any other person having an insurable interest in the goods, to claim directly from the insurer.

When required by the buyer, the seller shall, subject to the buyer providing any necessary information requested by the seller, provide at the buyer's expense any additional cover, if procurable, such as cover as provided by Clauses (A) or (B) of the Institute Cargo Clauses (LMA/IUA) or any similar clauses, and/or cover complying with the Institute War Clauses and/or Institute Strikes Clauses (LMA/IUA) or any similar clauses.

The insurance shall cover, at a minimum, the price provided in the contract plus 10% (i.e., 110%) and shall be in the currency of the contract.

The insurance shall cover the goods from the point of delivery set out in A4 and A5 to at least the named place of destination.

The seller must provide the buyer with the insurance policy or other evidence of insurance cover.

Moreover, the seller must provide the buyer, at the buyer's request, risk, and expense (if any), with information that the buyer needs to procure any additional insurance.

번역 **제A3조 운송 및 보험계약.** **a) 운송계약.** 매도인은 반드시 인도장소의 합의된 인도지점(있는 경우)으로부터 지정된 목적장소 또는 당해장소의 어떠한 지점(합의된 경우)까지 물품의 운송계약을 체결하거나 조달하여야 한다. 운송계약은 반드시 매도인의 비용부담으로 통상적인 조건에 따라 체결되어야 하며, 또 통상적인 경로와 관습적인 방법에 따른 운송을 제공하여야 한다. 특정한 지점이 합의되지 아니하거나 또는 관례에 따라 결정되지 아니한 경우에는, 매도인은 자신의 목적에 가장 적합한 인도장소 및 지정된 목적장소의 지점을 선정할 수 있다.

b) 보험계약. 매도인은 반드시 자신의 비용부담으로 적어도 협회적하약관(LMA/IUA)의 (C) 조건 또는 이와 유사한 어떠한 약관에 의하여 규정된 최소한의 담보에 일치하는 적하보험을 취득하여야 한다. 보험계약은 평판이 좋은 보험업자 또는 보험회사와 체결하여야 하며, 또 매수인 또는 물품에 관한 피보험이익을 갖고 있는 기타 모든 자에게 보험자로부터 직접 보험금을 청구할 수 있는 권한을 부여하고 있어야 한다.

매수인이 요구한 때에는, 매도인은 매도인에게 요청되는 모든 필요한 정보를 매수인에게 제공한다는 전제하에 매수인의 비용부담으로 조달가능한 모든 추가적인 담보, 예컨대 협회적하약관(LMA/IUA)의 (A) 또는 (B) 조건 또는 이와 유사한 어떠한 약관에 의하여 규정된 담보, 및/또는 협회전쟁약관 및/또는 협회동맹파업약관(LMA/IUA) 또는 이와 유사한 어떠한 약관에 일치하는 담보 등을 제공하여야 한다.

보험은 최소한 계약에 약정된 대금에 10%를 가산한 금액(즉, 110%)을 담보하여야 하며, 또 계약상의 통화로 되어 있어야 한다.

보험은 제A4조 및 제A5조에 설정된 인도지점으로부터 적어도 지정된 목적장소까지 물품을 담보하여야 한다.

매도인은 반드시 매수인에게 보험증권 또는 기타 보험담보의 증명서류를 제공하여야 한다.

나아가 매도인은 반드시 매수인의 요청과 위험 및 비용부담(있는 경우)으로 매수인이 어떠한 추가적인 보험을 조달하는데 필요한 정보를 매수인에게 제공하여야 한다.

해설 1. [운송계약] CIP 규칙하에서 매도인은 목적지나 합의된 지점까지 운송계약을 체결하거나 조달하고 운송비를 지급하여야 한다. 지점이 합의되지 아니하거나 관례적으로 결정되지 아니한 경우에는, 매도인이 지점을 선정할 수 있다. 여기서 "조달"(procure)이란 언급은 연계매매를 대비한 것이다(서문).

이 때 운송계약은 통상적인 조건(usual terms)으로 체결하여야 하고, 통상적인 경로(usual route)와 관습적인 방법(customary manner)에 따라야 한다.

예컨대 컨테이너 운송에 부적합한 선박으로 컨테이너 화물에 대한 갑판적 운송계약을 체결하여서는 아니된다. 또 계약물품이 살화물(bulk cargo)인 경우에, 이는 대체로 컨테이너나 기타 flat, pallets 등의 단위로 용선계약에 의하여 운송되며, 운송인은 해상운송뿐만 아니라 수출국가의 내륙지점에서 수입국가의 내륙지점까지 운송을 책임지고 운송비를 징수하는 것이 보통이다. 바로 이러한 경우 해상의 CIF 규칙보다 CIP 규칙을 사용하는 것이 바람직하다.

또 물품이 정기선운송 또는 용선운송 중의 어느 것에 적합한지 불분명한 경우에는 매매계약시에 이를 지정해 두는 것이 좋으며, 만약 용선운송계약을 선택한다면 기본운송비 외에 적재비(loading costs)와 양하비(unloading costs)의 부담에 관한 문제도 명확히 정하여야 한다. 운송계약관습상 적재비와 양하비의 부담문제는 다음과 같은 네 가지의 계약조건 중에 하나로 결정된다.

① "Berth terms"(or liner terms)로 약정한 경우에는 적재비와 양하비는 모두 선주가 부담하게 되는데, 이는 정기선운송에 많이 이용되고 있다.

② "FI clause"(free in)로 약정한 경우에는 적재비는 선주가 면책되고 기타 양하비는 선주가 부담하므로, 화주는 적재비를 별도로 지급하여야 한다.

③ "FO clause"(free out)로 약정한 경우에는 반대로 양하비는 선주가 면책되고 기타 적재비는 선주가 부담하므로, 화주는 양하비를 지급하여야 한다.

④ "FIO clause"(free in and out)로 약정한 경우에는 적재비와 양하비는 모두 선주가 면책되기 때문에, 화주가 이들 비용을 별도로 지급하게 되는데 이는 용선운송에 많이 이용되고 있다. 그러나 용선운송계약을 체결하더라도 적재비와 양하비를 선주가 부담하는 "berth terms"를 이용하면 편리하다.

2. [보험계약] CIP 규칙하에서 매도인은 운송계약뿐만 아니라, 보험계약을 체결하고 보험료를 지급하여야 한다. 이때 요구되는 부보조건은 다음과 같다.

① 매도인은 선박의 좌초, 충돌, 화재 등의 주요위험에 대비한 협회적하약관 중의 최소담보조건(minimum cover)으로 부보하면 충분하다. 즉, 로이즈시장협회(LMA)와 국제보험업협회(IUA)의 합동적하위원회(JCC)가 개정한 2009년 협회적하약관(Institute Cargo Clauses : ICC)의 기본약관은 A, B 및 C조건으로 구성되어 있는데, 이중에 C조건이나 이와 유사한 약관이 최소담보조건이다.

② 매도인은 평판이 좋은 보험업자나 보험회사와 보험계약을 체결하여야 하며, 또 매수인이나 피보험이익을 갖고 있는 기타 모든 자가 보험자로부터 직접 보험금을 청구할 수 있는 양도가능한 양식의 보험증권(insurance policy) 또는 기타 보험담보의 증명서류를 매수인에게 제공하여야 한다. 왜냐하면 물품이 계약에 따라 인도된 때부터 모든 위험은 매수인에게 이전되기 때문이다.

③ 매도인은 매수인의 요구 시 자신에게 필요한 모든 정보를 매수인에게 제공한다는 전제하에 매수인의 비용부담으로 협회적하약관의 A 또는 B조건, 협회전쟁약관, 협회동맹파업약관 등과 같은 추가적인 담보를 제공하여야 한다.

④ 부보금액은 계약에 약정된 통화로 표시하여 최소한 물품대금의 110% 이상이어야 한다. 여기서 10%의 가산금은 정상적인 거래에서 매수인이 누릴 수 있는 물품에 대한 최소한의 희망이익을 보장하여야 한다는 의미이다.

⑤ 보험담보의 기간은 물품이 지정된 인도지점으로부터 적어도 지정된 목적지에 도착한 때까지 계속하여 담보되도록 부보하여야 한다.

⑥ 기타 매도인은 매수인의 요청 시 매수인의 위험과 비용부담으로 매수인이 다른 추가적인 보험을 조달하는데 필요한 정보를 제공하여야 한다.

즉, 인코텀즈® 2010 규칙은 2009년 개정된 협회적하약관(ICC)의 변화를 고려하였고, 각 규칙의 제A3조와 제B3조에서 보험에 관련한 정보의무를 추가한 것이 특징적이다. 이러한 의무는 구규칙의 제A10조와 제B10조에 있던 상당히 포괄적인 내용들을 이동시킨 것이며, 또 보험에 관련한 제A3조와 제B3조에서의 용어는 당사자들의 의무를 명쾌하게 할 목적으로 수정하였다(서문).

A4 Delivery. The seller must deliver the goods by handing them over to the carrier contracted in accordance with A3 on the agreed date or within the agreed period.

번역 **제A4조 인도.** 매도인은 반드시 합의된 일자 또는 합의된 기간내에 제A3조에 따라 계약된 운송인에게 물품을 인계하는 행위로 이를 인도하여야 한다.

해설 CIP 규칙하에서 매도인은 합의된 시기에 자신이 계약한 운송인에게 물품을 인도하여야 한다. 이 규칙하에서 "인도"(delivery)라 함은 어디서 물품의 멸실 또는 손상의 위험이 매도인으로부터 매수인에게 넘어가는지를 명시하는데 사용된다(서문). 만약 뉴욕에서 선적하고 "CIP London"과 같이 CIP 뒤에 목적지를 기재하더라도, 이는 선적지인도규칙에 해당하는 것이다.

그러나 가끔 매도인이 CIP 계약을 체결하면서 뒤에 "… 일까지 런던 도착"(arrival London not later than …)을 조건으로 인도할 것을 요구받는 경우가 있는데, 이것은 당사자간에 해석상의 오해를 초래할 수 있다.

① 이것은 도착지인도규칙으로서 합의된 것으로 해석이 가능하다. 이렇게 본다면 매도인은 물품이 목적지에 도착되기까지의 지연이나 멸실 등에 대한 책임을 피할 수 없다. 결과적으로 이것은 CIP 계약의 본질을 벗어나게 된다.

② 특정일까지 도착을 조건으로 한 CIP 계약을 체결하였더라도 이 조건보다 CIP 계약의 본질이 우선한다고 해석할 수 있다. 이렇게 본다면 선적후 물품의 도착지연이나 멸실 등의 위험은 매수인이 부담하여야 한다. 따라서 CIP 계약시에는 그러한 추가적인 조건을 삽입하지 아니하는 것이 바람직하다.

A5 Transfer of risks. The seller bears all risks of loss of or damage to the goods until they have been delivered in accordance with A4, with the exception of loss or damage in the circumstances described in B5.

번역 **제A5조 위험의 이전.** 매도인은 제B5조에 기술된 사정에서의 멸실 또는 손상을 제외하고, 물품이 제A4조에 따라 인도된 때까지 물품의 멸실 또는 손상의 모든 위험을 부담하여야 한다.

해설 CIP 규칙하에서는 매도인이 합의된 시기에 자신이 운송계약을 체결하거나 조달한 운송인에게 물품을 인계한 때에 물품의 멸실 또는 손상의 모든 위험도 매수인에게 이전한다. 매도인은 이 때까지의 위험만 부담한다.

다만 운송중인 물품의 연계매매(string sales)에서는 물품에 대한 위험은 매매계약시에 매수인에게 이전한다. 이러한 매매에서도 보험계약의 체결 등 특별한 사정이 있는 경우에는, 매도인이 물품의 멸실 또는 손상을 알 수 없는 한, 위험은 운송인에게 물품을 인도한 때에 매수인에게 이전한다(CISG 제68조).

여기서 "위험"(risks)이라 함은 물품의 운송 동안에 우연한 사고로 인한 위험만을 의미하므로, 물품의 부적합한 포장이나 화인과 같이 당사자의 과실에 의하여 야기된 멸실 또는 손상의 위험은 포함되지 아니한다.

따라서 인코텀즈® 2010의 각 규칙에 따라 위험이 매수인에게 이전된 후에도 물품이 계약조건과 불일치하게 인도된 사실에 기인하여 손해가 발생한 경우에는, 매도인은 이러한 손해에 대하여 책임을 져야 한다(제A9조).

A6 Allocation of costs. The seller must pay

a) all costs relating to the goods until they have been delivered in accordance with A4, other than those payable by the buyer as envisaged in B6;

b) the freight and all other costs resulting from A3 a), including the costs of loading the goods and any charges for unloading at the place of destination that were for the seller's account under the contract of carriage;

c) the costs of insurance resulting from A3 b); and

d) where applicable, the costs of customs formalities necessary for export, as well as all duties, taxes and other charges payable upon export, and the costs for their transport through any country that were for the seller's account under the contract of carriage.

번역 **제A6조 비용의 분담.** 매도인은 반드시 다음과 같은 비용을 지급하여야 한다.

a) 제B6조에 적시된 대로 매수인에 의하여 지급되는 비용을 제외하고, 물품이 제A4조에 따라 인도된 때까지 물품에 관련한 모든 비용,

b) 물품의 적재비용 및 운송계약에 따라 매도인의 계산에 속한 목적장소에서의 모든 양하경비를 포함하여, 제A3조 a항의 결과로 발생하는 운임과 기타 모든 비용,

c) 제A3조 b항의 결과로 발생하는 보험비용, 그리고

d) 적용가능한 경우에는, 수출에 필요한 통관절차의 비용뿐만 아니라, 수출시에 지급되는 모든 관세, 조세 및 기타 경비, 그리고 운송계약에 따라 매도인의 계산에 속한 어떠한 국가를 통과하는 운송비용.

해설 ① CIP 규칙하에서 매도인은 계약에 합의된 대로 매수인에 의하여 지급되는 비용을 제외하고, 자신이 운송계약을 체결하거나 조달한 운송인에게 물품을 인계한 때까지 물품에 관한 모든 비용을 부담하여야 한다.

② CIP 규칙하에서 매도인은 물품의 적재비와 운송계약에 따른 목적지에서의 양하비를 포함한 운임 등의 비용을 부담하여야 한다. 여기서 "양하비"라 함은 항구나 컨테이너 터미널 시설 내에서 물품의 취급경비(THC)도 포함한다.

③ CIP 규칙하에서 매도인이 보험계약도 체결하여야 하므로, 매도인은 최소한의 적하보험을 취득하는데 발생하는 보험비용을 부담하여야 한다.

④ CIP 규칙하에서 매도인은 수출통관절차의 비용과 이에 따른 모든 관세, 조세 및 기타 수출국가 당국의 공적인 경비(charges)를 부담하고, 나아가 운송계약에 포함된 경우 제3국의 통과비용도 매도인이 부담하여야 한다.

A7 Notices to the buyer. The seller must notify the buyer that the goods have been delivered in accordance with A4.

The seller must give the buyer any notice needed in order to allow the buyer to take measures that are normally necessary to enable the buyer to take the goods.

번역 **제A7조 매수인에 대한 통지.** 매도인은 반드시 물품이 제A4조에 따라 인도되었다는 사실에 관하여 매수인에게 통지하여야 한다.

매도인은 반드시 매수인이 물품을 접수할 수 있도록 하는데 정상적으로 필요한 조치를 취할 수 있도록 매수인에게 필요한 모든 통지를 행하여야 한다.

해설 CIP 규칙하에서 매도인은 합의된 시기에 자신이 운송계약을 체결하거나 조달한 운송인에게 물품을 인계한 사실과 목적지에서 매수인이 물품을 접수하는데 필요한 조치를 취할 수 있도록 요구되는 정보를 통지하여야 한다. 매도인이 이러한 통지를 하지 아니한 경우에는 계약위반이 되므로, 매도인은 당해 계약에 적용가능한 법률에 따라 계약위반의 책임을 지게 될 수 있다.

A8 Delivery document. If customary or at the buyer's request, the seller must provide the buyer, at the seller's expense, with the usual transport document[s] for the transport contracted in accordance with A3.

This transport document must cover the contract goods and be dated within the period agreed for shipment. If agreed or customary, the document must also enable the buyer to claim the goods from the carrier at the named place of destination and enable the buyer to sell the goods in transit by the transfer of the document to a subsequent buyer or by notification to the carrier.

When such a transport document is issued in negotiable form and in several originals, a full set of originals must be presented to the buyer.

번역 **제A8조 인도서류.** 관습적이거나 또는 매수인의 요청이 있는 경우에는, 매도인은 반드시 자신의 비용부담으로 제A3조에 따라 계약을 체결한 운송에 관한 통상적인 운송서류[들]을 매수인에게 제공하여야 한다.

이 운송서류는 반드시 계약물품을 커버하여야 하며, 또 선적을 위하여 합의된 기간내로 일부되어 있어야 한다. 또한 합의되었거나 또는 관습적인 경우에는, 서류는 반드시 매수인이 지정된 목적장소에서 운송인으로부터 물품을 청구할 수 있는 것이어야 하며, 또 매수인이 후속되는 매수인에게 서류의 이전에 의하거나 또는 운송인에 대한 통지에 의하여 수송 중인 물품을 매각할 수 있는 것이어야 한다.

그러한 운송서류가 유통가능한 양식이면서 복수의 원본으로 발행되는 때에는, 반드시 전통의 원본이 매수인에게 제시되어야 한다.

해설 1. **[운송서류의 제공]** CIP 규칙하에서 매도인은 관습적이거나 매수인의 요청 시에는 자신의 비용부담으로 목적지까지의 운송계약을 입증하는 통상적인 운송서류들(usual transport documents)을 매수인에게 제공하여야 한다. 운송서류는 계약물품을 커버하고, 선적기일내의 일자가 명기되어 있어야 하며, 또 목적지에서 물품을 청구하고 운송 중에 매각할 수도 있는 것이어야 한다.

운송서류는 여러 가지의 형태가 있을 수 있다. 예컨대 해상운송에는 유통성 선화증권(bills of lading)이나 비유통성의 정기선 화물운송장(liner waybills), 해양화물운송장(ocean waybills), 화물부두수령증(cargo quay receipts), 해상화물운송장(sea waybills) 등이 사용되고, 기타 항공화물운송장(air waybill), 철도화물탁송장(railway consignment note), 도로화물탁송장(road consignment note), 복합운송서류(multimodal transport document) 등이 사용되고 있다.

2. **[운송중화물의 매각]** 일반적으로 정기선운송화물의 경우에는 운송 중에 매각되는 일이 드물다. 만약 운송 중인 화물(goods in transit)을 매각할 의도가 없을 경우에는 반드시 유통성 운송서류의 제공을 필요로 하지 아니한다.

그러나 용선운송화물의 경우에는 운송 중에도 현물시장에서 여러 단계로 매각되는 것이 보통이다. 이러한 경우에는 서류의 소지인에게 물품의 청구권을 이전할 수 있는 유통성 운송서류(negotiable document)가 매우 중요하다.

따라서 매수인은 운송 중에 화물을 제2의 매수인에게 매각하려면, 매도인에게 유통성 운송서류 또는 서류의 이전에 의하거나 운송인에 대한 통지에 의하여 유통성을 부여한 기타 화물운송장을 제공하도록 요구하여야 한다.

3. **[운송서류의 사기]** 운송서류는 대부분 여러 통의 원본으로 발행되기 때문에, 항상 선적사기(fraud)의 위험에 노출될 가능성이 높다. 따라서 유통성 운송서류는 은행을 통하든 직접 매수인에게 제시되든 불문하고, 이는 반드시 발행된 전통의 원본(full set of originals)이 매수인에게 제시되어야 한다.

4. **[전자식 운송서류]** CIP를 비롯한 인코텀즈® 2010의 모든 규칙에서는 소위 "종이 없는 무역"(paperless trading)을 감안하고 있다. 이미 국제해사위원회(CMI)에서도 1990년 6월에 "전자식 선화증권에 관한 규칙"(Rules for Electronic Bills of Lading)을 제정해 두었다. 이 규칙에서는 전자식 선화증권의 경우 "운송인에게의 통지"(notification to the carrier)에 의한 권리이전의 방법을 규정하고 있다. 따라서 전통적 운송서류는 앞의 제A1조에 규정된 대로 당사자간의 합의 또는 관습에 따라 전자기록이나 처리방법으로 대체할 수 있다.

5. **[용선계약부 운송서류]** 운송서류가 용선자(charterer)의 요청에 따라 운송수단의 소유자(owner)가 발행하는 경우에는, 대체로 운송서류상에 "all other terms as per charter party"와 같이 용선계약서를 참조하도록 명시하는 예가 많다. 그러나 인코텀즈® 2010의 CIP 규칙에서는 용선계약부 운송서류의 언급뿐만 아니라, 용선계약서의 사본을 첨부하도록 하는 근거를 두지 않았다.

이것은 신용장 동일규칙(UCP)에서도 용선계약부 운송서류를 제시하는 경우에 그 용선계약서를 심사대상에서 제외시켰고, 또 실무적으로도 용선계약서의 사본을 첨부하여 발급하지 아니하는 운송관습을 견지한 것으로 보인다.[23)]

A9 Checking - packaging - marking. The seller must pay the costs of those checking operations (such as checking quality, measuring, weighing, counting) that are necessary for the purpose of delivering the goods in accordance with A4 as well as the costs of any pre-shipment inspection mandated by the authority of the country of export.

The seller must, at its own expense, package the goods, unless it is usual for the particular trade to transport the type of goods sold unpackaged. The seller may package the goods in the manner appropriate for their transport, unless the buyer has notified the seller of specific packaging requirements before the contract of sale is concluded. Packaging is to be marked appropriately.

23) James E. Byrne, *UCP 600 : An Analytical Commentary*, Institute of International Banking Law & Practice, Inc., 2010, p. 848.

번역 **제A9조 점검 · 포장 · 화인.** 매도인은 반드시 제A4조에 따라 물품을 인도하기 위하여 필요한 물품점검업무(품질, 용적, 중량, 수량점검 등)의 비용뿐만 아니라, 수출국가의 당국에 의하여 강제된 모든 선적전검사의 비용을 지급하여야 한다.

특정무역거래에서 매각된 종류의 물품을 무포장으로 운송하는 것이 통상적이지 아니하는 한, 매도인은 반드시 자신의 비용부담으로 물품을 포장하여야 한다. 매수인이 매매계약의 체결 이전에 매도인에게 특정한 포장요건을 통지하지 않은 한, 매도인은 물품운송에 적절한 방법으로 이를 포장할 수 있다. 포장에는 적절한 화인이 있어야 한다.

해설 CIP 규칙하에서 매도인은 물품상태(품질 · 용적 · 중량 · 수량 등)에 관한 점검과 수출국가의 당국이 지정한 선적전검사의 비용을 지급하여야 한다.

또 CIP 규칙하에서 무포장운송이 통상적이지 않은 한, 매도인은 자신의 비용부담으로 물품을 포장하여야 하고, 포장에는 적절한 화인이 있어야 한다. 기타 이 규칙하에서 점검 · 포장 · 화인의무에 관한 설명은 앞의 FCA와 같다.

A10 Assistance with information and related costs. The seller must, where applicable, in a timely manner, provide to or render assistance in obtaining for the buyer, at the buyer's request, risk and expense, any documents and information, including security-related information, that the buyer needs for the import of the goods and/or for their transport to the final destination.

The seller must reimburse the buyer for all costs and charges incurred by the buyer in providing or rendering assistance in obtaining documents and information as envisaged in B10.

번역 **제A10조 정보의 협조 및 관련 비용.** 매도인은 반드시 적용가능한 경우에는, 매수인의 요청과 위험 및 비용부담으로 매수인이 물품의 수입 및/또는 최종목적지까지의 물품운송에 필요한 보안관련 정보를 포함하여 모든 서류와 정보를 취득하는데 따른 협조를 매수인에게 시의적절한 방법으로 제공하거나 공여하여야 한다.

매도인은 반드시 제B10조에 적시된 대로 서류와 정보를 취득하는데 따른 협조를 제공하거나 공여하면서 매수인에 의하여 발생된 모든 비용과 경비를 매수인에게 보상하여야 한다.

해설 CIP 규칙하에서 매도인은 매수인의 요청 시에는 매수인의 위험과 비용부담으로 수입통관, 인도 후의 제3국 통과, 반입운송 등 수입수속에 필요한 보안관련 정보를 포함하여 모든 서류와 정보 또는 이와 동등한 전자기록이나 처리방법 등을 취득하는데 시의적절한 방법으로 협조를 다하여야 한다.

또 CIP 규칙하에서 매도인은 제B10조에 적시된 대로 서류와 정보를 취득하기 위한 매수인의 협조에 소요된 모든 비용과 위험을 부담하여야 한다. 기타 매도인의 정보협조와 관련 비용에 관한 설명은 앞의 FCA와 같다.

B THE BUYER'S OBLIGATIONS(매수인의 의무)

B1 General obligations of the buyer. The buyer must pay the price of the goods as provided in the contract of sale.

Any document referred to in B1-B10 may be an equivalent electronic record or procedure if agreed between the parties or customary.

번역 **제B1조 매수인의 일반적 의무**. 매수인은 반드시 매매계약에 약정된 대로 물품의 대금을 지급하여야 한다.

제B1조 내지 제B10조에 언급된 모든 서류는 당사자간에 합의되었거나 관습적인 경우에는 이와 동등한 전자기록 또는 처리방법으로 할 수 있다.

해설 CIP 규칙하에서 매도인이 계약에 일치하는 물품과 상업송장 및 기타 증명서류를 제공하면, 이에 매수인은 매매계약에 합의된 시기와 방법 및 금액으로 물품의 대금을 지급하여야 한다. 이하 모든 서류는 당사자간의 합의 또는 관습에 따라 전자기록이나 처리방법으로 대체할 수 있다. 기타 매수인의 일반적인 의무에 관한 상세한 설명은 앞의 EXW 규칙 제B1조에서와 같다.

B2 Licences, authorizations, security clearances and other formalities. Where applicable, it is up to the buyer to obtain, at its own risk and expense, any import licence or other official authorization and carry out all customs formalities for the import of the goods and for their transport through any country.

번역 **제B2조 허가, 승인, 보안수속 및 기타 절차.** 적용가능한 경우에는, 매수인 자신의 위험과 비용부담으로 모든 수입허가 또는 기타 공적인 승인을 취득하여야 하는 것과 물품의 수입 및 어떠한 국가를 통과하는 운송을 위한 모든 통관절차를 이행하여야 하는 것은 매수인의 책임에 속한다.

해설 CIP 규칙하에서 물품의 수입허가나 기타 공적인 승인의 취득, 물품의 수입과 인도 후의 제3국 통과를 위한 모든 통관절차는 매수인이 이행하여야 한다. 기타 매수인의 수입수속에 관한 설명은 앞의 FCA와 같다.

B3 Contracts of carriage and insurance. a) Contract of carriage. The buyer has no obligation to the seller to make a contract of carriage.

b) Contract of insurance. The buyer has no obligation to the seller to make a contract of insurance. However, the buyer must provide the seller, upon request, with any information necessary for the seller to procure any additional insurance requested by the buyer as envisaged in A3 b).

번역 **제B3조 운송 및 보험계약.** a) **운송계약.** 매수인은 매도인에 대하여 운송계약을 체결할 아무런 의무도 부담하지 아니한다.

b) **보험계약.** 매수인은 매도인에 대하여 보험계약을 체결할 아무런 의무도 부담하지 아니한다. 그러나 매수인은 요청 시에는 반드시 매도인이 제A3조 b항에 적시된 대로 매수인에 의하여 요청되는 어떠한 추가적인 보험을 조달하는데 필요한 모든 정보를 매도인에게 제공하여야 한다.

해설 CIP 규칙하에서 매수인은 목적지까지 운송 및 보험계약을 체결할 의무가 없다. 그렇다고 하여 이것은 매수인 자신의 이익을 위하여도 당해 직무를 이행할 필요가 없음을 의미하지 아니한다. 특히 이 규칙하에서 매수인은 자신의 이익을 위하여는 매도인에게 추가적인 보험에 필요한 정보를 제공하여 보험을 조달하게 하거나, 또는 매수인 스스로 이를 취득할 필요가 있다.

B4 Taking delivery. The buyer must take delivery of the goods when they have been delivered as envisaged in A4 and receive them from the carrier at the named place of destination.

번역 **제B4조 인도의 접수.** 매수인은 반드시 물품이 제A4조에 적시된 대로 인도된 때에 물품의 인도를 접수하여야 하며, 또 지정된 목적장소에서 운송인으로부터 이를 수령하여야 한다.

해설 CIP 규칙하에서 매도인은 선적지의 운송인에게 물품을 인도함으로써 그 의무를 다하게 되기 때문에, 매수인은 선적지에서 인도를 접수할 의무가 있으며, 또 목적지에서 운송인으로부터 물품을 수령할 의무도 있다.

① 매수인이 선적지에서 인도를 접수할(take delivery) 의무가 있다는 것은 물품이 계약과 일치함을 확인한다는 의미가 아니라, 이것은 매도인이 운송계약에 따른 물품인도의무를 이행하였음을 확인한다는 의미이다.

② 목적지에서 물품수령의무는 매수인 자신을 위한 것이 아니라, 운송계약을 체결한 매도인에 대하여 부담하는 것이다. 왜냐하면 매수인이 목적지에서 물품을 수령하지 아니하면 추가적인 비용이 발생하게 되고, 운송인은 이를 매도인에게 추징하려고 할 것이므로 이러한 비용은 매수인이 부담하여야 한다.

B5 Transfer of risks. The buyer bears all risks of loss of or damage to the goods from the time they have been delivered as envisaged in A4.

If the buyer fails to give notice in accordance with B7, it must bear all risks of loss of or damage to the goods from the agreed date or the expiry date of the agreed period for delivery, provided that the goods have been clearly identified as the contract goods.

번역 **제B5조 위험의 이전.** 매수인은 물품이 제A4조에 적시된 대로 인도된 시간부터 물품의 멸실 또는 손상의 모든 위험을 부담하여야 한다.

매수인이 제B7조에 따라 통지를 행하지 아니한 경우에는, 매수인은 반드시 인도의 합의된 일자 또는 합의된 기간의 만기일자로부터 물품의 멸실 또는 손상의 모든 위험을 부담하여야 한다. 다만 물품이 계약물품으로서 명확하게 특정되어 있어야 한다.

해설 CIP 규칙하에서 매수인은 매도인에 의하여 계약된 운송인에게 물품이 인도된 때부터 물품의 멸실 또는 손상의 모든 위험을 부담하여야 한다.

그러나 CIP 규칙하에서 매수인이 제B7조에 따른 통지의무, 즉 발송시간 · 목적지 · 물품수령의 지점 등에 대한 결정권이 주어졌을 때 이를 매도인에게 통지하지 아니하여 야기된 경우에는, 물품의 인도가 있기 전에 합의된 인도의 만기일자로부터 물품의 멸실 또는 손상의 모든 위험은 매수인에게 이전한다. 다만 당해 물품이 계약물품으로서 특정되기까지는 위험은 이전하지 아니한다.

B6 Allocation of costs. The buyer must, subject to the provisions of A3 a), pay

a) all costs relating to the goods from the time they have been delivered as envisaged in A4, except, where applicable, the costs of customs formalities necessary for export, as well as all duties, taxes and other charges payable upon export as referred to in A6 d);

b) all costs and charges relating to the goods while in transit until their arrival at the agreed place of destination, unless such costs and charges were for the seller's account under the contract of carriage;

c) unloading costs, unless such costs were for the seller's account under the contract of carriage;

d) any additional costs incurred if it fails to give notice in accordance with B7, from the agreed date or the expiry date of the agreed period for dispatch, provided that the goods have been clearly identified as the contract goods;

e) where applicable, all duties, taxes and other charges as well as the costs of carrying out customs formalities payable upon import of the goods and the costs for their transport through any country, unless included within the cost of the contract of carriage; and

f) the costs of any additional insurance procured at the buyer's request under A3 and B3.

번역 **제B6조 비용의 분담**. 매수인은 반드시 제A3조 a항에 규정된 경우를 제외하고, 다음과 같은 비용을 지급하여야 한다.

a) 물품이 제A4조에 적시된 대로 인도된 시간부터 물품에 관련한 모든 비용. 다만 적용가능한 경우에는, 수출에 필요한 통관절차의 비용뿐만 아니라, 제A6조 d항에 언급된 대로 수출시에 지급되는 모든 관세, 조세 및 기타 경비는 제외한다.

b) 운송계약에 따라 매도인의 계산에 속한 것이 아닌 한, 합의된 목적장소에 도착할 때까지의 수송 중에 물품에 관련한 모든 비용 및 경비,

c) 운송계약에 따라 매도인의 계산에 속한 것이 아닌 한, 양하비용,

d) 매수인이 제B7조에 따라 통지를 행하지 아니한 경우에는, 발송을 위하여 합의된 일자 또는 합의된 기간의 만기일자로부터 발생된 모든 추가적인 비용. 다만 물품이 계약물품으로서 명확하게 특정되어 있어야 한다.

e) 적용가능한 경우에는, 물품의 수입시에 지급되는 모든 관세, 조세 및 기타 경비뿐만 아니라, 통관절차를 이행하는 비용 및 운송계약의 비용에 포함되지 않은 한 어떠한 국가를 통과하는 운송비용, 그리고

f) 제A3조 및 제B3조에 따라 매수인의 요청으로 조달되는 모든 추가적인 보험비용.

해설 앞의 제A3조 a항에 따라 매도인이 운송계약을 체결하거나 조달하는 비용을 제외하고, ① CIP 규칙하에서 매수인은 계약된 운송인에게 물품이 인도된 때부터 물품에 관한 모든 비용을 부담하여야 한다. 다만 수출통관절차의 비용

과 수출시에 지급되는 관세, 조세 및 기타 경비는 제외한다.

② CIP 규칙하에서 매수인은 운송계약에 포함되지 아니한 경우, 목적지에 도착할 때까지의 운송 중 물품에 관한 모든 비용과 경비도 부담하여야 한다.

③ CIP 규칙하에서 매수인은 운송계약에 포함되지 아니한 경우, 양하비도 부담하여야 한다. 여기서 "양하비"라 함은 항구나 컨테이너 터미널 시설 내에서 물품의 취급경비(terminal handling charges : THC)를 포함한다(서문).

④ CIP 규칙하에서 매수인은 제B7조에 따른 통지의무, 즉 물품발송의 시간·목적지·물품수령의 지점 등에 대한 결정권이 주어졌을 때 이를 통지하지 아니한 경우에는, 합의된 발송기일로부터 발생하는 모든 추가적인 비용을 부담하여야 한다. 다만 물품이 계약물품으로서 명확하게 특정되어 있어야 한다.

⑤ CIP 규칙하에서 매수인은 수입시에 지급되는 모든 관세, 조세와 기타 수입국가 당국의 공적인 경비(charges), 수입통관절차의 비용 및 운송계약의 비용에 포함되지 아니한 경우에는 제3국의 통과비용도 부담하여야 한다.

⑥ CIP 규칙하에서 매수인은 제A3조와 제B3조에 따라 조달되는 추가적인 보험비용, 예컨대 추가적인 보험료와 정보취득료 등을 부담하여야 한다.

B7 Notices to the seller. The buyer must, whenever it is entitled to determine the time for dispatching the goods and/or the named place of destination or the point of receiving the goods within that place, give the seller sufficient notice thereof.

번역 **제B7조 매도인에 대한 통지.** 매수인은 반드시 물품발송의 시간 및/또는 지정된 목적장소 또는 당해 장소내의 물품수령의 지점을 결정할 권한이 주어진 때에는, 항상 이에 관하여 매도인에게 충분한 통지를 행하여야 한다.

해설 CIP 규칙하에서 매수인은 물품발송의 시간과 목적지, 수령지점 등의 결정권이 주어졌을 때에는, 매도인에게 이에 관한 충분한 통지를 하여야 한다. 매수인이 이러한 통지의무를 행하지 아니한 경우에는, 매수인은 합의된 만기일자로부터 물품에 대한 모든 위험과 추가적인 비용을 부담하여야 한다.

B8 Proof of delivery. The buyer must accept the transport document provided as envisaged in A8 if it is in conformity with the contract.

번역 **제B8조 인도의 증거.** 매수인은 반드시 운송서류가 계약에 일치하는 경우에는 제A8조에 적시된 대로 제공된 운송서류를 인수하여야 한다.

해설 CIP 규칙하에서 매수인은 운송서류가 계약에 일치하고 제A8조에 적시된 대로 정당한 인도의 증거서류인 한 이를 인수하여야 한다.

만약 CIP 규칙하에서 매도인이 정당한 인도의 증거서류를 제시하였음에도 불구하고, 매수인이 신용장 개설은행으로 하여금 매도인에게 수출대금을 지급하지 못하도록 지시하는 등 인도서류의 인수를 거절한다면, 이는 매매계약의 위반이 되므로 매수인은 이에 따른 모든 손해를 배상하여야 한다.

그러나 CIP 규칙하에서 매수인은 인도의 적절한 증거가 되지 못하는 서류, 예컨대 물품 또는 포장의 하자나 수량부족에 관한 부기가 있는 고장부서류(unclean documents)가 제시된 경우에도 이를 인수할 의무는 없다.[24)]

B9 Inspection of goods. The buyer must pay the costs of any mandatory pre-shipment inspection, except when such inspection is mandated by the authorities of the country of export.

번역 **제B9조 물품의 검사.** 매수인은 반드시 수출국가의 당국에 의하여 강제된 그러한 검사의 경우를 제외하고, 모든 강제적인 선적전검사의 비용을 지급하여야 한다.

해설 CIP 규칙하에서 매수인은 수출국가의 당국이 지정한 선적전검사를 제외하고, 모든 선적전검사(PSI)에 관한 의무를 부담하여야 한다. 기타 이 규칙하에서 매수인의 선적전검사의무에 관한 설명은 앞의 FCA와 같다.

---

24) James E. Byrne, *UCP 600 : An Analytical Commentary,* Institute of International Banking Law & Practice, Inc., 2010, p. 825.

B10 Assistance with infomation and related costs. The buyer must, in a timely manner, advise the seller of any security information requirements so that the seller may comply with A10.

The buyer must reimburse the seller for all costs and charges incurred by the seller in providing or rendering assistance in obtaining documents and information as envisaged in A10.

The buyer must, where applicable, in a timely manner, provide to or render assistance in obtaining for the seller, at the seller's request, risk and expense, any documents and information, including security-related information, that the seller needs for the transport and export of the goods and for their transport through any country.

번역 **제B10조 정보의 협조 및 관련 비용.** 매수인은 반드시 매도인이 제A10조를 준수할 수 있도록 모든 보안정보요건에 관하여 매도인에게 시의적절한 방법으로 고지하여야 한다.

매수인은 반드시 제A10조에 적시된 대로 서류와 정보를 취득하는데 따른 협조를 제공하거나 공여하면서 매도인에 의하여 발생된 모든 비용과 경비를 매도인에게 보상하여야 한다.

매수인은 반드시 적용가능한 경우에는, 매도인의 요청과 위험 및 비용부담으로 매도인이 물품의 운송과 수출 및 어떠한 국가를 통과하는 물품운송에 필요한 보안관련 정보를 포함하여 모든 서류와 정보를 취득하는데 따른 협조를 매도인에게 시의적절한 방법으로 제공하거나 공여하여야 한다.

해설 CIP 규칙하에서는 매도인이 물품의 수입통관, 제3국 통과, 반입운송 등 수입수속을 위한 서류와 정보를 취득하는데 협조를 다하도록 하고 있으므로, 매수인은 이러한 매도인의 협조에 소요된 모든 비용과 위험을 부담하여야 한다. 특히 인코텀즈® 2010 규칙하에서 매수인은 매도인의 제A10조 의무준수를 위한 보안정보요건을 시의적절한 방법으로 고지하여야 한다(서문).

또 CIP 규칙하에서 매수인은 매도인의 요청 시 매도인의 위험과 비용부담으로 물품의 반출운송과 수출통관, 인도 전의 제3국 통과 등 수출수속에 필요한 보안관련 정보를 포함하여 서류와 정보를 취득하는데 시의적절하게 협조하여야 한다. 기타 매수인의 정보협조와 관련 비용의 설명은 앞의 FCA와 같다.

5. DAT : DELIVERED AT TERMINAL(터미널인도)

DAT (insert named terminal at port or place of destination) Incoterms® 2010 (DAT [목적항구나 장소의 지정터미널 삽입] 인코텀즈® 2010)

GUIDANCE NOTE(안내문)

This rule may be used irrespective of the mode of transport selected and may also be used where more than one mode of transport is employed.

"Delivered at Terminal" means that the seller delivers when the goods, once unloaded from the arriving means of transport, are placed at the disposal of the buyer at a named terminal at the named port or place of destination. "Terminal" includes any place, whether covered or not, such as a quay, warehouse, container yard or road, rail or air cargo terminal. The seller bears all risks involved in bringing the goods to and unloading them at the terminal at the named port or place of destination.

The parties are well advised to specify as clearly as possible the terminal and, if possible, a specific point within the terminal at the agreed port or place of destination, as the risks to that point are for the account of the seller. The seller is advised to procure a contract of carriage that matches this choice precisely.

Moreover, if the parties intend the seller to bear the risks and costs involved in transporting and handling the goods from the terminal to another place, then the DAP or DDP rules should be used.

DAT requires the seller to clear the goods for export, where applicable. However, the seller has no obligation to clear the goods for import, pay any import duty or carry out any import customs formalities.

번역 이 규칙은 선정된 운송방식에 관계 없이 사용할 수 있으며, 또 둘 이상의 운송방식이 채용되는 경우에도 사용할 수 있다.

"터미널인도"(delivered at terminal)라 함은 물품이 도착하는 운송수단으로부터 일단 양하되어 지정된 목적항구 또는 장소의 지정된 터미널에서 매수인의 임의처분하에 적치된 때에 매도인이 인도하는 것을 의미한다. "터미널"(terminal)이라 함은 담보된 여부를 불문하고 부두, 창고, 컨테이너 야적장 또는 도로, 철도 또는 항공화물 터미널 등의 모든 장소를 포함한다. 매도인은 지정된 목적항구 또는 장소의 터미널까지 물품을 운반하고 이를 양하하는데 관련된 모든 위험을 부담한다.

당사자들은 터미널과 가능한 경우에는 합의된 목적항구 또는 장소의 터미널 내의 특정한 지점을 가능한 한 명확하게 명시하는 것이 아주 바람직하다. 왜냐하면 당해 지점까지의 위험이 매도인의 계산에 속하기 때문이다. 매도인은 이 선택사항에 정확하게 부합하는 운송계약을 조달하는 것이 바람직하다.

더구나 당사자들이 터미널로부터 기타의 장소까지 물품을 운송하고 취급하는데 관련된 위험과 비용을 매도인이 부담하도록 의도하는 경우에는, 이에 DAP 또는 DDP 규칙을 사용하여야 한다.

DAT는 적용가능한 경우에는 매도인이 물품의 수출수속을 하도록 요구한다. 그러나 매도인은 물품의 수입수속을 하거나, 어떠한 수입관세를 지급하거나 또는 어떠한 수입통관절차를 이행할 아무런 의무도 부담하지 아니한다.

해설 1. [DAT의 정의] "DAT"(터미널인도)라 함은 매도인이 물품의 수입수속을 하기 전에 목적지의 터미널에서 운송수단으로부터 양하하여 매수인의 임의처분하에 인도하는 거래조건을 말한다.[25] 이는 종래의 해상전용 DEQ를 확대

25) Jan Ramberg, *ICC Guide to Incoterms® 2010*, Publication No. 720E, 2011, p. 127.

하여 목적지의 터미널에서 물품을 양하한 후 인도하는 것이므로, 복합운송을 포함하여 모든 운송방식에 사용할 수 있는 도착지인도규칙에 속한다.

여기서 "터미널"(terminal)이라 함은 목적항의 부두, 창고, 컨테이너 야적장뿐만 아니라 도로, 철도 또는 항공화물 터미널 등의 모든 장소를 포함한다. 따라서 DAT 규칙은 매도인이 물품의 수출수속과 목적지까지 물품을 운반하고 이를 양하하는데 관련된 모든 위험을 부담하도록 하지만, 물품의 수입수속은 매수인이 이를 이행하도록 하고 있다. 이는 각 통관수속의 사정을 잘 아는 현지거주자가 그 의무를 이행하게 하는 것이 보다 적절하기 때문이다.

만약 물품의 수입시에 지급되는 비용을 매도인이 지급하도록 하려면, 매매계약상에서 이를 명확히 하여야 한다. 예컨대 부가가치세(VAT)를 포함시키고자 할 경우에는, "DAT (VAT paid)"라는 문언을 추가로 기재하여야 한다. 또 터미널에서 다른 장소로 물품을 운반하고 취급하는데 따른 위험과 비용을 매도인이 부담하도록 하려면, DAP나 DDP 규칙을 사용하는 것이 적합하다.

2. **[위험 · 비용부담의 분기점]** DAT 규칙은 매도인이 목적지의 터미널에서 물품을 매수인의 임의처분하에 적치함으로써 그 의무를 다하는 것이기 때문에, 이 규칙하에서 물품에 대한 위험과 비용부담의 분기점(critical point)도 물품이 목적지의 지정된 터미널에서 매수인의 임의처분하에 적치된 때가 된다.

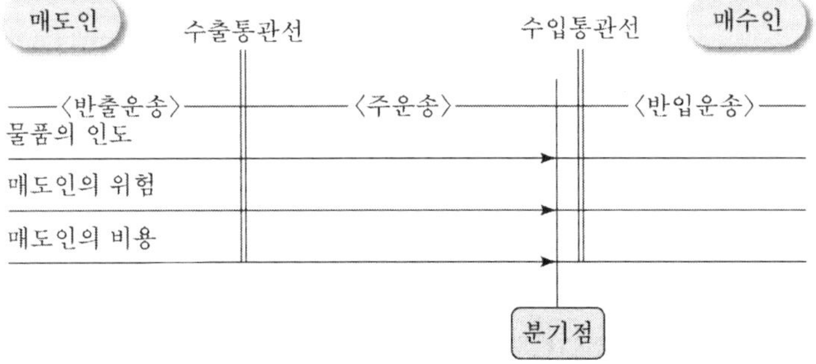

즉, 매도인은 목적지에 도착한 물품을 터미널에서 매수인의 임의처분하에 적치할 때까지 물품에 대한 모든 위험과 비용을 부담하고, 지정된 터미널에서 물품이

인도된 때부터의 모든 위험과 비용은 매수인이 부담하여야 한다.

예컨대 매도인은 선적지에서의 수출수속비, 화물적재비와 창내적부·정돈비(stowage and trimming charge), 목적지까지의 운임과 보험료는 물론이며, 목적지에서의 양하비(discharging costs)를 부담하여야 한다. 특히 매도인은 운송계약상에 양하비가 포함된 경우에는, 목적지에서 인도하기까지의 항구나 컨테이너 터미널 시설 내에서 물품의 취급경비(THC)도 부담하여야 한다.

반면 매수인은 목적지에서의 수입수속비, 터미널에서 자신의 임의처분하에 인도된 후 부두사용료(wharfage), 최종목적지까지의 반입운송비(on-carriage), 수입국 당국이 요구하는 선적전검사비(PSI), 기타 물품의 수령불이행이나 매도인에 대한 통지불이행으로 인하여 발생한 비용 등을 부담하여야 한다.

3. **[매매당사자의 주요의무]** DAT 규칙하에서 매도인은 ① 매매계약에 일치하는 물품을 목적지의 지정된 터미널에서 매수인의 임의처분하에 인도하여야 하고, ② 자신의 비용부담으로 선적지에서 물품의 수출수속을 이행하여야 하고, ③ 목적지에서 양하기나 양하장비에 의한 양하비를 지급하여야 한다.

또 매도인은 ④ 계약에 일치함을 입증하는 상업송장과 매수인이 목적지의 터미널에서 물품을 수령하는데 필요한 서류인 인도지시서(delivery order)나 통상적인 운송서류(transport documents)인 유통성 선화증권, 해상화물운송장, 내수로 운송서류, 복합운송서류 등을 제공하여야 한다. 이러한 서류는 당사자간의 합의나 관습에 따라 전자기록이나 처리방법으로 대체할 수 있다.

반면 DAT 규칙하에서 매수인은 ① 목적지의 터미널에서 자신의 임의처분하에 인도된 물품을 수령하여야 하고, ② 목적지에서 물품의 수입수속을 이행하고 이에 따른 비용과 최종목적지까지의 반입운송비를 지급하여야 한다.

A THE SELLER'S OBLIGATIONS(매도인의 의무)

A1 General obligations of the seller. The seller must provide the goods and the commercial invoice in conformity with the contract of sale and any other evidence of conformity that may be required by the contract.

Any document referred to in A1-A10 may be an equivalent electronic record or procedure if agreed between the parties or customary.

번역 **제A1조 매도인의 일반적 의무.** 매도인은 반드시 매매계약에 일치하는 물품과 상업송장 및 계약에 의하여 요구될 수 있는 기타 모든 일치의 증명서류를 제공하여야 한다.

제A1조 내지 제A10조에 언급된 모든 서류는 당사자간에 합의되었거나 관습적인 경우에는 이와 동등한 전자기록 또는 처리방법으로 할 수 있다.

해설 DAT 규칙하에서 매도인은 매매계약에 일치하는 물품과 상업송장을 제공하여야 하며, 또 매도인은 계약에 일치하는 다른 증명서류가 계약상에 요구된 경우 이를 제공하여야 한다. 이하 모든 서류는 당사자간의 합의 또는 관습에 따라 전자기록이나 처리방법으로 대체할 수 있다. 기타 매도인의 일반적인 의무에 관한 상세한 설명은 앞의 EXW 규칙 제A1조에서와 같다.

A2 Licences, authorizations, security clearances and other formalities.
Where applicable, the seller must obtain, at its own risk and expense, any export licence and other official authorization and carry out all customs formalities necessary for the export of the goods and for their transport through any country prior to delivery.

번역 **제A2조 허가, 승인, 보안수속 및 기타 절차.** 적용가능한 경우에는, 매도인은 반드시 자신의 위험과 비용부담으로 모든 수출허가와 기타 공적인 승인을 취득하여야 하며, 또 물품의 수출 및 인도하기 이전의 어떠한 국가를 통과하는 운송에 필요한 모든 통관절차를 이행하여야 한다.

해설 EXW를 제외하고, DAT를 비롯한 모든 규칙하에서 물품의 수출수속은 매도인이 이를 이행하고 그 위험과 비용을 부담하여야 한다. 따라서 정부의 수출금지, 수출품에 대한 특별조세, 기타 예상보다 과대한 정부요건이 부과될 경우에는, 이에 대한 모든 위험과 비용을 매도인이 부담하여야 한다. 또 매도인은 인도 전의 제3국을 통과하는 통관절차도 이행하여야 한다. 기타 이 규칙하에서 매도인의 수출수속에 관한 설명은 앞의 FCA와 같다.

A3 Contracts of carriage and insurance. a) Contract of carriage. The seller must contract at its own expense for the carriage of the goods to the named terminal at the agreed port or place of destination. If a specific terminal is not agreed or is not determined by practice, the seller may select the terminal at the agreed port or place of destination that best suits its purpose.

b) Contract of insurance. The seller has no obligation to the buyer to make a contract of insurance. However, the seller must provide the buyer, at the buyer's request, risk, and expense (if any), with information that the buyer needs for obtaining insurance.

번역 제A3조 **운송 및 보험계약.** a) 운송계약. 매도인은 반드시 자신의 비용부담으로 합의된 목적항구 또는 장소의 지정된 터미널까지 물품의 운송계약을 체결하여야 한다. 특정한 터미널이 합의되지 아니하거나 또는 관례에 따라 결정되지 아니한 경우에는, 매도인은 자신의 목적에 가장 적합한 합의된 목적항구 또는 장소의 터미널을 선정할 수 있다.

b) 보험계약. 매도인은 매수인에 대하여 보험계약을 체결할 아무런 의무도 부담하지 아니한다. 그러나 매도인은 반드시 매수인의 요청과 위험 및 비용부담(있는 경우)으로 매수인이 보험을 취득하는데 필요한 정보를 매수인에게 제공하여야 한다.

해설 DAT 규칙하에서 매도인은 목적지의 지정된 터미널까지 운송계약을 체결하고 운송비를 지급하여야 한다. 터미널(terminal)이 합의되지 아니하거나 관례적으로 결정되지 아니한 경우에는, 매도인이 터미널을 선정할 수 있다. 이때 운송계약의 조건이나 경로, 방법 등은 매도인이 스스로 결정할 문제이다. 기타 이 규칙하에서 매도인의 운송계약에 관한 설명은 앞의 CIP와 같다.

한편 DAT 규칙하에서 매도인은 목적지까지 보험계약을 체결할 의무를 부담하지 아니한다. 다만 매도인은 매수인의 요청 시에는 매수인의 위험과 비용부담으로 보험을 취득하는데 필요한 정보를 매수인에게 제공하여야 한다.

특히 인코텀즈® 2010 규칙은 2009년 개정된 협회적하약관(ICC)의 변화를 고려하였고, 각 규칙의 제A3조와 제B3조에서 보험에 관련한 정보의무를 추가한 것이 특징적이다. 이러한 의무는 구규칙의 제A10조와 제B10조에 있던 상당히 포괄적인 내용들을 이동시킨 것이며, 또 보험에 관련한 제A3조와 제B3조에서의 용어는 당사자들의 의무를 명쾌하게 할 목적으로 수정하였다(서문).

A4 Delivery. The seller must unload the goods from the arriving means of transport and must then deliver them by placing them at the disposal of the buyer at the named terminal referred to in A3 a) at the port or place of destination on the agreed date or within the agreed period.

번역 **제A4조 인도.** 매도인은 반드시 도착하는 운송수단으로부터 물품을 양하하여야 하며, 이에 반드시 합의된 일자 또는 합의된 기간내에 목적항구 또는 장소의 제A3조 a항에 언급된 지정된 터미널에서 물품을 매수인의 임의처분하에 적치하는 행위로 이를 인도하여야 한다.

해설 DAT 규칙하에서 매도인은 합의된 시기에 목적항이나 목적지의 지정된 터미널에서 물품을 매수인의 임의처분하에 적치하여야 한다. 물품의 정확한 인도지점은 각 운송방식의 선택에 따라 다르다. 특히 이 규칙하에서 매도인은 도착하는 운송수단으로부터 물품을 양하하여야 하지만, 수입수속은 이행하지 아니하며, 매수인이 이를 이동할 수 있도록 인도하면 충분하다.

A5 Transfer of risks. The seller bears all risks of loss of or damage to the goods until they have been delivered in accordance with A4 with the exception of loss or damage in the circumstances described in B5.

번역 **제A5조 위험의 이전.** 매도인은 제B5조에 기술된 사정에서의 멸실 또는 손상을 제외하고, 물품이 제A4조에 따라 인도된 때까지 물품의 멸실 또는 손상의 모든 위험을 부담하여야 한다.

해설 DAT 규칙하에서는 매도인이 합의된 시기에 목적지의 지정된 터미널에서 물품을 매수인의 임의처분하에 적치한 때에 물품의 멸실 또는 손상의 모든 위험도 매수인에게 이전한다. 따라서 매도인은 이 때까지 위험을 부담하여야 하며, 물론 목적지의 터미널에서 물품을 양하하는데 관련된 위험도 이에 포함된다. 여기서 "위험"(risks)이라 함은 물품의 운송 동안에 우연한 사고로 인한 위험만을 의미하므로, 물품의 부적합한 포장이나 화인과 같이 당사자의 과실에 의하여 야기된 멸실 또는 손상의 위험은 포함되지 아니한다.

따라서 인코텀즈® 2010의 각 규칙에 따라 위험이 매수인에게 이전된 후에도 물품이 계약조건과 불일치하게 인도된 사실에 기인하여 손해가 발생한 경우에는, 매도인은 이러한 손해에 대하여 책임을 져야 한다(제A9조).

A6 Allocation of costs. The seller must pay

a) in addition to costs resulting from A3 a), all costs relating to the goods until they have been delivered in accordance with A4, other than those payable by the buyer as envisaged in B6; and

b) where applicable, the costs of customs formalities necessary for export as well as all duties, taxes and other charges payable upon export and the costs for their transport through any country, prior to delivery in accordance with A4.

번역 **제A6조 비용의 분담.** 매도인은 반드시 다음과 같은 비용을 지급하여야 한다.

a) 제B6조에 적시된 대로 매수인에 의하여 지급되는 비용을 제외하고, 제A3조 a항의 결과로 발생하는 비용에 추가하여, 물품이 제A4조에 따라 인도된 때까지 물품에 관련한 모든 비용, 그리고

b) 적용가능한 경우에는, 수출에 필요한 통관절차의 비용뿐만 아니라, 수출시에 지급되는 모든 관세, 조세 및 기타 경비, 그리고 제A4조에 따라 인도하기 이

전의 어떠한 국가를 통과하는 운송비용.

해설 ① DAT 규칙하에서 매도인은 계약에 합의된 대로 매수인에 의하여 지급되는 비용을 제외하고, 목적지의 지정된 터미널에서 물품을 매수인의 임의처분하에 적치한 때까지 물품에 관한 모든 비용을 부담하여야 한다.

물론 매도인은 목적지의 지정된 터미널까지 운송계약에 따른 비용은 당연하며, 터미널에서 물품의 양하비(unloading charges)도 부담하여야 한다.

여기서 "양하비"라 함은 항구나 컨테이너 터미널 시설 내에서 물품의 취급경비(terminal handling charges : THC)도 포함한다. 인코텀즈® 2010 규칙은 이를 명확하게 분담시키고 있다(서문). 다만 보험비용은 의무사항이 아니다.

② DAT 규칙하에서 매도인은 수출통관절차의 비용과 이에 따른 모든 관세, 조세 및 기타 수출국가 당국의 공적인 경비(charges)를 부담하고, 나아가 운송계약에 따른 인도 전의 제3국 통과비용도 매도인이 부담하여야 한다.

A7 Notices to the buyer. The seller must give the buyer any notice needed in order to allow the buyer to take measures that are normally necessary to enable the buyer to take delivery of the goods.

번역 **제A7조 매수인에 대한 통지.** 매도인은 반드시 매수인이 물품의 인도를 접수할 수 있도록 하는데 정상적으로 필요한 조치를 취할 수 있도록 매수인에게 필요한 모든 통지를 행하여야 한다.

해설 DAT 규칙하에서 매도인은 지정된 터미널에서 매수인이 물품을 접수하는데 필요한 조치를 취할 수 있도록 요구되는 모든 정보를 통지하여야 한다. 매도인이 이러한 통지를 하지 아니한 경우에는 계약위반이 되므로, 매도인은 당해 계약에 적용가능한 법률에 따라 계약위반의 책임을 지게 될 수 있다.

A8 Delivery document. The seller must provide the buyer, at the seller's expense, with a document enabling the buyer to take delivery of the goods as envisaged in A4/B4.

번역 **제A8조 인도서류.** 매도인은 반드시 자신의 비용부담으로 제A4조와 제B4조에 적시된 대로 매수인이 물품의 인도를 접수할 수 있는 서류를 매수인에게 제공하여야 한다.

해설 DAT 규칙하에서 매수인은 운송인으로부터 물품을 청구할 수 있게 하는 서류를 요구하기 때문에, 매도인은 자신의 비용부담으로 이에 필요한 서류, 예컨대 인도지시서(delivery order)나 운송서류(transport document) 등을 매수인에게 제공하여야 한다. 여기서 "운송서류"라 함은 이 규칙이 사용되는 운송방식에 따라 유통성 선화증권, 비유통성 해상화물운송장, 항공화물운송장, 철도화물탁송장, 도로화물탁송장, 복합운송서류 등이 있을 수 있다. 이러한 인도의 접수에 필요한 모든 서류는 앞의 제A1조에 규정된 대로 당사자간의 합의 또는 관습에 따라 전자기록이나 처리방법으로 대체할 수 있다.

A9 Checking - packaging - marking. The seller must pay the costs of those checking operations (such as checking quality, measuring, weighing, counting) that are necessary for the purpose of delivering the goods in accordance with A4, as well as the costs of any pre-shipment inspection mandated by the authority of the country of export.

The seller must, at its own expense, package the goods, unless it is usual for the particular trade to transport the type of goods sold unpackaged. The seller may package the goods in the manner appropriate for their transport, unless the buyer has notified the seller of specific packaging requirements before the contract of sale is concluded. Packaging is to be marked appropriately.

번역 **제A9조 점검 · 포장 · 화인.** 매도인은 반드시 제A4조에 따라 물품을 인도하기 위하여 필요한 물품점검업무(품질, 용적, 중량, 수량점검 등)의 비용뿐만 아니라, 수출국가의 당국에 의하여 강제된 모든 선적전검사의 비용을 지급하여야 한다.

특정무역거래에서 매각된 종류의 물품을 무포장으로 운송하는 것이 통상적이지 아니하는 한, 매도인은 반드시 자신의 비용부담으로 물품을 포장하여야 한다. 매수인이 매매계약의 체결 이전에 매도인에게 특정한 포장요건을 통지하지 않은 한, 매도인은 물품운송에 적절한 방법으로 이를 포장할 수 있다. 포장에는 적절한 화인이 있어야 한다.

해설 DAT 규칙하에서 매도인은 물품상태(품질·용적·중량·수량 등)에 관한 점검과 수출국가의 당국이 지정한 선적전검사의 비용을 지급하여야 한다.

또 DAT 규칙하에서 무포장운송이 통상적이지 않은 한, 매도인은 자신의 비용부담으로 물품을 포장하여야 하고, 포장에는 적절한 화인이 있어야 한다. 기타 이 규칙하에서 점검·포장·화인의무에 관한 설명은 앞의 FCA와 같다.

A10 Assistance with information and related costs. The seller must, where applicable, in a timely manner, provide to or render assistance in obtaining for the buyer, at the buyer's request, risk and expense, any documents and information, including security-related information, that the buyer needs for the import of the goods and/or for their transport to the final destination.

The seller must reimburse the buyer for all costs and charges incurred by the buyer in providing or rendering assistance in obtaining documents and information as envisaged in B10.

번역 **제A10조 정보의 협조 및 관련 비용.** 매도인은 반드시 적용가능한 경우에는, 매수인의 요청과 위험 및 비용부담으로 매수인이 물품의 수입 및/또는 최종목적지까지의 물품운송에 필요한 보안관련 정보를 포함하여 모든 서류와 정보를 취득하는데 따른 협조를 매수인에게 시의적절한 방법으로 제공하거나 공여하여야 한다.

매도인은 반드시 제B10조에 적시된 대로 서류와 정보를 취득하는데 따른 협조를 제공하거나 공여하면서 매수인에 의하여 발생된 모든 비용과 경비를 매수인에게 보상하여야 한다.

해설 DAT 규칙하에서 매도인은 매수인의 요청 시에는 매수인의 위험과 비용부담으로 수입통관, 최종목적지까지의 반입운송 등 수입수속에 필요한 보안관련 정보를 포함하여 모든 서류와 정보 또는 이와 동등한 전자기록이나 처리방법 등을 취득하는데 시의적절한 방법으로 협조를 다하여야 한다.

또 DAT 규칙하에서 매도인은 제B10조에 적시된 대로 서류와 정보를 취득하기 위한 매수인의 협조에 소요된 모든 비용과 위험을 부담하여야 한다. 기타 매도인의 정보협조와 관련 비용에 관한 설명은 앞의 FCA와 같다.

B THE BUYER'S OBLIGATIONS(매수인의 의무)

B1 General obligations of the buyer. The buyer must pay the price of the goods as provided in the contract of sale.

Any document referred to in B1-B10 may be an equivalent electronic record or procedure if agreed between the parties or customary.

번역 **제B1조 매수인의 일반적 의무.** 매수인은 반드시 매매계약에 약정된 대로 물품의 대금을 지급하여야 한다.

제B1조 내지 제B10조에 언급된 모든 서류는 당사자간에 합의되었거나 관습적인 경우에는 이와 동등한 전자기록 또는 처리방법으로 할 수 있다.

해설 DAT 규칙하에서 매도인이 계약에 일치하는 물품과 상업송장 및 기타 증명서류를 제공하면, 이에 매수인은 매매계약에 합의된 시기와 방법 및 금액으로 물품의 대금을 지급하여야 한다. 이하 모든 서류는 당사자간의 합의 또는 관습에 따라 전자기록이나 처리방법으로 대체할 수 있다. 기타 매수인의 일반적인 의무에 관한 상세한 설명은 앞의 EXW 규칙 제B1조에서와 같다.

B2 Licences, authorizations, security clearances and other formalities. Where applicable, the buyer must obtain, at its own risk and expense, any import licence or other official authorization and carry out all customs formalities for the import of the goods.

번역 **제B2조 허가, 승인, 보안수속 및 기타 절차.** 적용가능한 경우에는, 매수인은 반드시 자신의 위험과 비용부담으로 모든 수입허가 또는 기타 공적인 승인을 취득하여야 하며, 또 물품의 수입을 위한 모든 통관절차를 이행하여야 한다.

해설 DAT 규칙하에서 물품의 수입허가나 기타 공적인 승인의 취득, 물품의 수입통관절차는 매수인이 이행하여야 한다. 다만 이 규칙하에서 인도 전의 제3국 통관절차는 매도인의 의무에 속하기 때문에, 매수인은 이를 이행할 필요가 없다. 기타 매수인의 수입수속에 관한 설명은 앞의 FCA와 같다.

B3 Contracts of carriage and insurance. a) Contract of carriage. The buyer has no obligation to the seller to make a contract of carriage.

b) Contract of insurance. The buyer has no obligation to the seller to make a contract of insurance. However, the buyer must provide the seller, upon request, with the necessary information for obtaining insurance.

번역 **제B3조 운송 및 보험계약.** a) 운송계약. 매수인은 매도인에 대하여 운송계약을 체결할 아무런 의무도 부담하지 아니한다.

b) 보험계약. 매수인은 매도인에 대하여 보험계약을 체결할 아무런 의무도 부담하지 아니한다. 그러나 매수인은 요청 시에는 반드시 보험을 취득하는데 필요한 정보를 매도인에게 제공하여야 한다.

해설 DAT 규칙하에서 매수인은 목적지의 터미널까지 운송 및 보험계약을 체결할 의무가 없다. 다만 이 규칙하에서 매도인이 자신의 이익을 위하여 요청 시에는, 매수인은 보험을 취득하는데 필요한 정보를 제공하여야 한다.

B4 Taking delivery. The buyer must take delivery of the goods when they have been delivered as envisaged in A4.

번역 **제B4조 인도의 접수.** 매수인은 반드시 물품이 제A4조에 적시된 대로 인도된 때에 물품의 인도를 접수하여야 한다.

해설 DAT 규칙하에서 매수인은 합의된 시기와 목적지의 터미널에서 물품이 매수인의 임의처분하에 적치되면 이를 수령할 의무가 있다. 따라서 매수인은 물품을 수령하지 아니하였다고 하여 대금지급의 의무가 면제되는 것은 아니다. 이 때부터 물품의 멸실 또는 손상의 위험은 이미 매수인에게 이전된 것이며, 또 매수인은 그 불이행으로 인한 추가적인 비용을 지급하여야 한다.

B5 Transfer of risks. The buyer bears all risks of loss of or damage to the goods from the time they have been delivered as envisaged in A4.

If a) the buyer fails to fulfil its obligations in accordance with B2, then it bears all resulting risks of loss of or damage to the goods; or

b) the buyer fails to give notice in accordance with B7, then it bears all risks of loss of or damage to the goods from the agreed date or the expiry date of the agreed period for delivery,

provided that the goods have been clearly identified as the contract goods.

번역 **제B5조 위험의 이전.** 매수인은 물품이 제A4조에 적시된 대로 인도된 시간부터 물품의 멸실 또는 손상의 모든 위험을 부담하여야 한다.

a) 매수인이 제B2조에 따라 자신의 의무를 완수하지 아니한 경우에는, 이에 매수인은 물품의 멸실 또는 손상의 모든 결과적인 위험을 부담하여야 하며, 또는

b) 매수인이 제B7조에 따라 통지를 행하지 아니한 경우에는, 이에 매수인은 인도의 합의된 일자 또는 합의된 기간의 만기일자로부터 물품의 멸실 또는 손상의 모든 위험을 부담하여야 한다.

다만 물품이 계약물품으로서 명확하게 특정되어 있어야 한다.

해설 DAT 규칙하에서 매수인은 지정된 터미널에서 물품이 자신의 임의처분하에 적치된 때부터 물품의 멸실 또는 손상의 모든 위험을 부담하여야 한다.

그러나 DAT 규칙하에서 매수인은 제B2조에 따른 수입수속의무를 완수하지 아니함으로써 야기된 물품의 멸실 또는 손상의 모든 결과적인 위험을 부담하여야 한다. 또 매수인은 제B7조에 따른 통지의무, 즉 인도접수의 시간과 지점 등에 대한 결정권이 주어졌을 때 이를 매도인에게 통지하지 아니함으로써 야기된 경우에는, 물품의 인도가 있기 전에 합의된 인도의 만기일자로부터 물품의 멸실 또는 손상의 모든 위험을 부담하여야 한다. 다만 당해 물품이 계약물품으로서 명확하게 특정되기까지는 위험은 이전하지 아니한다.

B6 Allocation of costs. The buyer must pay

a) all costs relating to the goods from the time they have been delivered as envisaged in A4;

b) any additional costs incurred by the seller if the buyer fails to fulfil its obligations in accordance with B2, or to give notice in accordance with B7, provided that the goods have been clearly identified as the contract goods; and

c) where applicable, the costs of customs formalities as well as all duties, taxes and other charges payable upon import of the goods.

번역 **제B6조 비용의 분담.** 매수인은 반드시 다음과 같은 비용을 지급하여야 한다.

a) 물품이 제A4조에 적시된 대로 인도된 시간부터 물품에 관련한 모든 비용,

b) 매수인이 제B2조에 따라 자신의 의무를 완수하지 아니하거나 또는 제B7조에 따라 통지를 행하지 아니한 경우에 매도인에 의하여 발생된 모든 추가적인 비용. 다만 물품이 계약물품으로서 명확하게 특정되어 있어야 한다. 그리고

c) 적용가능한 경우에는, 물품의 수입시에 지급되는 통관절차의 비용뿐만 아니라, 모든 관세, 조세 및 기타 경비.

해설 ① DAT 규칙하에서 매수인은 목적지의 지정된 터미널에서 물품이 자신의 임의처분하에 적치된 때부터 물품에 관한 모든 비용을 부담하여야 한다. 다만 터미널에서 물품의 양하비는 매도인 의무이므로 이에 포함되지 아니한다.

② DAT 규칙하에서 매수인은 제B2조에 따른 수입수속의무, 즉 수입허가나 기타 공적인 승인 및 통관절차를 완수하지 아니하거나, 또는 제B7조에 따른 통지의무, 즉 인도접수의 시간과 지점 등에 대한 결정권이 주어졌을 때 이를 통지하지 아니한 경우에 매도인에 의하여 발생된 모든 추가적인 비용을 부담하여야 한다. 다만 물품이 계약물품으로서 명확하게 특정되어 있어야 한다.

③ DAT 규칙하에서 매수인은 수입시에 지급되는 통관절차의 비용과 모든 관세, 조세 및 기타 수입국가 당국의 공적인 경비를 부담하여야 한다.

B7 Notices to the seller. The buyer must, whenever it is entitled to determine the time within an agreed period and/or the point of taking delivery at the named terminal, give the seller sufficient notice thereof.

번역 **제B7조 매도인에 대한 통지.** 매수인은 반드시 합의된 기간내의 시간 및 /또는 지정된 터미널에서의 인도접수의 지점을 결정할 권한이 주어진 때에는, 항상 이에 관하여 매도인에게 충분한 통지를 행하여야 한다.

해설 DAT 규칙하에서 매수인은 지정된 터미널에서 인도접수의 시간과 지점의 결정권이 주어졌을 때에는, 매도인에게 이에 관한 충분한 통지를 하여야 한다. 매수인이 이러한 통지를 행하지 아니한 경우에는, 매수인은 합의된 만기일자로부터 물품에 대한 모든 위험과 추가적인 비용을 부담하여야 한다.

B8 Proof of delivery. The buyer must accept the delivery document provided as envisaged in A8.

번역 **제B8조 인도의 증거.** 매수인은 반드시 제A8조에 적시된 대로 제공된 인도서류를 인수하여야 한다.

해설 DAT 규칙하에서 매수인은 제A8조에 적시된 대로 제공된 정당한 인도의 증거서류를 인수하여야 한다. 만약 정당한 인도지시서나 운송서류가 제시되었음에도 불구하고, 매수인이 인도서류의 인수를 거절한다면, 이는 매매계약의 위반이 되므로 매수인은 이에 따른 모든 손해를 배상하여야 한다.

그러나 DAT 규칙하에서 매수인은 인도의 적절한 증거가 되지 못하는 서류, 예컨대 물품 또는 포장의 하자나 수량부족에 관한 부기가 있는 고장부서류(unclean documents)가 제시된 경우에도 이를 인수할 의무는 없다.

B9 Inspection of goods. The buyer must pay the costs of any mandatory pre-shipment inspection, except when such inspection is mandated by the authorities of the country of export.

번역 **제B9조 물품의 검사.** 매수인은 반드시 수출국가의 당국에 의하여 강제된 그러한 검사의 경우를 제외하고, 모든 강제적인 선적전검사의 비용을 지급하여야 한다.

해설 DAT 규칙하에서 매수인은 수출국가의 당국이 지정한 선적전검사를 제외하고, 모든 선적전검사(PSI)에 관한 의무를 부담하여야 한다. 기타 이 규칙하에서 매수인의 선적전검사의무에 관한 설명은 앞의 FCA와 같다.

B10 Assistance with information and related costs. The buyer must, in a timely manner, advise the seller of any security information requirements so that the seller may comply with A10.

The buyer must reimburse the seller for all costs and charges incurred by the seller in providing or rendering assistance in obtaining documents and information as envisaged in A10.

The buyer must, where applicable, in a timely manner, provide to or render assistance in obtaining for the seller, at the seller's request, risk and expense, any documents and information, including security-related information, that the seller needs for the transport and export of the goods and for their transport through any country.

번역 **제B10조 정보의 협조 및 관련 비용.** 매수인은 반드시 매도인이 제A10조를 준수할 수 있도록 모든 보안정보요건에 관하여 매도인에게 시의적절한 방법으로 고지하여야 한다.

매수인은 반드시 제A10조에 적시된 대로 서류와 정보를 취득하는데 따른 협조를 제공하거나 공여하면서 매도인에 의하여 발생된 모든 비용과 경비를 매도인에게 보상하여야 한다.

매수인은 반드시 적용가능한 경우에는, 매도인의 요청과 위험 및 비용부담으로 매도인이 물품의 운송과 수출 및 어떠한 국가를 통과하는 물품운송에 필요한 보안관련 정보를 포함하여 모든 서류와 정보를 취득하는데 따른 협조를 매도인에게 시의적절한 방법으로 제공하거나 공여하여야 한다.

해설 DAT 규칙하에서는 매도인이 물품의 수입통관, 반입운송 등 수입수속을 위한 서류와 정보를 취득하는데 협조를 다하도록 하고 있으므로, 매수인은 이러한 매도인의 협조에 소요된 모든 비용과 위험을 부담하여야 한다. 특히 인코텀즈® 2010 규칙하에서 매수인은 매도인의 제A10조 의무준수를 위한 보안정보요건을 시의적절한 방법으로 고지하여야 한다(서문).

또 DAT 규칙하에서 매수인은 매도인의 요청 시 매도인의 위험과 비용부담으로 물품의 반출운송과 수출통관, 인도 전의 제3국 통과 등 수출수속에 필요한 보안관련 정보를 포함하여 서류와 정보를 취득하는데 시의적절하게 협조하여야 한다. 기타 매수인의 정보협조와 관련비용의 설명은 앞의 FCA와 같다.

6. DAP : DELIVERED AT PLACE(착지인도)

DAP (insert named place of destination) Incoterms® 2010
(DAP [지정목적장소 삽입] 인코텀즈® 2010)

GUIDANCE NOTE(안내문)

This rule may be used irrespective of the mode of transport selected and may also be used where more than one mode of transport is employed.

"Delivered at Place" means that the seller delivers when the goods are placed at the disposal of the buyer on the arriving means of transport ready for unloading at the named place of destination. The seller bears all risks involved in bringing the goods to the named place.

The parties are well advised to specify as clearly as possible the point within the agreed place of destination, as the risks to that point are for the account of the seller. The seller is advised to procure contracts of carriage that match this choice precisely. If the seller incurs costs under its contract of carriage related to unloading at the place of destination, the seller is not entitled to recover such costs from the buyer unless otherwise agreed between the parties.

DAP requires the seller to clear the goods for export, where applicable. However, the seller has no obligation to clear the goods for import, pay any import duty or carry out any import customs formalities. If the parties wish the seller to clear the goods for import, pay any import duty and carry out any import customs formalities, the DDP term should be used.

번역 이 규칙은 선정된 운송방식에 관계 없이 사용할 수 있으며, 또 둘 이상의 운송방식이 채용되는 경우에도 사용할 수 있다.

"착지인도"(delivered at place)라 함은 물품이 지정된 목적장소에서 양하할 준비를 갖추어 도착하는 운송수단상에서 매수인의 임의처분하에 적치된 때에 매도인이 인도하는 것을 의미한다. 매도인은 지정된 장소까지 물품을 운반하는데 관련된 모든 위험을 부담한다.

당사자들은 합의된 목적장소내의 지점을 가능한 한 명확하게 명시하는 것이 아주 바람직하다. 왜냐하면 당해 지점까지의 위험이 매도인의 계산에 속하기 때문이다. 매도인은 이 선택사항에 정확하게 부합하는 운송계약을 조달하는 것이 바람직하다. 매도인이 자신의 운송계약에 따라 목적장소에서의 양하에 관련된 비용을 부담하는 경우에는, 매도인은 당사자간에 별도의 합의가 없는 한 매수인으로부터 그러한 비용을 회수할 권한이 없다.

DAP는 적용가능한 경우에는 매도인이 물품의 수출수속을 하도록 요구한다. 그러나 매도인은 물품의 수입수속을 하거나, 어떠한 수입관세를 지급하거나 또는 어떠한 수입통관절차를 이행할 아무런 의무도 부담하지 아니한다. 당사자들이 물품의 수입수속을 하고, 어떠한 수입관세를 지급하며, 또 어떠한 수입통관절차를 이행하는 것을 매도인이 하도록 원하는 경우에는, DDP 조건을 사용하여야 한다.

해설 1. [DAP의 정의] "DAP"(착지인도)라 함은 매도인이 지정된 목적지까지 물품을 운반하여 수입수속을 하기 전에 양하준비를 갖추어 도착하는 운송수단상에서 매수인의 임의처분하에 인도하는 거래조건을 말한다.[26)]

DAP는 종래의 DAF, DES, DDU 등을 대체하여 물품을 지정된 목적지에서 양하할 준비를 갖추어 도착하는 운송수단상에서 인도하는 것이므로, 복합운송을 포함하여 모든 운송방식에 사용할 수 있는 도착지인도규칙에 속한다.

DAP는 현실적으로 매도인이 목적지까지 운송 및 보험계약을 체결하고 운임과 보험료를 부담한다는 점에서 CIP 규칙과 유사하다. 그러나 CIP는 서류인도규칙인데 반하여, DAP는 현물인도규칙에 속한다. 또 CIP는 매도인이 매수인을 위하여 보험에 부보하는 반면에, DAP는 매도인이 자신의 이익을 위하여 보험에 부

---

26) Jan Ramberg, *ICC Guide to Incoterms® 2010*, Publication No. 720E, 2011, p. 137.

보한다는 점이 다르다. 이들 차이점을 정리하면 다음의 표와 같다.

	물품의 인도	위험 · 비용의 분기점	보험계약	소유권 이전
CIP	선적지인도	선적지(운임/보험료포함)	피보험자-매수인	서류인도시
DAP	목적지인도	목적지의 지정장소	피보험자-매도인	물품인도시

따라서 DAP 규칙은 매도인이 선박회사와 보험회사를 보유하여 목적지까지 유리한 조건으로 물품을 운송할 수 있거나, 또는 매수인이 국내의 정치적 · 경제적인 사정으로 운송화물에 대한 항해 중의 모든 책임을 피하면서 수입지에 도착된 보세구역의 물품을 직접 구매하고자 할 경우에 주로 이용된다.

2. **[위험 · 비용부담의 분기점]** DAP 규칙은 매도인이 목적지의 운송수단상에서 물품을 매수인의 임의처분하에 적치함으로써 그 의무를 다하는 것이므로, 이 규칙하에서 물품에 대한 위험과 비용부담의 분기점(critical point)도 물품이 목적지의 운송수단상에서 매수인의 임의처분하에 적치된 때가 된다.

즉, 매도인은 목적지에 도착한 물품을 운송수단상에서 매수인의 임의처분하에 적치할 때까지 물품에 대한 모든 위험과 비용을 부담하고, 운송수단상에서 물품이 인도된 때부터 모든 위험과 비용은 매수인이 부담하여야 한다.

예컨대 매도인은 선적지에서의 수출수속비, 화물적재비와 창내적부 · 정돈비는 물론이고 목적지까지의 운임과 보험료를 부담하여야 한다.

반면 매수인은 목적지에서의 수입수속비, 목적지의 운송수단으로부터 양하기나 양하장비에 의한 양하비(discharging costs)와 각종 부두사용료, 컨테이너 터미널 취급경비(terminal handling charges : THC), 최종목적지까지의 반입운송비(on-carriage), 수입국 당국이 요구하는 선적전검사비, 기타 물품의 수령불이행 또는 매도인에 대한 통지불이행으로 인한 비용을 부담하여야 한다.

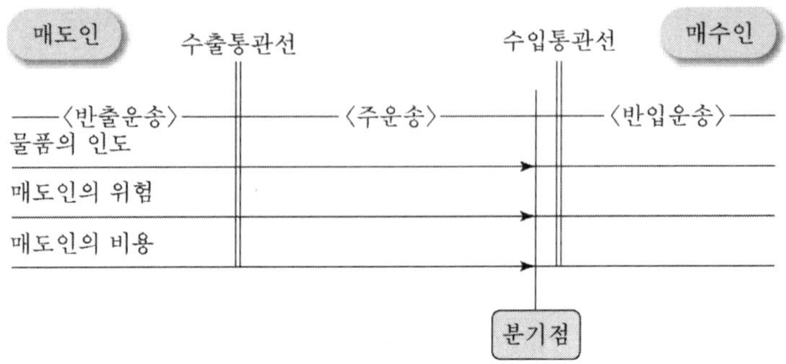

3. **[매매당사자의 주요의무]** DAP 규칙하에서 매도인은 ① 매매계약에 일치하는 물품을 지정된 목적지의 운송수단상에서 매수인의 임의처분하에 인도하여야 하고, ② 자신의 비용부담으로 물품의 수출허가와 수출통관 등의 수출수속을 이행하고 이에 따른 관세, 조세 등의 경비를 지급하여야 한다.

또 매도인은 ③ 계약에 일치함을 입증하는 상업송장과 매수인이 목적지의 운송수단상에서 물품을 수령하는데 필요한 인도지시서(delivery order)나 통상적인 운송서류(transport documents)인 유통성 선화증권, 해상화물운송장, 내수로 운송서류, 복합운송서류 등을 제공하여야 한다. 이러한 서류는 당사자간의 합의나 관습에 따라 전자기록이나 처리방법으로 대체할 수 있다.

반면 DAP 규칙하에서 매수인은 ① 지정된 목적지의 운송수단상에서 자신의 임의처분하에 인도된 물품을 수령하여야 하고, ② 자신의 비용부담으로 물품의 수입허가와 수입통관 등의 수입수속을 이행하고 이에 따른 경비를 지급하여야 하고, ③ 목적지의 운송수단상에서 물품을 수령한 후 양하비를 포함하여 터미널 취급경비(THC), 최종목적지까지의 반입운송비를 지급하여야 한다.

A THE SELLER'S OBLIGATIONS(매도인의 의무)

A1 General obligations of the seller. The seller must provide the goods and the commercial invoice in conformity with the contract of sale and any other evidence of conformity that may be required by the contract.

Any document referred to in A1-A10 may be an equivalent electronic record or procedure if agreed between the parties or customary.

번역 **제A1조 매도인의 일반적 의무.** 매도인은 반드시 매매계약에 일치하는 물품과 상업송장 및 계약에 의하여 요구될 수 있는 기타 모든 일치의 증명서류를 제공하여야 한다.

제A1조 내지 제A10조에 언급된 모든 서류는 당사자간에 합의되었거나 관습적인 경우에는 이와 동등한 전자기록 또는 처리방법으로 할 수 있다.

해설 DAP 규칙하에서 매도인은 매매계약에 일치하는 물품과 상업송장을 제공하여야 하며, 또 매도인은 계약에 일치하는 다른 증명서류가 계약상에 요구된 경우 이를 제공하여야 한다. 이하 모든 서류는 당사자간의 합의 또는 관습에 따라 전자기록이나 처리방법으로 대체할 수 있다. 기타 매도인의 일반적인 의무에 관한 상세한 설명은 앞의 EXW 규칙 제A1조에서와 같다.

A2 Licences, authorizations, security clearances and other formalities.
Where applicable, the seller must obtain, at its own risk and expense, any export licence and other official authorization and carry out all customs formalities necessary for the export of the goods and for their transport through any country prior to delivery.

번역 **제A2조 허가, 승인, 보안수속 및 기타 절차.** 적용가능한 경우에는, 매도인은 반드시 자신의 위험과 비용부담으로 모든 수출허가와 기타 공적인 승인을 취득하여야 하며, 또 물품의 수출 및 인도하기 이전의 어떠한 국가를 통과하는 운송에 필요한 모든 통관절차를 이행하여야 한다.

해설 EXW를 제외하고, DAP를 비롯한 모든 규칙하에서 물품의 수출수속은 매도인이 이를 이행하고 그 위험과 비용을 부담하여야 한다. 따라서 정부의 수출금지, 수출품에 대한 특별조세, 기타 예상보다 과대한 정부요건이 부과될 경우에는, 이에 대한 모든 위험과 비용을 매도인이 부담하여야 한다. 또 매도인은 인도 전의 제3국을 통과하는 통관절차도 이행하여야 한다. 기타 이 규칙하에서 매도인의 수출수속에 관한 설명은 앞의 FCA와 같다.

A3 Contracts of carriage and insurance. a) Contract of carriage. The seller must contract at its own expense for the carriage of the goods to the named place of destination or to the agreed point, if any, at the named place of destination. If a specific point is not agreed or is not determined by practice, the seller may select the point at the named place of destination that best suits its purpose.

b) Contract of insurance. The seller has no obligation to the buyer to make a contract of insurance. However, the seller must provide the buyer, at the buyer's request, risk, and expense (if any), with information that the buyer needs for obtaining insurance.

번역 **제A3조 운송 및 보험계약.** a) **운송계약.** 매도인은 반드시 자신의 비용부담으로 지정된 목적장소까지 또는 지정된 목적장소의 합의된 지점까지 물품의 운송계약을 체결하여야 한다. 특정한 지점이 합의되지 아니하거나 또는 관례에 따라 결정되지 아니한 경우에는, 매도인은 자신의 목적에 가장 적합한 지정된 목적장소의 지점을 선정할 수 있다.

b) **보험계약.** 매도인은 매수인에 대하여 보험계약을 체결할 아무런 의무도 부담하지 아니한다. 그러나 매도인은 반드시 매수인의 요청과 위험 및 비용부담(있는 경우)으로 매수인이 보험을 취득하는데 필요한 정보를 매수인에게 제공하여야 한다.

해설 DAP 규칙하에서 매도인은 목적지나 합의된 지점까지 운송계약을 체결하고 운송비를 지급하여야 한다. 특정한 지점(point)이 합의되지 아니하거나 관례적으로 결정되지 아니한 경우에는, 매도인이 지점을 선정할 수 있다. 이때 운송계약의 조건이나 경로, 방법 등은 매도인이 스스로 결정할 문제이다. 기타 이 규칙하에서 매도인의 운송계약에 관한 설명은 앞의 CIP와 같다.

한편 DAP 규칙하에서 매도인은 목적지까지 보험계약을 체결할 의무를 부담하지 아니한다. 다만 매도인은 매수인의 요청 시에는 매수인의 위험과 비용부담으로 보험을 취득하는데 필요한 정보를 매수인에게 제공하여야 한다.

A4 Delivery. The seller must deliver the goods by placing them at the disposal of the buyer on the arriving means of transport ready for unloading at the agreed point, if any, at the named place of destination on the agreed date or within the agreed period.

번역 **제A4조 인도.** 매도인은 반드시 합의된 일자 또는 합의된 기간내에 지정된 목적장소의 합의된 지점(있는 경우)에서 양하할 준비를 갖추어 도착하는 운송수단상에서 물품을 매수인의 임의처분하에 적치하는 행위로 이를 인도하여야 한다.

해설 DAP 규칙하에서 매도인은 합의된 시기에 목적지의 합의된 인도지점에서 물품을 매수인의 임의처분하에 적치하여야 한다. 물품의 정확한 인도지점은 각 운송방식의 선택에 따라 다르다. 특히 이 규칙하에서 매도인은 양하할 준비를 갖추어 도착하는 운송수단상에서 물품을 인도하여야 하지만, 수입수속은 이행하지 아니하며, 매수인이 이를 양하할 수 있도록 적치하면 충분하다.

A5 Transfer of risks. The seller bears all risks of loss of or damage to the goods until they have been delivered in accordance with A4, with the exception of loss or damage in the circumstances described in B5.

번역 **제A5조 위험의 이전.** 매도인은 제B5조에 기술된 사정에서의 멸실 또는 손상을 제외하고, 물품이 제A4조에 따라 인도된 때까지 물품의 멸실 또는 손상의 모든 위험을 부담하여야 한다.

해설 DAP 규칙하에서는 매도인이 합의된 시기에 목적지의 합의된 지점에서 물품을 매수인의 임의처분하에 적치한 때에 물품의 멸실 또는 손상의 모든 위험도 매수인에게 이전한다. 따라서 매도인은 이 때까지의 위험을 부담하여야 한다. 기타 이 규칙하에서 위험이전에 관한 설명은 앞의 DAT와 같다.

A6 Allocation of costs. The seller must pay

a) in addition to costs resulting from A3 a), all costs relating to the goods until they have been delivered in accordance with A4, other than those payable by the buyer as envisaged in B6;

b) any charges for unloading at the place of destination that were for the seller's account under the contract of carriage; and

c) where applicable, the costs of customs formalities necessary for export as well as all duties, taxes and other charges payable upon export and the costs for their transport through any country, prior to delivery in accordance with A4.

번역 **제A6조 비용의 분담.** 매도인은 반드시 다음과 같은 비용을 지급하여야 한다.

a) 제B6조에 적시된 대로 매수인에 의하여 지급되는 비용을 제외하고, 제A3조 a항의 결과로 발생하는 비용에 추가하여, 물품이 제A4조에 따라 인도된 때까지 물품에 관련한 모든 비용,

b) 운송계약에 따라 매도인의 계산에 속한 목적장소에서의 모든 양하경비, 그리고

c) 적용가능한 경우에는, 수출에 필요한 통관절차의 비용뿐만 아니라, 수출시에 지급되는 모든 관세, 조세 및 기타 경비, 그리고 제A4조에 따라 인도하기 이전의 어떠한 국가를 통과하는 운송비용.

해설 ① DAP 규칙하에서 매도인은 계약에 합의된 대로 매수인에 의하여 지급되는 비용을 제외하고, 목적지의 합의된 지점에서 물품을 매수인의 임의처분하에 적치한 때까지 물품에 관한 모든 비용을 부담하여야 한다.

물론 매도인은 목적지의 합의된 지점까지 운송계약에 따른 비용도 부담하여야 한다. 다만 보험비용은 의무사항이 아니기 때문에 제외한다.

② DAP 규칙은 목적지에 도착하는 운송수단상에서 인도하지만, 매도인은 운

송계약에 포함된 경우에는 목적지에서의 양하비도 부담하여야 한다. 여기서 "양하비"라 함은 항구나 컨테이너 터미널 취급경비(THC)도 포함한다.

③ DAP 규칙하에서 매도인은 수출통관절차의 비용과 이에 따른 모든 관세, 조세 및 기타 수출국가 당국의 공적인 경비(charges)를 부담하고, 나아가 운송계약에 따른 인도 전의 제3국 통과비용도 부담하여야 한다.

A7 Notices to the buyer. The seller must give the buyer any notice needed in order to allow the buyer to take measures that are normally necessary to enable the buyer to take delivery of the goods.

번역 **제A7조 매수인에 대한 통지.** 매도인은 반드시 매수인이 물품의 인도를 접수할 수 있도록 하는데 정상적으로 필요한 조치를 취할 수 있도록 매수인에게 필요한 모든 통지를 행하여야 한다.

해설 DAP 규칙하에서 매도인은 목적지에서 매수인이 물품을 접수하는데 필요한 조치를 취할 수 있도록 요구되는 모든 정보를 통지하여야 한다. 기타 이 규칙하에서 매도인의 통지의무에 관한 설명은 앞의 DAT와 같다.

A8 Delivery document. The seller must provide the buyer, at the seller's expense, with a document enabling the buyer to take delivery of the goods as envisaged in A4/B4.

번역 **제A8조 인도서류.** 매도인은 반드시 자신의 비용부담으로 제A4조와 제B4조에 적시된 대로 매수인이 물품의 인도를 접수할 수 있는 서류를 매수인에게 제공하여야 한다.

해설 DAP 규칙하에서 매수인은 운송인으로부터 물품을 청구할 수 있게 하는 서류를 요구하기 때문에, 매도인은 자신의 비용부담으로 이에 필요한 서류, 예컨대 인도지시서(delivery order)나 운송서류 등을 매수인에게 제공하여야 한다. 기타 이 규칙하에서 인도서류에 관한 설명은 앞의 DAT와 같다.

A9 Checking - packaging - marking. The seller must pay the costs of those checking operations (such as checking quality, measuring, weighing, counting) that are necessary for the purpose of delivering the goods in accordance with A4, as well as the costs of any pre-shipment inspection mandated by the authority of the country of export.

The seller must, at its own expense, package the goods, unless it is usual for the particular trade to transport the type of goods sold unpackaged. The seller may package the goods in the manner appropriate for their transport, unless the buyer has notified the seller of specific packaging requirements before the contract of sale is concluded. Packaging is to be marked appropriately.

번역 **제A9조 점검 · 포장 · 화인.** 매도인은 반드시 제A4조에 따라 물품을 인도하기 위하여 필요한 물품점검업무(품질, 용적, 중량, 수량점검 등)의 비용뿐만 아니라, 수출국가의 당국에 의하여 강제된 모든 선적전검사의 비용을 지급하여야 한다.

특정무역거래에서 매각된 종류의 물품을 무포장으로 운송하는 것이 통상적이지 아니하는 한, 매도인은 반드시 자신의 비용부담으로 물품을 포장하여야 한다. 매수인이 매매계약의 체결 이전에 매도인에게 특정한 포장요건을 통지하지 않은 한, 매도인은 물품운송에 적절한 방법으로 이를 포장할 수 있다. 포장에는 적절한 화인이 있어야 한다.

해설 DAP 규칙하에서 매도인은 물품상태(품질 · 용적 · 중량 · 수량 등)에 관한 점검과 수출국가의 당국이 지정한 선적전검사의 비용을 지급하여야 한다.

또 DAP 규칙하에서 무포장운송이 통상적이지 않은 한, 매도인은 자신의 비용부담으로 물품을 포장하여야 하고, 포장에는 적절한 화인이 있어야 한다. 기타 이 규칙하에서 점검 · 포장 · 화인의무에 관한 설명은 앞의 FCA와 같다.

A10 Assistance with information and related costs. The seller must, where applicable, in a timely manner, provide to or render assistance in obtaining for the buyer, at the buyer's request, risk and expense, any documents and information, including security-related information, that the buyer needs for the import of the goods and/or for their transport to the final destination.

The seller must reimburse the buyer for all costs and charges incurred by the buyer in providing or rendering assistance in obtaining documents and information as envisaged in B10.

번역 **제A10조 정보의 협조 및 관련 비용.** 매도인은 반드시 적용가능한 경우에는, 매수인의 요청과 위험 및 비용부담으로 매수인이 물품의 수입 및/또는 최종목적지까지의 물품운송에 필요한 보안관련 정보를 포함하여 모든 서류와 정보를 취득하는데 따른 협조를 매수인에게 시의적절한 방법으로 제공하거나 공여하여야 한다.

매도인은 반드시 제B10조에 적시된 대로 서류와 정보를 취득하는데 따른 협조를 제공하거나 공여하면서 매수인에 의하여 발생된 모든 비용과 경비를 매수인에게 보상하여야 한다.

해설 DAP 규칙하에서 매도인은 매수인의 요청 시에는 매수인의 위험과 비용부담으로 수입통관, 최종목적지까지의 반입운송 등 수입수속에 필요한 보안관련 정보를 포함하여 모든 서류와 정보 또는 이와 동등한 전자기록이나 처리방법 등을 취득하는데 시의적절한 방법으로 협조를 다하여야 한다.

또 DAP 규칙하에서 매도인은 제B10조에 적시된 대로 서류와 정보를 취득하기 위한 매수인의 협조에 소요된 모든 비용과 위험을 부담하여야 한다. 기타 매도인의 정보협조와 관련 비용에 관한 설명은 앞의 FCA와 같다.

B THE BUYER'S OBLIGATIONS(매수인의 의무)

B1 General obligations of the buyer. The buyer must pay the price of the goods as provided in the contract of sale.

Any document referred to in B1-B10 may be an equivalent electronic record or procedure if agreed between the parties or customary.

번역 **제B1조 매수인의 일반적 의무.** 매수인은 반드시 매매계약에 약정된 대로 물품의 대금을 지급하여야 한다.

제B1조 내지 제B10조에 언급된 모든 서류는 당사자간에 합의되었거나 관습적인 경우에는 이와 동등한 전자기록 또는 처리방법으로 할 수 있다.

해설 DAP 규칙하에서 매도인이 계약에 일치하는 물품과 상업송장 및 기타 증명서류를 제공하면, 이에 매수인은 매매계약에 합의된 시기와 방법 및 금액으로 물품의 대금을 지급하여야 한다. 이하 모든 서류는 당사자간의 합의 또는 관습에 따라 전자기록이나 처리방법으로 대체할 수 있다. 기타 매수인의 일반적인 의무에 관한 상세한 설명은 앞의 EXW 규칙 제B1조에서와 같다.

B2 Licences, authorizations, security clearances and other formalities.
Where applicable, the buyer must obtain, at its own risk and expense, any import licence or other official authorization and carry out all customs formalities for the import of the goods.

번역 **제B2조 허가, 승인, 보안수속 및 기타 절차.** 적용가능한 경우에는, 매수인은 반드시 자신의 위험과 비용부담으로 모든 수입허가 또는 기타 공적인 승인을 취득하여야 하며, 또 물품의 수입을 위한 모든 통관절차를 이행하여야 한다.

해설 DAP 규칙하에서 물품의 수입허가나 기타 공적인 승인의 취득, 물품의 수입통관절차는 매수인이 이행하여야 한다. 다만 이 규칙하에서 인도 전의 제3국 통관절차는 매도인의 의무에 속하기 때문에, 매수인은 이를 이행할 필요가 없다. 기타 매수인의 수입수속에 관한 설명은 앞의 FCA와 같다.

B3 Contracts of carriage and insurance. a) Contract of carriage. The buyer has no obligation to the seller to make a contract of carriage.

b) Contract of insurance. The buyer has no obligation to the seller to make a contract of insurance. However, the buyer must provide the seller, upon request, with the necessary information for obtaining insurance.

번역 **제B3조 운송 및 보험계약.** a) **운송계약.** 매수인은 매도인에 대하여 운송계약을 체결할 아무런 의무도 부담하지 아니한다.

b) **보험계약.** 매수인은 매도인에 대하여 보험계약을 체결할 아무런 의무도 부담하지 아니한다. 그러나 매수인은 요청 시에는 반드시 보험을 취득하는데 필요한 정보를 매도인에게 제공하여야 한다.

해설 DAP 규칙하에서 매수인은 목적지나 지점까지 운송 및 보험계약을 체결할 의무가 없다. 다만 이 규칙하에서 매도인이 자신의 이익을 위하여 요청 시에는, 매수인은 보험을 취득하는데 필요한 정보를 제공하여야 한다.

B4 Taking delivery. The buyer must take delivery of the goods when they have been delivered as envisaged in A4.

번역 **제B4조 인도의 접수.** 매수인은 반드시 물품이 제A4조에 적시된 대로 인도된 때에 물품의 인도를 접수하여야 한다.

해설 DAP 규칙하에서 매수인은 합의된 시기와 목적지의 지점에서 물품이 매수인의 임의처분하에 적치되면 이를 수령할 의무가 있다. 따라서 매수인은 물품을 수령하지 아니하였다고 하여 대금지급의 의무가 면제되는 것은 아니다. 이 때부터 물품의 멸실 또는 손상의 위험은 이미 매수인에게 이전된 것이며, 또 매수인은 그 불이행으로 인한 추가적인 비용을 지급하여야 한다.

B5 Transfer of risks. The buyer bears all risks of loss of or damage to the goods from the time they have been delivered as envisaged in A4.

If a) the buyer fails to fulfil its obligations in accordance with B2, then it bears all resulting risks of loss of or damage to the goods; or

b) the buyer fails to give notice in accordance with B7, then it bears all risks of loss of or damage to the goods from the agreed date or the expiry date of the agreed period for delivery,

provided that the goods have been clearly identified as the contract goods.

번역 **제B5조 위험의 이전.** 매수인은 물품이 제A4조에 적시된 대로 인도된 시간부터 물품의 멸실 또는 손상의 모든 위험을 부담하여야 한다.

a) 매수인이 제B2조에 따라 자신의 의무를 완수하지 아니한 경우에는, 이에 매수인은 물품의 멸실 또는 손상의 모든 결과적인 위험을 부담하여야 하며, 또는

b) 매수인이 제B7조에 따라 통지를 행하지 아니한 경우에는, 이에 매수인은 인도의 합의된 일자 또는 합의된 기간의 만기일자로부터 물품의 멸실 또는 손상의 모든 위험을 부담하여야 한다.

다만 물품이 계약물품으로서 명확하게 특정되어 있어야 한다.

해설 DAP 규칙하에서 매수인은 목적지의 지점에서 물품이 자신의 임의처분하에 적치된 때부터 물품의 멸실 또는 손상의 모든 위험을 부담하여야 한다. 기타 이 규칙하에서 매수인의 위험부담에 관한 설명은 앞의 DAT와 같다.

B6 Allocation of costs. The buyer must pay

a) all costs relating to the goods from the time they have been delivered as envisaged in A4;

b) all costs of unloading necessary to take delivery of the goods from the arriving means of transport at the named place of destination, unless such costs were for the seller's account under the contract of carriage;

c) any additional costs incurred by the seller if the buyer fails to fulfil its obligations in accordance with B2 or to give notice in accordance with B7, provided that the goods have been clearly identified as the contract goods; and

d) where applicable, the costs of customs formalities, as well as all duties, taxes and other charges payable upon import of the goods.

번역 **제B6조 비용의 분담.** 매수인은 반드시 다음과 같은 비용을 지급하여야 한다.

a) 물품이 제A4조에 적시된 대로 인도된 시간부터 물품에 관련한 모든 비용,

b) 운송계약에 따라 매도인의 계산에 속한 것이 아닌 한, 지정된 목적장소에 도착하는 운송수단으로부터 물품의 인도를 접수하는데 필요한 모든 양하비용,

c) 매수인이 제B2조에 따라 자신의 의무를 완수하지 아니하거나 또는 제B7조에 따라 통지를 행하지 아니한 경우에 매도인에 의하여 발생된 모든 추가적인 비용. 다만 물품이 계약물품으로서 명확하게 특정되어 있어야 한다. 그리고

d) 적용가능한 경우에는, 물품의 수입시에 지급되는 통관절차의 비용뿐만 아니라, 모든 관세, 조세 및 기타 경비.

해설 ① DAP 규칙하에서 매수인은 목적지의 합의된 지점에서 물품이 자신의 임의처분하에 적치된 때부터 물품에 관한 모든 비용을 부담하여야 한다.

② DAP 규칙하에서 매수인은 운송계약에 포함되지 아니한 경우, 도착하는 운송수단으로부터의 양하비도 부담하여야 한다. 여기서 "양하비"라 함은 항구나 컨테이너 터미널 시설 내에서 물품의 취급경비(THC)를 포함한다(서문).

③ DAP 규칙하에서 매수인은 제B2조에 따른 수입수속의무, 즉 수입허가나 기타 공적인 승인 및 통관절차를 완수하지 아니하거나, 또는 제B7조에 따른 통지의무, 즉 인도접수의 시간과 지점 등에 대한 결정권이 주어졌을 때 이를 통지하지 아니한 경우에 매도인에 의하여 발생된 모든 추가적인 비용을 부담하여야 한다. 다만 물품이 계약물품으로서 명확하게 특정되어 있어야 한다.

④ DAP 규칙하에서 매수인은 수입시에 지급되는 통관절차의 비용과 모든 관세, 조세 및 기타 수입국가 당국의 공적인 경비를 부담하여야 한다.

B7 Notices to the seller. The buyer must, whenever it is entitled to determine the time within an agreed period and/or the point of taking delivery within the named place of destination, give the seller sufficient notice thereof.

번역 **제B7조 매도인에 대한 통지.** 매수인은 반드시 합의된 기간내의 시간 및/또는 지정된 목적장소내의 인도접수의 지점을 결정할 권한이 주어진 때에는, 항상 이에 관하여 매도인에게 충분한 통지를 행하여야 한다.

해설 DAP 규칙하에서 매수인은 지정된 목적지에서 인도접수의 시간과 지점의 결정권이 주어졌을 때에는, 매도인에게 이에 관한 충분한 통지를 하여야 한다. 기타 매수인의 통지의무에 관한 설명은 앞의 DAT와 같다.

B8 Proof of delivery. The buyer must accept the delivery document provided as envisaged in A8.

번역 **제B8조 인도의 증거.** 매수인은 반드시 제A8조에 적시된 대로 제공된 인도서류를 인수하여야 한다.

해설 DAP 규칙하에서 매수인은 제A8조에 적시된 대로 제공된 인도서류를 인수하여야 한다. 기타 매수인 서류인수에 관한 설명은 앞의 DAT와 같다.

B9 Inspection of goods. The buyer must pay the costs of any mandatory pre-shipment inspection, except when such inspection is mandated by the authorities of the country of export.

번역 **제B9조 물품의 검사.** 매수인은 반드시 수출국가의 당국에 의하여 강제된 그러한 검사의 경우를 제외하고, 모든 강제적인 선적전검사의 비용을 지급하여야 한다.

해설 DAP 규칙하에서 매수인은 수출국가의 당국이 지정한 선적전검사를 제외하고, 모든 선적전검사(PSI)에 관한 의무를 부담하여야 한다. 기타 이 규칙하에서 매수인의 선적전검사의무에 관한 설명은 앞의 FCA와 같다.

B10 Assistance with information and related costs. The buyer must, in a timely manner, advise the seller of any security information requirements so that the seller may comply with A10.

The buyer must reimburse the seller for all costs and charges incurred by the seller in providing or rendering assistance in obtaining documents and information as envisaged in A10.

The buyer must, where applicable, in a timely manner, provide to or render assistance in obtaining for the seller, at the seller's request, risk and expense, any documents and information, including security-related information, that the seller needs for the transport and export of the goods and for their transport through any country.

번역 **제B10조 정보의 협조 및 관련 비용.** 매수인은 반드시 매도인이 제A10조를 준수할 수 있도록 모든 보안정보요건에 관하여 매도인에게 시의적절한 방법으로 고지하여야 한다.

매수인은 반드시 제A10조에 적시된 대로 서류와 정보를 취득하는데 따른 협조를 제공하거나 공여하면서 매도인에 의하여 발생된 모든 비용과 경비를 매도인에게 보상하여야 한다.

매수인은 반드시 적용가능한 경우에는, 매도인의 요청과 위험 및 비용부담으로 매도인이 물품의 운송과 수출 및 어떠한 국가를 통과하는 물품운송에 필요한 보안관련 정보를 포함하여 모든 서류와 정보를 취득하는데 따른 협조를 매도인에게 시의적절한 방법으로 제공하거나 공여하여야 한다.

해설 DAP 규칙하에서는 매도인이 물품의 수입통관, 반입운송 등 수입수속을 위한 서류와 정보를 취득하는데 협조를 다하도록 하고 있으므로, 매수인은 이러한 매도인의 협조에 소요된 모든 비용과 위험을 부담하여야 한다. 특히 인코텀즈® 2010 규칙하에서 매수인은 매도인의 제A10조 의무준수를 위한 보안정보요건을 시의적절한 방법으로 고지하여야 한다(서문).

또 DAP 규칙하에서 매수인은 매도인의 요청 시 매도인의 위험과 비용부담으로 물품의 반출운송과 수출통관, 인도 전의 제3국 통과 등 수출수속에 필요한 보안관련 정보를 포함하여 서류와 정보를 취득하는데 시의적절하게 협조하여야 한다. 기타 매수인의 정보협조와 관련비용의 설명은 앞의 FCA와 같다.

7. DDP : DELIVERED DUTY PAID(관세지급인도)

DDP (insert named place of destination) Incoterms® 2010
(DDP [지정목적장소 삽입] 인코텀즈® 2010)

GUIDANCE NOTE(안내문)

This rule may be used irrespective of the mode of transport selected and may also be used where more than one mode of transport is employed.

"Delivered Duty Paid" means that the seller delivers the goods when the goods are placed at the disposal of the buyer, cleared for import on the arriving means of transport ready for unloading at the named place of destination. The seller bears all the costs and risks involved in bringing the goods to the place of destination and has an obligation to clear the goods not only for export but also for import, to pay any duty for both export and import and to carry out all customs formalities.

DDP represents the maximum obligation for the seller.

The parties are well advised to specify as clearly as possible the point within the agreed place of destination, as the costs and risks to that point are for the account of the seller. The seller is advised to procure contracts of carriage that match this choice precisely. If the seller incurs costs under its contract of carriage related to unloading at the place of destination, the seller is not entitled to recover such costs from the buyer unless otherwise agreed between the parties.

The parties are well advised not to use DDP if the seller is unable directly or indirectly to obtain import clearance.

If the parties wish the buyer to bear all risks and costs of import clearance, the DAP rule should be used.

Any VAT or other taxes payable upon import are for the seller's account unless expressly agreed otherwise in the sales contract.

번역 이 규칙은 선정된 운송방식에 관계 없이 사용할 수 있으며, 또 둘 이상의 운송방식이 채용되는 경우에도 사용할 수 있다.

"관세지급인도"(delivered duty paid)라 함은 물품이 지정된 목적장소에서 양하할 준비를 갖추어 도착하는 운송수단상에서 수입수속된 상태로 매수인의 임의처분하에 적치된 때에 매도인이 인도하는 것을 의미한다. 매도인은 목적장소까지 물품을 운반하는데 관련된 모든 비용과 위험을 부담하며, 또 물품의 수출뿐만 아니라 수입수속을 하고, 수출과 수입 양자의 어떠한 관세를 지급하며, 또 모든 통관절차를 이행할 어떠한 의무를 부담한다.

DDP는 매도인에게 최대한의 의무를 나타낸다.

당사자들은 합의된 목적장소내의 지점을 가능한 한 명확하게 명시하는 것이 아주 바람직하다. 왜냐하면 당해 지점까지의 비용과 위험이 매도인의 계산에 속하기 때문이다. 매도인은 이 선택사항에 정확하게 부합하는 운송계약을 조달하는 것이 바람직하다. 매도인이 자신의 운송계약에 따라 목적장소에서의 양하에 관련된 비용을 부담하는 경우에는, 매도인은 당사자간에 별도의 합의가 없는 한 매수인으로부터 그러한 비용을 회수할 권한이 없다.

당사자들은 매도인이 직접 또는 간접적으로 수입수속을 취득할 수 없는 경우에는 DDP를 사용하지 아니하는 것이 아주 바람직하다.

당사자들이 수입수속의 모든 위험과 비용을 매수인이 부담하도록 원하는 경우에는, DAP 규칙을 사용하여야 한다.

매매계약에서 별도의 명시적인 합의가 없는 한, 수입시에 지급되는 어떠한 VAT(부가가치세) 또는 기타 조세는 매도인의 계산에 속한다.

해설 1. **[DDP의 정의]** "DDP"(관세지급인도)라 함은 매도인이 물품의 수입수속을 이행하고, 지정된 목적지까지 운반하여 양하준비를 갖추어 도착하는 운송수단상에서 매수인의 임의처분하에 인도하는 거래조건을 말한다.[27]

DDP는 그동안 전통적으로 사용되어 온 "Franco" 또는 개정미국외국무역정의의 "FOB (named inland point in country of importation)" 계통의 거래조건 중에서 매도인이 수입관세를 포함하여 수입국내의 지정장소까지 모든 비용과 위험을 부담하는 조건을 "Montreal Rules 1967" 때부터 정형화한 것이다.

즉, DDP는 매도인이 수입수속과 이에 따른 관세, 조세 등의 경비를 부담하고 물품을 최종목적지까지 운반하여 매수인에게 인도하여야 한다. 따라서 이 규칙은 매수인에 대한 최소한의 의무(minimum obligation)를 나타내는 반면에, 매도인에 대한 최대한의 의무(maximum obligation)를 나타낸다.

DDP는 수입지에 매도인의 지점이나 수입대리점이 있을 경우에 사용이 적합한 규칙이지만, 매도인이 수입지에서 수입수속을 이행할 수 없는 경우에는 사용할 수 없다. 이러한 경우에는 DAP를 사용하여야 한다. 기타 수입시에 지급되는 부가가치세(VAT) 등을 매도인의 의무에서 제외시키려면, "DDP (VAT unpaid)" 등의 문언으로 매매계약상에 그 취지를 명확히 하여야 한다.[28]

2. **[위험 · 비용부담의 분기점]** DDP 규칙은 매도인이 물품의 수입수속을 이행하고, 물품을 지정된 목적지에 도착하는 운송수단상에서 양하하지 아니한 상태로 매수인에게 인도함으로써 그 의무를 다하는 것이므로, 이 규칙하에서 물품에 대한 위험과 비용부담의 분기점(critical point)도 물품이 지정된 목적지의 운송수단상에서 매수인의 임의처분하에 적치된 때가 된다.

---

27) Jan Ramberg, *ICC Guide to Incoterms® 2010*, Publication No. 720E, 2011, p. 149.
28) Carole Murray et al., *Schmitthoff's Export Trade*, Sweet & Maxwell, 2007, p. 57.

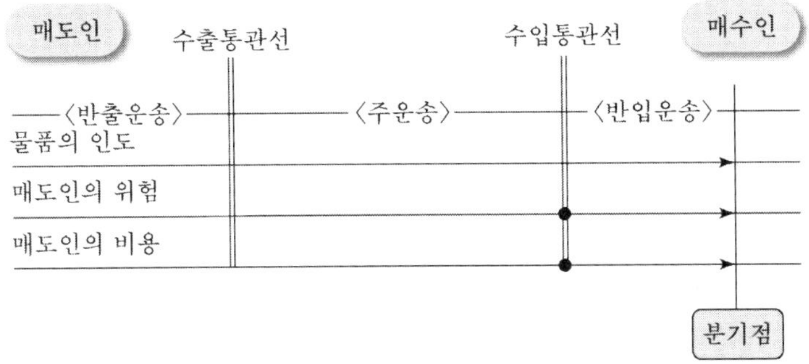

즉, 매도인은 수입수속의 비용과 위험을 포함하여, 물품을 목적지의 운송수단 상에서 매수인에게 인도할 때까지의 모든 위험과 비용을 부담하여야 하며, 물품이 인도된 때부터의 위험과 비용은 매수인이 부담하여야 한다.

예컨대 매도인은 선적지에서의 수출수속비, 적재비와 창내적부·정돈비, 수입지까지의 운송계약에 따른 운송비와 보험료는 물론이며, 수입수속비, 수입국내의 최종목적지까지 반입운송비(on-carriage)를 모두 부담하여야 한다.

반면 매수인은 최종목적지에서 물품이 자신의 임의처분하에 적치된 후 운송수단으로부터 물품의 양하비(unloading costs), 창고료(storage), 수입국 당국이 요구하는 선적전검사비(PSI), 기타 최종목적지에서 물품의 수령불이행 또는 매도인에 대한 통지불이행으로 인한 비용을 부담하여야 한다.

3. **[매매당사자의 주요의무]** DDP 규칙하에서 매도인은 ① 매매계약에 일치하는 물품을 목적지에서 매수인의 임의처분하에 인도하여야 하고, ② 자신의 비용부담으로 물품의 수출 및 수입수속을 이행하고 이에 따른 경비를 지급하여야 하며, ③ 수입지에서 목적지까지의 반입운송비를 지급하여야 한다.

또 매도인은 ④ 계약에 일치함을 입증하는 상업송장과 매수인이 지정된 목적지에서 물품을 수령하는데 필요한 인도지시서나 통상적인 운송서류인 유통성 선화증권, 해상화물운송장, 내수로 운송서류, 항공화물운송장, 철도화물탁송장, 도로화물탁송장, 복합운송서류 등을 제공하여야 한다. 이러한 서류는 당사자간의 합의나 관습에 따라 전자기록이나 처리방법으로 대체할 수 있다.

반면 DDP 규칙하에서 매수인은 지정된 최종목적지에서 자신의 임의처분하에 인도된 물품을 수령하고 운송수단으로부터 이를 양하하여야 한다.

A THE SELLER'S OBLIGATIONS(매도인의 의무)

A1 General obligations of the seller. The seller must provide the goods and the commercial invoice in conformity with the contract of sale and any other evidence of conformity that may be required by the contract.

Any document referred to in A1-A10 may be an equivalent electronic record or procedure if agreed between the parties or customary.

번역 **제A1조 매도인의 일반적 의무.** 매도인은 반드시 매매계약에 일치하는 물품과 상업송장 및 계약에 의하여 요구될 수 있는 기타 모든 일치의 증명서류를 제공하여야 한다.

제A1조 내지 제A10조에 언급된 모든 서류는 당사자간에 합의되었거나 관습적인 경우에는 이와 동등한 전자기록 또는 처리방법으로 할 수 있다.

해설 DDP 규칙하에서 매도인은 매매계약에 일치하는 물품과 상업송장을 제공하여야 하며, 또 매도인은 계약에 일치하는 다른 증명서류가 계약상에 요구된 경우 이를 제공하여야 한다. 이하 모든 서류는 당사자간의 합의 또는 관습에 따라 전자기록이나 처리방법으로 대체할 수 있다. 기타 매도인의 일반적인 의무에 관한 상세한 설명은 앞의 EXW 규칙 제A1조에서와 같다.

A2 Licences, authorizations, security clearances and other formalities. Where applicable, the seller must obtain, at its own risk and expense, any export and import licence and other official authorization and carry out all customs formalities necessary for the export of the goods, for their transport through any country and for their import.

번역 **제A2조 허가, 승인, 보안수속 및 기타 절차.** 적용가능한 경우에는, 매도인은 반드시 자신의 위험과 비용부담으로 모든 수출과 수입허가 및 기타 공적인 승인을 취득하여야 하며, 또 물품의 수출, 어떠한 국가를 통과하는 운송 및 수입에 필요한 모든 통관절차를 이행하여야 한다.

해설 DDP 규칙하에서 매도인은 최종목적지에서 물품을 인도하기 때문에, 자신의 위험과 비용부담으로 물품의 수출과 수입허가 및 기타 공적인 승인을 취득하여야 하며, 또 물품의 수출통관과 제3국 통과 및 수입통관절차(수입시 VAT나 기타 조세 포함)를 모두 이행하여야 한다. 계약상에 매도인의 면책조항(relief clauses)이 특별히 없는 한, 정부의 수출 또는 수입금지의 조치가 있더라도 매매계약에 따른 매도인의 이러한 의무는 면제되지 아니한다.

따라서 DDP 규칙하에서 매도인은 수입수속의무를 수용하기 전에 수입국가의 법령에 따라 외국인에 의한 수입허가나 수입통관이 금지되어 있지 아니하는지를 확인하여야 한다. 이러한 예외적인 경우 매도인은 운송주선인 또는 통관중개인(customs brokers)을 통하여 수입수속을 밟게 하거나, 또는 수입수속의무를 회피하고자 할 때에는 DDP 뒤에 "not cleared for import"(수입수속미필)이라는 문언을 추가하거나 DDP 대신에 DAP 규칙을 사용하여야 한다.

A3 Contracts of carriage and insurance. a) Contract of carriage. The seller must contract at its own expense for the carriage of the goods to the named place of destination or to the agreed point, if any, at the named place of destination. If a specific point is not agreed or is not determined by practice, the seller may select the point at the named place of destination that best suits its purpose.

b) Contract of insurance. The seller has no obligation to the buyer to make a contract of insurance. However, the seller must provide the buyer, at the buyer's request, risk, and expense (if any), with information that the buyer needs for obtaining insurance.

번역 **제A3조 운송 및 보험계약.** a) 운송계약. 매도인은 반드시 자신의 비용부담으로 지정된 목적장소까지 또는 지정된 목적장소의 합의된 지점까지 물품의 운송계약을 체결하여야 한다. 특정한 지점이 합의되지 아니하거나 또는 관례에 따라 결정되지 아니한 경우에는, 매도인은 자신의 목적에 가장 적합한 지정된 목적장소의 지점을 선정할 수 있다.

b) **보험계약.** 매도인은 매수인에 대하여 보험계약을 체결할 아무런 의무도 부담하지 아니한다. 그러나 매도인은 반드시 매수인의 요청과 위험 및 비용부담(있는 경우)으로 매수인이 보험을 취득하는데 필요한 정보를 매수인에게 제공하여야 한다.

해설 DDP 규칙하에서 매도인은 목적지나 합의된 지점까지 운송계약을 체결하고 운송비를 지급하여야 한다. 특정한 지점(point)이 합의되지 아니하거나 관례적으로 결정되지 아니한 경우에는, 매도인이 지점을 선정할 수 있다. 이때 운송계약의 조건이나 경로, 방법 등은 매도인이 스스로 결정할 문제이다. 기타 이 규칙하에서 매도인의 운송계약에 관한 설명은 앞의 CIP와 같다.

한편 DDP 규칙하에서 매도인은 목적지까지 보험계약을 체결할 의무를 부담하지 아니한다. 다만 매도인은 매수인의 요청 시에는 매수인의 위험과 비용부담으로 보험을 취득하는데 필요한 정보를 매수인에게 제공하여야 한다.

A4 Delivery. The seller must deliver the goods by placing them at the disposal of the buyer on the arriving means of transport ready for unloading at the agreed point, if any, at the named place of destination on the agreed date or within the agreed period.

번역 **제A4조 인도.** 매도인은 반드시 합의된 일자 또는 합의된 기간내에 지정된 목적장소의 합의된 지점(있는 경우)에서 양하할 준비를 갖추어 도착하는 운송수단상에서 물품을 매수인의 임의처분하에 적치하는 행위로 이를 인도하여야 한다.

해설 DDP 규칙하에서 매도인은 합의된 시기에 목적지의 합의된 인도지점에서 물품을 매수인의 임의처분하에 적치하여야 한다. 물품의 정확한 인도지점은 각 운송방식의 선택에 따라 다르다. 특히 이 규칙하에서 매도인은 양하할 준비를 갖추어 도착하는 운송수단상에서 물품을 인도하여야 하며, 또 수입수속까지 모두 취득하고 매수인이 이를 양하할 수 있도록 적치하여야 한다.

A5 Transfer of risks. The seller bears all risks of loss of or damage to the goods until they have been delivered in accordance with A4, with the exception of loss or damage in the circumstances described in B5.

번역 **제A5조 위험의 이전.** 매도인은 제B5조에 기술된 사정에서의 멸실 또는 손상을 제외하고, 물품이 제A4조에 따라 인도된 때까지 물품의 멸실 또는 손상의 모든 위험을 부담하여야 한다.

해설 DDP 규칙하에서는 매도인이 합의된 시기에 목적지의 합의된 지점에서 물품을 매수인의 임의처분하에 적치한 때에 물품의 멸실 또는 손상의 모든 위험도 매수인에게 이전한다. 따라서 매도인은 이 때까지의 위험을 부담하여야 한다. 기타 이 규칙하에서 위험이전에 관한 설명은 앞의 DAT와 같다.

A6 Allocation of costs. The seller must pay

a) in addition to costs resulting from A3 a), all costs relating to the goods until they have been delivered in accordance with A4, other than those payable by the buyer as envisaged in B6;

b) any charges for unloading at the place of destination that were for the seller's account under the contract of carriage; and

c) where applicable, the costs of customs formalities necessary for export and import as well as all duties, taxes and other charges payable upon export and import of the goods, and the costs for their transport through any country prior to delivery in accordance with A4.

번역 **제A6조 비용의 분담.** 매도인은 반드시 다음과 같은 비용을 지급하여야 한다.

a) 제B6조에 적시된 대로 매수인에 의하여 지급되는 비용을 제외하고, 제A3

조 a항의 결과로 발생하는 비용에 추가하여, 물품이 제A4조에 따라 인도된 때까지 물품에 관련한 모든 비용,

b) 운송계약에 따라 매도인의 계산에 속한 목적장소에서의 모든 양하경비, 그리고

c) 적용가능한 경우에는, 수출과 수입에 필요한 통관절차의 비용뿐만 아니라, 물품의 수출과 수입시에 지급되는 모든 관세, 조세 및 기타 경비, 그리고 제A4조에 따라 인도하기 이전의 어떠한 국가를 통과하는 운송비용.

해설 ① DDP 규칙하에서 매도인은 계약에 합의된 대로 매수인에 의하여 지급되는 비용을 제외하고, 목적지의 합의된 지점에서 물품을 매수인의 임의처분하에 적치한 때까지 물품에 관한 모든 비용을 부담하여야 한다.

물론 매도인은 목적지의 합의된 지점까지 운송계약에 따른 비용도 부담하여야 한다. 다만 보험비용은 의무사항이 아니기 때문에 제외한다.

② DDP 규칙은 목적지에 도착하는 운송수단상에서 인도하지만, 매도인은 운송계약에 포함된 경우에는 목적지에서의 양하비도 부담하여야 한다. 여기서 "양하비"라 함은 항구나 컨테이너 터미널 취급경비(THC)도 포함한다.

③ DDP 규칙하에서 매도인은 수출과 수입통관절차의 비용과 이에 따른 모든 관세, 조세 및 기타 수출입국가 당국의 공적인 경비를 부담하고, 나아가 목적지에 도착하기 이전의 제3국 통과비용도 매도인이 부담하여야 한다.

A7 Notices to the buyer. The seller must give the buyer any notice needed in order to allow the buyer to take measures that are normally necessary to enable the buyer to take delivery of the goods.

번역 **제A7조 매수인에 대한 통지.** 매도인은 반드시 매수인이 물품의 인도를 접수할 수 있도록 하는데 정상적으로 필요한 조치를 취할 수 있도록 매수인에게 필요한 모든 통지를 행하여야 한다.

해설 DDP 규칙하에서 매도인은 목적지에서 매수인이 물품을 접수하는데

필요한 조치를 취할 수 있도록 요구되는 모든 정보를 통지하여야 한다. 기타 이 규칙하에서 매도인의 통지의무에 관한 설명은 앞의 DAT와 같다.

A8 Delivery document. The seller must provide the buyer, at the seller's expense, with a document enabling the buyer to take delivery of the goods as envisaged in A4/B4.

번역 **제A8조 인도서류.** 매도인은 반드시 자신의 비용부담으로 제A4조와 제B4조에 적시된 대로 매수인이 물품의 인도를 접수할 수 있는 서류를 매수인에게 제공하여야 한다.

해설 DDP 규칙하에서 매수인은 운송인으로부터 물품을 청구할 수 있게 하는 서류를 요구하기 때문에, 매도인은 자신의 비용부담으로 이에 필요한 서류, 예컨대 인도지시서(delivery order)나 운송서류 등을 매수인에게 제공하여야 한다. 기타 이 규칙하에서 인도서류에 관한 설명은 앞의 DAT와 같다.

A9 Checking – packaging – marking. The seller must pay the costs of those checking operations (such as checking quality, measuring, weighing, counting) that are necessary for the purpose of delivering the goods in accordance with A4, as well as the costs of any pre-shipment inspection mandated by the authority of the country of export or of import.

The seller must, at its own expense, package the goods, unless it is usual for the particular trade to transport the type of goods sold unpackaged. The seller may package the goods in the manner appropriate for their transport, unless the buyer has notified the seller of specific packaging requirements before the contract of sale is concluded. Packaging is to be marked appropriately.

번역 **제A9조 점검·포장·화인.** 매도인은 반드시 제A4조에 따라 물품을 인도하기 위하여 필요한 물품점검업무(품질, 용적, 중량, 수량점검 등)의 비용뿐만 아니라, 수출 또는 수입국가의 당국에 의하여 강제된 모든 선적전검사의 비용을 지급하여야 한다.

특정무역거래에서 매각된 종류의 물품을 무포장으로 운송하는 것이 통상적이지 아니하는 한, 매도인은 반드시 자신의 비용부담으로 물품을 포장하여야 한다. 매수인이 매매계약의 체결 이전에 매도인에게 특정한 포장요건을 통지하지 않은 한, 매도인은 물품운송에 적절한 방법으로 이를 포장할 수 있다. 포장에는 적절한 화인이 있어야 한다.

해설 DDP 규칙하에서 매도인은 물품상태(품질 · 용적 · 중량 · 수량 등)에 관한 점검의무를 이행하여야 한다. 매수인의 입장에서는 물품을 수령 · 확인하기 전에 대금을 지급할 경우에는, 매도인이 이러한 의무를 이행하였다는 사실을 입증하는 검사증명서를 첨부하도록 요구하는 것이 매우 중요하다.

또 DDP 규칙하에서 매도인이 수출자 및 수입자이기 때문에, 매도인은 수출국가와 수입국가의 당국이 지정한 선적전검사의 비용도 지급하여야 한다. 기타 이 규칙하에서 점검 · 포장 · 화인의무에 관한 설명은 앞의 FCA와 같다.

A10 Assistance with information and related costs. The seller must, where applicable, in a timely manner, provide to or render assistance in obtaining for the buyer, at the buyer's request, risk and expense, any documents and information, including security-related information, that the buyer needs for the transport of the goods to the final destination, where applicable, from the named place of destination.

The seller must reimburse the buyer for all costs and charges incurred by the buyer in providing or rendering assistance in obtaining documents and information as envisaged in B10.

번역 **제A10조 정보의 협조 및 관련 비용.** 매도인은 반드시 적용가능한 경우에는, 매수인의 요청과 위험 및 비용부담으로 매수인이 지정된 목적장소로부터 적용가능한 경우에 최종목적지까지의 물품운송에 필요한 보안관련 정보를 포함하여 모든 서류와 정보를 취득하는데 따른 협조를 매수인에게 시의적절한 방법으로 제공하거나 공여하여야 한다.

매도인은 반드시 제B10조에 적시된 대로 서류와 정보를 취득하는데 따른 협조를 제공하거나 공여하면서 매수인에 의하여 발생된 모든 비용과 경비를 매수인에게 보상하여야 한다.

해설 DDP 규칙하에서 매도인은 자신의 수출과 수입통관 등 수출입수속에 필요한 경우를 제외하고, 매수인의 요청 시에는 매수인의 위험과 비용부담으로 최종목적지까지의 반입운송에 필요한 보안관련 정보를 포함하여 자신의 국가 또는 원산지국가에서 발급되는 모든 서류와 정보 또는 이와 동등한 전자기록이나 처리방법 등을 취득하는데 시의적절하게 협조를 다하여야 한다.

또 DDP 규칙하에서 매도인은 제B10조에 적시된 대로 서류와 정보를 취득하기 위한 매수인의 협조에 소요된 모든 비용과 위험을 부담하여야 한다. 기타 매도인의 정보협조와 관련비용에 관한 설명은 앞의 FCA와 같다.

B THE BUYER'S OBLIGATIONS(매수인의 의무)

B1 General obligations of the buyer. The buyer must pay the price of the goods as provided in the contract of sale.

Any document referred to in B1-B10 may be an equivalent electronic record or procedure if agreed between the parties or customary.

번역 **제B1조 매수인의 일반적 의무.** 매수인은 반드시 매매계약에 약정된 대로 물품의 대금을 지급하여야 한다.

제B1조 내지 제B10조에 언급된 모든 서류는 당사자간에 합의되었거나 관습적인 경우에는 이와 동등한 전자기록 또는 처리방법으로 할 수 있다.

해설 DDP 규칙하에서 매도인이 계약에 일치하는 물품과 상업송장 및 기타 증명서류를 제공하면, 이에 매수인은 매매계약에 합의된 시기와 방법 및 금액으로 물품의 대금을 지급하여야 한다. 이하 모든 서류는 당사자간의 합의 또는 관습에 따라 전자기록이나 처리방법으로 대체할 수 있다. 기타 매수인의 일반적인 의무에 관한 상세한 설명은 앞의 EXW 규칙 제B1조에서와 같다.

B2 Licences, authorizations, security clearances and other formalities. Where applicable, the buyer must provide assistance to the seller, at the seller's request, risk and expense, in obtaining any import licence or other official authorization for the import of the goods.

번역 **제B2조 허가, 승인, 보안수속 및 기타 절차.** 적용가능한 경우에는, 매수인은 반드시 매도인의 요청과 위험 및 비용부담으로 모든 수입허가 또는 물품의 수입을 위한 기타 공적인 승인을 취득하는데 따른 협조를 매도인에게 제공하여야 한다.

해설 DDP 규칙하에서는 매도인이 수출허가는 물론이고, 수입허가 또는 공적인 승인도 취득하여야 하기 때문에, 매수인은 매도인의 요청 시에는 매도인의 위험과 비용부담으로 이를 취득하는데 필요한 협조를 다하여야 한다.

B3 Contracts of carriage and insurance. a) Contract of carriage. The buyer has no obligation to the seller to make a contract of carriage.

b) Contract of insurance. The buyer has no obligation to the seller to make a contract of insurance. However, the buyer must provide the seller, upon request, with the necessary information for obtaining insurance.

번역 **제B3조 운송 및 보험계약.** a) **운송계약.** 매수인은 매도인에 대하여 운송계약을 체결할 아무런 의무도 부담하지 아니한다.

b) **보험계약.** 매수인은 매도인에 대하여 보험계약을 체결할 아무런 의무도 부담하지 아니한다. 그러나 매수인은 요청 시에는 반드시 보험을 취득하는데 필요한 정보를 매도인에게 제공하여야 한다.

해설 DDP 규칙하에서 매수인은 목적지나 지점까지 운송 및 보험계약을 체결할 의무가 없다. 다만 이 규칙하에서 매도인이 자신의 이익을 위하여 요청 시에는, 매수인은 보험을 취득하는데 필요한 정보를 제공하여야 한다.

B4 Taking delivery. The buyer must take delivery of the goods when they have been delivered as envisaged in A4.

번역 **제B4조 인도의 접수.** 매수인은 반드시 물품이 제A4조에 적시된 대로 인도된 때에 물품의 인도를 접수하여야 한다.

해설 DDP 규칙하에서 매수인은 합의된 시기와 목적지의 지점에서 물품이 매수인의 임의처분하에 적치되면 이를 수령할 의무가 있다. 따라서 매수인은 물품을 수령하지 아니하였다고 하여 대금지급의 의무가 면제되는 것은 아니다. 이때부터 물품의 멸실 또는 손상의 위험은 이미 매수인에게 이전된 것이며, 또 매수인은 그 불이행으로 인한 추가적인 비용을 지급하여야 한다.

B5 Transfer of risks. The buyer bears all risks of loss of or damage to the goods from the time they have been delivered as envisaged in A4.

If a) the buyer fails to fulfil its obligations in accordance with B2, then it bears all resulting risks of loss of or damage to the goods; or

b) the buyer fails to give notice in accordance with B7, then it bears all risks of loss of or damage to the goods from the agreed date or the expiry date of the agreed period for delivery,

provided that the goods have been clearly identified as the contract goods.

번역 **제B5조 위험의 이전.** 매수인은 물품이 제A4조에 적시된 대로 인도된 시간부터 물품의 멸실 또는 손상의 모든 위험을 부담하여야 한다.

a) 매수인이 제B2조에 따라 자신의 의무를 완수하지 아니한 경우에는, 이에 매수인은 물품의 멸실 또는 손상의 모든 결과적인 위험을 부담하여야 하며, 또는

b) 매수인이 제B7조에 따라 통지를 행하지 아니한 경우에는, 이에 매수인은 인도의 합의된 일자 또는 합의된 기간의 만기일자로부터 물품의 멸실 또는 손상

의 모든 위험을 부담하여야 한다.

다만 물품이 계약물품으로서 명확하게 특정되어 있어야 한다.

해설 DDP 규칙하에서 매수인은 지정된 목적지에서 물품이 자신의 임의처분하에 적치된 때부터 물품의 멸실 또는 손상의 모든 위험을 부담하여야 한다.

그러나 DDP 규칙하에서 매수인은 제B2조에 따른 수입수속의 협조의무를 완수하지 아니하여 야기된 물품의 멸실 또는 손상의 모든 결과적인 위험을 부담하여야 한다. 또 매수인은 제B7조에 따른 통지의무, 즉 인도접수의 시간과 지점 등에 대한 결정권이 주어졌을 때 이를 매도인에게 통지하지 아니하여 야기된 경우에는, 물품의 인도가 있기 전에 합의된 인도의 만기일자로부터 물품의 멸실 또는 손상의 모든 위험을 부담하여야 한다. 다만 당해 물품이 계약물품으로서 명확하게 특정되기까지는 위험은 이전하지 아니한다(CISG 제67조).

B6 Allocation of costs. The buyer must pay

a) all costs relating to the goods from the time they have been delivered as envisaged in A4;

b) all costs of unloading necessary to take delivery of the goods from the arriving means of transport at the named place of destination, unless such costs were for the seller's account under the contract of carriage; and

c) any additional costs incurred if it fails to fulfil its obligations in accordance with B2 or to give notice in accordance with B7, provided that the goods have been clearly identified as the contract goods.

번역 **제B6조 비용의 분담**. 매수인은 반드시 다음과 같은 비용을 지급하여야 한다.

a) 물품이 제A4조에 적시된 대로 인도된 시간부터 물품에 관련한 모든 비용,

b) 운송계약에 따라 매도인의 계산에 속한 것이 아닌 한, 지정된 목적장소에 도착하는 운송수단으로부터 물품의 인도를 접수하는데 필요한 모든 양하비용, 그리고

c) 매수인이 제B2조에 따라 자신의 의무를 완수하지 아니하거나 또는 제B7조

에 따라 통지를 행하지 아니한 경우에 발생된 모든 추가적인 비용. 다만 물품이 계약물품으로서 명확하게 특정되어 있어야 한다.

해설 ① DDP 규칙하에서 매수인은 목적지의 합의된 지점에서 물품이 자신의 임의처분하에 적치된 때부터 물품에 관한 모든 비용을 부담하여야 한다.

② DDP 규칙하에서 매수인은 운송계약에 포함되지 아니한 경우, 도착하는 운송수단으로부터의 양하비도 부담하여야 한다. 여기서 "양하비"라 함은 항구나 컨테이너 터미널 시설 내에서 물품의 취급경비(THC)를 포함한다(서문).

③ DDP 규칙하에서 매수인은 제B2조에 따른 수입수속 협조의무, 즉 매도인의 수입허가나 통관절차에 협조를 완수하지 아니하거나, 또는 제B7조에 따른 통지의무, 즉 인도접수의 시간과 지점 등에 대한 결정권이 주어졌을 때 이를 통지하지 아니한 경우에 매도인에 의하여 발생된 모든 추가적인 비용을 부담하여야 한다. 다만 물품이 계약물품으로서 명확하게 특정되어 있어야 한다.

다만 DDP 규칙하에서는 매도인이 수출 및 수입통관비와 인도 전의 제3국 통과비용을 모두 부담하기 때문에, 매수인은 이를 부담하지 아니하여도 된다.

B7 Notices to the seller. The buyer must, whenever it is entitled to determine the time within an agreed period and/or the point of taking delivery within the named place of destination, give the seller sufficient notice thereof.

번역 **제B7조 매도인에 대한 통지.** 매수인은 반드시 합의된 기간내의 시간 및/또는 지정된 목적장소내의 인도접수의 지점을 결정할 권한이 주어진 때에는, 항상 이에 관하여 매도인에게 충분한 통지를 행하여야 한다.

해설 DDP 규칙하에서 매수인은 지정된 목적지에서 인도접수의 시간과 지점의 결정권이 주어졌을 때에는, 매도인에게 이에 관한 충분한 통지를 하여야 한다. 기타 매수인의 통지의무에 관한 설명은 앞의 DAT와 같다.

B8 Proof of delivery. The buyer must accept the proof of delivery provided as envisaged in A8.

번역 **제B8조 인도의 증거.** 매수인은 반드시 제A8조에 적시된 대로 제공된 인도서류를 인수하여야 한다.

해설 DDP 규칙하에서 매수인은 제A8조에 적시된 대로 제공된 인도서류를 인수하여야 한다. 기타 매수인 서류인수에 관한 설명은 앞의 DAT와 같다.

B9 Inspection of goods. The buyer has no obligation to the seller to pay the costs of any mandatory pre-shipment inspection mandated by the authority of the country of export or of import.

번역 **제B9조 물품의 검사.** 매수인은 매도인에 대하여 수출 또는 수입국가의 당국에 의하여 강제된 모든 강제적인 선적전검사의 비용을 지급할 아무런 의무도 부담하지 아니한다.

해설 DDP 규칙하에서 매수인은 수출국가나 수입국가의 당국이 지정한 선적전검사(PSI)의 의무를 부담하지 아니한다. 왜냐하면 이 규칙하에서 매도인이 수출자 및 수입자로서, 모든 선적전검사의 비용을 지급하기 때문이다.

B10 Assistance with information and related costs. The buyer must, in a timely manner, advise the seller of any security information requirements so that the seller may comply with A10.

The buyer must reimburse the seller for all costs and charges incurred by the seller in providing or rendering assistance in obtaining documents and information as envisaged in A10.

The buyer must, where applicable, in a timely manner, provide to or render assistance in obtaining for the seller, at the seller's request, risk and expense, any documents and information, including security-related information, that the seller needs for the transport, export and import of the goods and for their transport through any country.

번역 **제B10조 정보의 협조 및 관련 비용.** 매수인은 반드시 매도인이 제A10조를 준수할 수 있도록 모든 보안정보요건에 관하여 매도인에게 시의적절한 방법으로 고지하여야 한다.

매수인은 반드시 제A10조에 적시된 대로 서류와 정보를 취득하는데 따른 협조를 제공하거나 공여하면서 매도인에 의하여 발생된 모든 비용과 경비를 매도인에게 보상하여야 한다.

매수인은 반드시 적용가능한 경우에는, 매도인의 요청과 위험 및 비용부담으로 매도인이 물품의 운송, 수출과 수입 및 어떠한 국가를 통과하는 물품운송에 필요한 보안관련 정보를 포함하여 모든 서류와 정보를 취득하는데 따른 협조를 매도인에게 시의적절한 방법으로 제공하거나 공여하여야 한다.

해설 DDP 규칙하에서는 매도인이 자신의 수출입통관과 제3국 통과를 제외하고, 반입운송을 위한 서류와 정보를 취득하는데 협조를 다하도록 하고 있으므로, 매수인은 이러한 매도인의 협조에 따른 모든 비용과 위험을 부담하여야 한다. 특히 인코텀즈® 2010 규칙하에서 매수인은 매도인의 제A10조 의무준수를 위한 보안정보요건을 시의적절한 방법으로 고지하여야 한다(서문).

또 DDP 규칙하에서 매수인은 매도인의 요청 시 매도인의 위험과 비용부담으로 물품의 반출운송과 수출입통관, 제3국 통과 등 수출입수속에 필요한 보안관련 정보를 포함하여 서류와 정보를 취득하는데 시의적절하게 협조하여야 한다. 기타 매수인의 정보협조와 관련비용에 관한 설명은 앞의 FCA와 같다.

RULES FOR SEA AND INLAND WATERWAY TRANSPORT (해상과 내수로운송용 규칙)

1. FAS : FREE ALONGSIDE SHIP(선측인도)

FAS (insert named port of shipment) Incoterms® 2010
(FAS [지정선적항구 삽입] 인코텀즈® 2010)

GUIDANCE NOTE(안내문)

This rule is to be used only for sea or inland waterway transport.

"Free Alongside Ship" means that the seller delivers when the goods are placed alongside the vessel (e.g., on a quay or a barge) nominated by the buyer at the named port of shipment. The risk of loss of or damage to the goods passes when the goods are alongside the ship, and the buyer bears all costs from that moment onwards.

The parties are well advised to specify as clearly as possible the loading point at the named port of shipment, as the costs and risks to that point are for the account of the seller and these costs and associated handling charges may vary according to the practice of the port.

The seller is required either to deliver the goods alongside the ship or to procure goods already so delivered for shipment. The reference to "procure" here caters for multiple sales down a chain ('string sales'), particularly common in the commodity trades.

Where the goods are in containers, it is typical for the seller to hand the goods over to the carrier at a terminal and not alongside the vessel.

In such situations, the FAS rule would be inappropriate, and the FCA rule should be used.

FAS requires the seller to clear the goods for export, where applicable. However, the seller has no obligation to clear the goods for import, pay any import duty or carry out any import customs formalities.

번역 이 규칙은 해상 또는 내수로 운송에만 사용하여야 한다.

"선측인도"(free alongside ship)라 함은 물품이 지정된 선적항구에서 매수인에 의하여 지명된 본선의 선측(예컨대 부두 또는 바지선상)에 적치된 때에 매도인이 인도하는 것을 말한다. 물품의 멸실 또는 손상의 위험은 물품이 선박의 선측에 적치된 때에 넘어가며, 또 매수인은 당해 순간부터 이후의 모든 비용을 부담한다.

당사자들은 지정된 선적항구의 적재지점을 가능한 한 명확하게 명시하는 것이 아주 바람직하다. 왜냐하면 당해 지점까지의 비용과 위험이 매도인의 계산에 속하며, 또 이들 비용 및 부수된 취급경비가 항구의 관례에 따라 변경될 수 있기 때문이다.

매도인은 선박의 선측에 물품을 인도하거나 또는 이미 선적을 위하여 그렇게 인도된 물품을 조달하는 것이 요구된다. 여기서 "조달"(procure)이란 언급은 특히 상품무역에서 보편적인 일련의 다중매매('연계매매')를 대비한 것이다.

물품이 컨테이너에 적재된 경우에는, 본선의 선측이 아닌 터미널에서 매도인이 운송인에게 물품을 인계하는 것이 전형적이다. 그러한 경우에는, FAS 규칙은 부적절할 것이며, 또 FCA 규칙을 사용하여야 한다.

FAS는 적용가능한 경우에는 매도인이 물품의 수출수속을 하도록 요구한다. 그러나 매도인은 물품의 수입수속을 하거나, 어떠한 수입관세를 지급하거나 또는 어떠한 수입통관절차를 이행할 아무런 의무도 부담하지 아니한다.

해설 1. [FAS의 정의] "FAS"(선측인도)라 함은 매도인이 물품의 수출수속을 이행하여 선적항에서 본선의 선측(부두 또는 바지선상)에 인도하는 거래조건을 말한다.[29] 따라서 물품이 선적항의 본선 선측에서 인도된 때부터 물품에 대한 모든 비용과 멸실 또는 손상의 위험은 매수인이 부담하여야 한다.

여기서 "본선의 선측"(alongside the vessel)이라 함은 본선이 부두에 접안하고 있든 외항에 정박하고 있든 이를 불문하고 본선이 상용하는 양하기(winch), 양하구(tackle), 기타의 선적용구가 도달할 수 있는 장소를 말하므로, 이러한 의미의 선측은 물품인도의 이행장소가 되고 당사자간의 책임분기점이 된다.

그러나 물품이 부두상에 적치되었더라도 본선의 선적용구가 도달하지 못하는 곳에 있거나 또는 본선의 도착 전에 인도된 때에는 매도인은 그 책임을 다하였다고 볼 수 없다. 또 본선이 외항에 정박하고 있을 때에는 매도인은 해안에서 본선이 있는 곳까지의 부선료(lighterage)를 부담하여야 한다.

FAS는 FOB나 CIF 규칙과 함께 해상운송 또는 내수로운송에만 사용할 수 있다. 이 규칙은 일반화물의 거래시보다는 본선에 적재하는데 비용이 많이 드는 원목, 원면, 곡물 등의 대량화물(bulky cargo)의 거래에 주로 사용된다. 특히 FAS는 매도인이 물품의 수출수속을 이행하여야 하므로, 매수인에 의한 수출수속을 원하는 경우에는 매매계약상에서 이를 명확히 하여야 한다.

2. [FAS의 배경] FAS, FOB, CIF 등의 해상매매조건은 영국에서 유래되었으며, 이는 세계 여러 국가의 상관습과 인코텀즈의 발전에 영향을 주었다. 지금도 영국과 미국은 인코텀즈 규칙만큼이나 전통관습을 중시하고 있다.

① 영국계 FAS는 인코텀즈의 FAS와 본질적으로 같다. 따라서 선적항의 부두사용료(dock dues), 사정에 따라 본선이 외항에 정박하고 있는 경우에 본선의 선측까지 부선료(lighterage)를 지급하는 것은 매도인의 부담에 속한다. 다만 "free on lighter" 조건으로 계약을 체결한 경우에는, 매도인이 부선료를 부담하지 아니한다. 또 선박에 대한 항만세(port rates)는 매수인이 부담하는 것이 원칙이다. 그러나 항만세의 부과는 항구의 관습에 따라 다르기 때문에, 계약시 "FAS London (excluding port rates)" 등의 뜻을 분명히 하여야 한다. 반면에 영국계 FAS 하에서 수출수속은 매도인이 이행하여야 한다.[30]

② 미국계 FAS는 개정미국외국무역정의(1990) 제3장과 통일상법전(1952) 제

29) Jan Ramberg, *ICC Guide to Incoterms® 2010*, Publication No. 720E, 2011, p. 161.
30) Carole Murray et al., *Schmitthoff's Export Trade*, Sweet & Maxwell, 2007, p. 15.

2-319조 2항에 규정되어 있다. 매도인은 항해선박의 선측에서 선박의 선적용구가 도달할 수 있는 범위내에 물품을 적치하고 이를 입증하는 무고장의 부두수령증(dock receipt)을 제공하여야 한다. 반면에 매수인은 부두에서의 체선료(demurrage)와 창고료(storage), 목적항까지의 운송 및 보험계약을 체결하고 수출수속을 이행하여야 한다. 이러한 관습은 인코텀즈의 FAS와 다르다.

3. **[위험 · 비용부담의 분기점]** 인코텀즈의 FAS 규칙하에서 물품에 대한 모든 위험과 비용부담의 분기점(critical point)은 물품이 합의된 시기에 선적항의 지정된 적재장소에서 본선의 선측(부두 또는 바지선상)에 적치된 때이다.

매도인은 이때까지의 물품에 대한 모든 위험과 비용을 부담하여야 한다.[31] 즉, 매도인은 물품의 제조원가와 포장 · 제품점검비용을 비롯하여 선적항까지의 반출운송비(pre-carriage), 항구세(port dues), 부두사용료(wharfage), 부두인부임(stevedorage), 창고료(storage), 본선 선측까지의 운반료(porterage), 부선료(lighterage) 등을 부담하고, 특히 매도인은 수출수속을 이행하여야 한다.

반면 매수인은 물품이 본선의 선측에 적치된 이후의 모든 위험과 비용, 예컨대 선적전검사비(PSI), 본선적재비(loading costs), 창내적부 · 정돈비(stowage and trimming charges), 해상의 운임(freight)과 보험료(insurance premium), 목적항에서의 양륙비(unloading costs), 수입통관비 등을 부담하여야 한다.

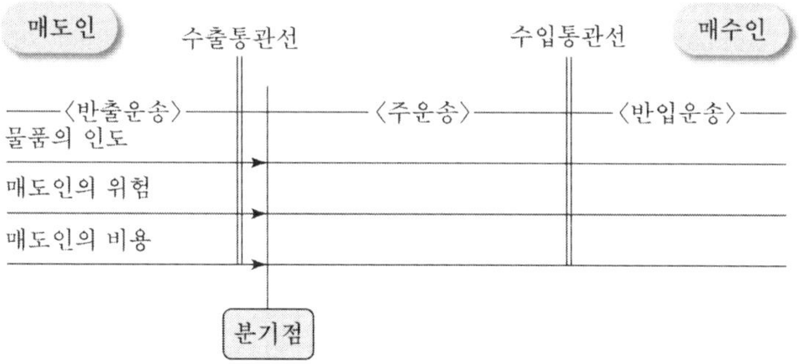

4. **[매매당사자의 주요의무]** FAS 규칙하에서 매도인은 ① 매매계약에 일치하

31) M. Bridge, *Benjamin's Sale of Goods*, 8th ed., Sweet & Maxwell, 2010, p.1819.

는 물품을 선적항의 본선 선측에서 인도하여야 하고, ② 계약에 일치함을 입증하는 상업송장, 포장명세서, 검사증명서를 비롯하여 무고장 선측인도를 증명할 수 있는 부두수령증(dock's receipt), 본선수령증(mate's receipt) 또는 이와 동등한 전자기록을 제공하여야 하고, ③ 자신의 위험과 비용부담으로 수출허가와 기타 공적인 승인을 취득하고 수출통관절차를 이행하여야 한다.

또 매도인은 ④ 매수인의 요청과 비용 및 위험부담으로 영사송장, 원산지증명서 등 수입 또는 제3국으로의 통과에 필요한 통관서류와 유통성 선화증권, 비유통성 해상화물운송장 등의 운송서류를 취득하는데 협조하여야 한다.

반면 FAS 규칙하에서 매수인은 ① 자신의 위험과 비용부담으로 수입허가, 수입통관 및 기타 공적인 승인을 취득하고 적용가능한 경우 제3국으로의 통과에 요구되는 통관절차를 이행하여야 하고, ② 자신의 비용부담으로 목적항까지 물품의 운송계약을 체결하고 선박명, 적재장소 및 시기를 통지하여야 하고, ③ 매도인에 대한 통지불이행, 선박의 입항지연이나 물품의 수령불이행 등이 있을 경우 합의된 인도기일로부터 모든 위험과 비용을 지급하여야 한다.

A THE SELLER'S OBLIGATIONS(매도인의 의무)

A1 General obligations of the seller. The seller must provide the goods and the commercial invoice in conformity with the contract of sale and any other evidence of conformity that may be required by the contract.

Any document referred to in A1-A10 may be an equivalent electronic record or procedure if agreed between the parties or customary.

번역 **제A1조 매도인의 일반적 의무.** 매도인은 반드시 매매계약에 일치하는 물품과 상업송장 및 계약에 의하여 요구될 수 있는 기타 모든 일치의 증명서류를 제공하여야 한다.

제A1조 내지 제A10조에 언급된 모든 서류는 당사자간에 합의되었거나 관습적인 경우에는 이와 동등한 전자기록 또는 처리방법으로 할 수 있다.

해설 FAS 규칙하에서 매도인은 매매계약에 일치하는 물품과 상업송장을 제공하여야 하며, 또 매도인은 계약에 일치하는 다른 증명서류가 계약상에 요구된 경우 이를 제공하여야 한다. 이하 모든 서류는 당사자간의 합의 또는 관습에 따라 전자기록이나 처리방법으로 대체할 수 있다. 기타 매도인의 일반적인 의무에 관한 상세한 설명은 앞의 EXW 규칙 제A1조에서와 같다.

A2 Licences, authorizations, security clearances and other formalities. Where applicable, the seller must obtain, at its own risk and expense, any export licence or other official authorization and carry out all customs formalities necessary for the export of the goods.

번역 **제A2조 허가, 승인, 보안수속 및 기타 절차.** 적용가능한 경우에는, 매도인은 반드시 자신의 위험과 비용부담으로 모든 수출허가 또는 기타 공적인 승인을 취득하여야 하며, 또 물품의 수출에 필요한 모든 통관절차를 이행하여야 한다.

해설 EXW를 제외하고, FAS를 비롯한 모든 규칙하에서 물품의 수출수속은 매도인이 이를 이행하고 그 위험과 비용을 부담하여야 한다. 따라서 정부의 수출금지, 수출품에 대한 특별조세, 기타 예상보다 과대한 정부요건이 부과될 경우에는, 이에 대한 모든 위험과 비용을 매도인이 부담하여야 한다. 기타 이 규칙하에서 매도인의 수출수속에 관한 설명은 앞의 FCA와 같다.

A3 Contracts of carriage and insurance. a) Contract of carriage. The seller has no obligation to the buyer to make a contract of carriage. However, if requested by the buyer or if it is commercial practice and the buyer does not give an instruction to the contrary in due time, the seller may contract for carriage on usual terms at the buyer's risk and expense. In either case, the seller may decline to make the contract of carriage and, if it does, shall promptly notify the buyer.

b) Contract of insurance. The seller has no obligation to the buyer to make a contract of insurance. However, the seller must provide the buyer, at the buyer's request, risk, and expense (if any), with information that the buyer needs for obtaining insurance.

번역 **제A3조 운송 및 보험계약.** a) **운송계약.** 매도인은 매수인에 대하여 운송계약을 체결할 아무런 의무도 부담하지 아니한다. 그러나 매수인이 요청한 경우 또는 상업적인 관례가 있고 매수인이 적기에 그 반대의 지시를 하지 아니한 경우에는, 매도인은 매수인의 위험과 비용부담으로 통상적인 조건의 운송계약을 체결할 수 있다. 이중의 어느 경우에서도, 매도인은 운송계약의 체결을 거절할 수 있으며, 또 그러한 경우에는 매수인에게 즉시 통지하여야 한다.

b) **보험계약.** 매도인은 매수인에 대하여 보험계약을 체결할 아무런 의무도 부담하지 아니한다. 그러나 매도인은 반드시 매수인의 요청과 위험 및 비용부담(있는 경우)으로 매수인이 보험을 취득하는데 필요한 정보를 매수인에게 제공하여야 한다.

해설 FAS 규칙하에서 매도인은 선적항의 지명된 선박의 선측에서 물품을 인도할 뿐이기 때문에, 목적항까지 운송계약을 체결할 의무가 없다. 다만 매도인은 매수인의 요청 시에는 매수인의 위험과 비용부담으로 목적항까지 통상적인 조건(usual terms)의 운송계약을 체결해 주는 것이 일반적이다.

또 당사자들 사이에 매도인이 목적항까지 운송계약을 추가로 체결해 주는 상관습이 있는 경우에는, FAS 규칙하에서도 매도인은 매수인이 반대의 지시를 하지 아니하는 한 이러한 운송계약을 채결할 수 있다.

이러한 상관습이 있는 경우에는 매수인은 자신이 보다 유리하게 운송계약을 체결할 수 있거나 이를 체결하여야 할 다른 이유가 있다면, FAS 규칙에 따른 매매계약을 체결할 때 그 취지를 매도인에게 미리 통지하여야 한다. 반대로 매도인은 운송계약에 관한 매수인의 요청이나 상관습을 따를 수 없는 어떠한 이유가 있을 경우에는, 그 취지를 매수인에게 즉시 통지하여야 한다.

그러나 FAS 규칙하에서 매도인은 지정된 선적항까지 이르는 내륙구간의 운송계약을 체결하고 반출운송비(pre-carriage)를 스스로 부담하여야 한다.

한편 FAS 규칙하에서 매도인은 목적항까지 보험계약을 체결할 의무를 부담하지 아니한다. 다만 매도인은 매수인의 요청 시에는 매수인의 위험과 비용부담으로 보험을 취득하는데 필요한 정보를 매수인에게 제공하여야 한다.

A4 Delivery. The seller must deliver the goods either by placing them alongside the ship nominated by the buyer at the loading point, if any, indicated by the buyer at the named port of shipment or by procuring the goods so delivered. In either case, the seller must deliver the goods on the agreed date or within the agreed period and in the manner customary at the port.

If no specific loading point has been indicated by the buyer, the seller may select the point within the named port of shipment that best suits its purpose. If the parties have agreed that delivery should take place within a period, the buyer has the option to choose the date within that period.

번역 **제A4조 인도.** 매도인은 반드시 지정된 선적항구 중 매수인에 의하여 명시된 적재지점(있는 경우)에서 매수인에 의하여 지명된 선박의 선측에 물품을 적치하는 행위 또는 그렇게 인도된 물품을 조달하는 행위로 이를 인도하여야 한다. 이중의 어느 경우에도, 매도인은 반드시 합의된 일자 또는 합의된 기간내에 항구의 관습적인 방법에 따라 물품을 인도하여야 한다.

특정한 적재지점이 매수인에 의하여 전혀 명시되지 아니한 경우에는, 매도인은 지정된 선적항내에서 자신의 목적에 가장 적합한 지점을 선정할 수 있다. 당사자간에 인도가 어느 기간내에 이루어져야 하는 것으로 합의된 경우에는, 당해기간내의 일자를 정하는 선택권은 매수인이 갖는다.

해설 FAS 규칙하에서 매도인은 합의된 시기에 선적항의 관습적인 방법에 따라 매수인에 의하여 명시된 적재지점에서 선박의 선측에 물품을 적치하여야 한다. 또 화물이 운송 중에 여러 번 매각되는 연계매매의 경우에도, 매도인은 선적된 물품을 조달하여 자신의 인도의무를 완성할 수 있다(서문).

또 FAS 규칙하에서 매수인에 의한 적재지점이 명시되지 아니한 경우에는, 매도인이 선적항내의 지점을 선정할 수 있으며, 또 당사자간에 인도시기가 기간으로 합의된 경우에는, 기간내의 일자에 대한 선택권은 매수인이 갖는다. 기타 이 규칙하에서 매도인의 인도의무에 관한 설명은 뒤의 FOB와 같다.

A5 Transfer of risks. The seller bears all risks of loss of or damage to the goods until they have been delivered in accordance with A4 with the exception of loss or damage in the circumstances described in B5.

번역 **제A5조 위험의 이전.** 매도인은 제B5조에 기술된 사정에서의 멸실 또는 손상을 제외하고, 물품이 제A4조에 따라 인도된 때까지 물품의 멸실 또는 손상의 모든 위험을 부담하여야 한다.

해설 FAS 규칙하에서는 매도인이 합의된 시기에 선적항의 본선 선측에 물품을 적치하거나 그렇게 인도된 물품을 조달한 때에 물품의 멸실 또는 손상의 모든 위험도 매수인에게 이전한다. 즉, 매도인은 이 때까지의 위험만 부담하면 된다. 기타 이 규칙하에서 위험이전에 관한 설명은 뒤의 FOB와 같다.

A6 Allocation of costs. The seller must pay

a) all costs relating to the goods until they have been delivered in accordance with A4, other than those payable by the buyer as envisaged in B6; and

b) where applicable, the costs of customs formalities necessary for export as well as all duties, taxes and other charges payable upon export.

번역 **제A6조 비용의 분담.** 매도인은 반드시 다음과 같은 비용을 지급하여야 한다.

a) 제B6조에 적시된 대로 매수인에 의하여 지급되는 비용을 제외하고, 물품이 제A4조에 따라 인도된 때까지 물품에 관련한 모든 비용, 그리고

b) 적용가능한 경우에는, 수출에 필요한 통관절차의 비용뿐만 아니라, 수출시에 지급되는 모든 관세, 조세 및 기타 경비.

해설 ① FAS 규칙하에서 매도인은 계약에 합의된 대로 매수인에 의하여 지급되는 비용을 제외하고, 선적항의 본선 선측에 물품을 적치하거나 그렇게 인도된 물품을 조달한 때까지 물품에 관한 모든 비용을 부담하여야 한다.

② FAS 규칙하에서 매도인은 수출통관절차의 비용과 이에 따른 모든 관세, 조세 및 기타 수출국가 당국의 공적인 경비(charges)를 부담하여야 한다.

A7 Notices to the buyer. The seller must, at the buyer's risk and expense, give the buyer sufficient notice either that the goods have been delivered in accordance with A4 or that the vessel has failed to take the goods within the time agreed.

번역 **제A7조 매수인에 대한 통지.** 매도인은 반드시 매수인의 위험과 비용부담으로 물품이 제A4조에 따라 인도되었다는 사실 또는 본선이 합의된 기간내에 물품을 접수하지 아니하였다는 사실에 관하여 매수인에게 충분한 통지를 행하여야 한다.

해설 FAS 규칙하에서 매도인은 지정된 선적항에서 매수인에 의하여 지명된 선박의 선측에 물품을 적치하거나 그렇게 인도된 물품을 조달한 사실을 충분히 통지하여야 한다. 반대로 이 규칙하에서 매도인은 본선이 기한내에 물품을 접수하지 아니한 경우에는, 그 사실도 즉시 통지하여야 한다.

다만 FAS 규칙하에서 매도인의 통지의무는 매수인의 위험과 비용부담으로 한다. 기타 매도인의 통지의무에 관한 설명은 뒤의 FOB와 같다.

A8 Delivery document. The seller must provide the buyer, at the seller's expense, with the usual proof that the goods have been delivered in accordance with A4.

Unless such proof is a transport document, the seller must provide assistance to the buyer, at the buyer's request, risk and expense, in obtaining a transport document.

번역 **제A8조 인도서류.** 매도인은 반드시 자신의 비용부담으로 물품이 제A4조에 따라 인도되었다는 통상적인 증거를 매수인에게 제공하여야 한다.

그러한 증거가 운송서류가 아닌 한, 매도인은 반드시 매수인의 요청과 위험 및 비용부담으로 운송서류를 취득하는데 따른 협조를 매수인에게 제공하여야 한다.

해설 FAS 규칙하에서 매도인이 본선의 선측에 물품을 인도하면, 운송인은 매도인에게 통상적으로 운송서류화 되는 물품수령증을 교부한다. 운송서류는 운송계약의 증거일 뿐만 아니라, 운송인에 대한 물품인도의 증거가 된다.

만약 FAS 규칙하에서 매도인이 운송서류가 아닌 물품수령증을 받은 경우에는, 매도인은 매수인의 요청 시에는 매수인의 위험과 비용부담으로 운송서류(선화증권, 비유통성 해상화물운송장 등)를 취득하는데 따른 협조를 다하여야 한다. 기타 이 규칙하에서 인도서류에 관한 설명은 뒤의 FOB와 같다.

A9 Checking - packaging - marking. The seller must pay the costs of those checking operations (such as checking quality, measuring, weighing, counting) that are necessary for the purpose of delivering the goods in accordance with A4, as well as the costs of any pre-shipment inspection mandated by the authority of the country of export.

The seller must, at its own expense, package the goods, unless it is usual for the particular trade to transport the type of goods sold unpackaged. The seller may package the goods in the manner appropriate for their transport, unless the buyer has notified the seller of specific packaging requirements before the contract of sale is concluded. Packaging is to be marked appropriately.

번역 **제A9조 점검 · 포장 · 화인.** 매도인은 반드시 제A4조에 따라 물품을 인도하기 위하여 필요한 물품점검업무(품질, 용적, 중량, 수량점검 등)의 비용뿐만 아니라, 수출국가의 당국에 의하여 강제된 모든 선적전검사의 비용을 지급하여야 한다.

특정무역거래에서 매각된 종류의 물품을 무포장으로 운송하는 것이 통상적이지 아니하는 한, 매도인은 반드시 자신의 비용부담으로 물품을 포장하여야 한다. 매수인이 매매계약의 체결 이전에 매도인에게 특정한 포장요건을 통지하지 않은 한, 매도인은 물품운송에 적절한 방법으로 이를 포장할 수 있다. 포장에는 적절한 화인이 있어야 한다.

해설 FAS 규칙하에서 매도인은 물품상태(품질 · 용적 · 중량 · 수량 등)에 관한 점검과 수출국가의 당국이 지정한 선적전검사의 비용을 지급하여야 한다.

또 FAS 규칙하에서 무포장운송이 통상적이지 않은 한, 매도인은 자신의 비용부담으로 물품을 포장하여야 하고, 포장에는 적절한 화인이 있어야 한다. 기타 이 규칙하에서 점검 · 포장 · 화인의무에 관한 설명은 앞의 FCA와 같다.

A10 Assistance with infomation and related costs. The seller must, where applicable, in a timely manner, provide to or render assistance in obtaining for the buyer, at the buyer's request, risk and expense, any documents and information, including security-related information, that the buyer needs for the import of the goods and/or for their transport to the final destination.

The seller must reimburse the buyer for all costs and charges incurred by the buyer in providing or rendering assistance in obtaining documents and information as envisaged in B10.

번역 **제A10조 정보의 협조 및 관련 비용.** 매도인은 반드시 적용가능한 경우에는, 매수인의 요청과 위험 및 비용부담으로 매수인이 물품의 수입 및/또는 최종목적지까지의 물품운송에 필요한 보안관련 정보를 포함하여 모든 서류와 정보를 취득하는데 따른 협조를 매수인에게 시의적절한 방법으로 제공하거나 공여하여야 한다.

매도인은 반드시 제B10조에 적시된 대로 서류와 정보를 취득하는데 따른 협조를 제공하거나 공여하면서 매수인에 의하여 발생된 모든 비용과 경비를 매수인에게 보상하여야 한다.

해설 FAS 규칙하에서 매도인은 매수인의 요청 시에는 매수인의 위험과 비용부담으로 선적 후의 제3국 통과와 수입통관, 반입운송 등 수입수속에 필요한 보안관련 정보를 포함하여 모든 서류와 정보 또는 이와 동등한 전자기록이나 처리방법 등을 취득하는데 시의적절한 방법으로 협조를 다하여야 한다.

또 FAS 규칙하에서 매도인은 제B10조에 적시된 대로 서류와 정보를 취득하기 위한 매수인의 협조에 소요된 모든 비용과 위험을 부담하여야 한다. 기타 매도인의 정보협조와 관련 비용에 관한 설명은 앞의 FCA와 같다.

B THE BUYER'S OBLIGATIONS(매수인의 의무)

B1 General obligations of the buyer. The buyer must pay the price of the goods as provided in the contract of sale.

Any document referred to in B1-B10 may be an equivalent electronic record or procedure if agreed between the parties or customary.

번역 **제B1조 매수인의 일반적 의무.** 매수인은 반드시 매매계약에 약정된 대로 물품의 대금을 지급하여야 한다.

제B1조 내지 제B10조에 언급된 모든 서류는 당사자간에 합의되었거나 관습적인 경우에는 이와 동등한 전자기록 또는 처리방법으로 할 수 있다.

해설 FAS 규칙하에서 매도인이 계약에 일치하는 물품과 상업송장 및 기타 증명서류를 제공하면, 이에 매수인은 매매계약에 합의된 시기와 방법 및 금액으로 물품의 대금을 지급하여야 한다. 이하 모든 서류는 당사자간의 합의 또는 관습에 따라 전자기록이나 처리방법으로 대체할 수 있다. 기타 매수인의 일반적인 의무에 관한 상세한 설명은 앞의 EXW 규칙 제B1조에서와 같다.

B2 Licences, authorizations, security clearances and other formalities. Where applicable, it is up to the buyer to obtain, at its own risk and expense, any import licence or other official authorization and carry out all customs formalities for the import of the goods and for their transport through any country.

번역 **제B2조 허가, 승인, 보안수속 및 기타 절차.** 적용가능한 경우에는, 매수인 자신의 위험과 비용부담으로 모든 수입허가 또는 기타 공적인 승인을 취득하여야 하는 것과 물품의 수입 및 어떠한 국가를 통과하는 운송을 위한 모든 통관절차를 이행하여야 하는 것은 매수인의 책임에 속한다.

해설 FAS 규칙하에서 물품의 수입허가나 기타 공적인 승인의 취득, 물품의 수입과 선적 후의 제3국 통과를 위한 모든 통관절차는 매수인이 이행하여야 한다. 기타 매수인의 수입수속에 관한 설명은 앞의 FCA와 같다.

B3 Contracts of carriage and insurance. a) Contract of carriage. The buyer must contract, at its own expense for the carriage of the goods from the named port of shipment, except where the contract of carriage is made by the seller as provided for in A3 a).

b) Contract of insurance. The buyer has no obligation to the seller to make a contract of insurance.

번역 **제B3조 운송 및 보험계약.** a) **운송계약.** 매수인은 반드시 운송계약이 제A3조 a항에 규정된 대로 매도인에 의하여 체결된 경우를 제외하고, 자신의 비용부담으로 지정된 선적항으로부터 물품의 운송계약을 체결하여야 한다.

b) **보험계약.** 매수인은 매도인에 대하여 보험계약을 체결할 아무런 의무도 부담하지 아니한다.

해설 FAS 규칙하에서 매수인은 지정된 선적항으로부터 목적항까지 운송계약을 체결하고 운임(freight)을 지급할 의무가 있다. 비록 매도인이 매수인의 요청이나 상관습에 따라 추가적인 서비스로 목적항까지 운송계약을 체결하더라도, 이는 매수인의 위험과 비용부담으로 행하는 것이다.

한편 FAS 규칙하에서 매수인은 매도인에 대하여 목적항까지 보험계약을 체결할 의무가 없다. 그렇다고 하여 이것은 매수인 자신의 이익을 위하여도 당해 직무를 이행할 필요가 없음을 의미하지 아니한다. 특히 이 규칙하에서는 매도인도 보험계약을 체결할 의무가 없기 때문에, 매수인은 자신의 이익을 위하여는 매도인에게 보험에 필요한 정보를 요청하여 이를 취득할 필요가 있다.

B4 Taking delivery. The buyer must take delivery of the goods when they have been delivered as envisaged in A4.

번역 **제B4조 인도의 접수.** 매수인은 반드시 물품이 제A4조에 적시된 대로 인도된 때에 물품의 인도를 접수하여야 한다.

해설 FAS 규칙하에서 매수인은 선적항의 본선 선측에 물품이 적치되거나 그렇게 인도된 물품이 조달되면 이를 수령할 의무가 있다. 따라서 매수인은 물품을 수령하지 아니하였다고 하여 대금지급의 의무가 면제되는 것은 아니다. 이 때부터 물품의 멸실 또는 손상의 위험은 이미 매수인에게 이전된 것이며, 또 매수인은 그 불이행으로 인한 추가적인 비용을 지급하여야 한다.

B5 Transfer of risks. The buyer bears all risks of loss of or damage to the goods from the time they have been delivered as envisaged in A4.

If a) the buyer fails to give notice in accordance with B7; or

b) the vessel nominated by the buyer fails to arrive on time, or fails to take the goods or closes for cargo earlier than the time notified in accordance with B7;

then the buyer bears all risks of loss of or damage to the goods from the agreed date or the expiry date of the agreed period for delivery, provided that the goods have been clearly identified as the contract goods.

번역 **제B5조 위험의 이전.** 매수인은 물품이 제A4조에 적시된 대로 인도된 시간부터 물품의 멸실 또는 손상의 모든 위험을 부담하여야 한다.

a) 매수인이 제B7조에 따라 통지를 행하지 아니한 경우, 또는

b) 매수인에 의하여 지명된 본선이 적기에 도착하지 아니하거나 또는 물품을 접수하지 아니한 경우, 또는 제B7조에 따라 통지된 시간보다 조기에 화물을 마감한 경우에는,

이에 매수인은 인도의 합의된 일자 또는 합의된 기간의 만기일자로부터 물품의 멸실 또는 손상의 모든 위험을 부담하여야 한다. 다만 물품이 계약물품으로서 명확하게 특정되어 있어야 한다.

해설 FAS 규칙하에서 매수인은 선적항의 본선 선측에 물품이 적치되거나 그렇게 인도된 물품이 조달된 때부터 물품의 멸실 또는 손상의 모든 위험을 부담하여야 한다. 기타 매수인의 위험부담에 관한 설명은 뒤의 FOB와 같다.

B6 Allocation of costs. The buyer must pay

a) all costs relating to the goods from the time they have been delivered as envisaged in A4, except, where applicable, the costs of customs formalities necessary for export as well as all duties, taxes, and other charges payable upon export as referred to in A6 b);

b) any additional costs incurred, either because :

(i) the buyer has failed to give appropriate notice in accordance with B7, or

(ii) the vessel nominated by the buyer fails to arrive on time, is unable to take the goods, or closes for cargo earlier than the time notified in accordance with B7,

provided that the goods have been clearly identified as the contract goods; and

c) where applicable, all duties, taxes and other charges, as well as the costs of carrying out customs formalities payable upon import of the goods and the costs for their transport through any country.

번역 **제B6조 비용의 분담.** 매수인은 반드시 다음과 같은 비용을 지급하여야 한다.

a) 물품이 제A4조에 적시된 대로 인도된 시간부터 물품에 관련한 모든 비용. 다만 적용가능한 경우에는, 수출에 필요한 통관절차의 비용뿐만 아니라, 제A6조 b항에 언급된 대로 수출시에 지급되는 모든 관세, 조세 및 기타 경비는 제외한다.

b) 다음과 같은 원인으로 발생된 모든 추가적인 비용.

(i) 매수인이 제B7조에 따라 적절한 통지를 행하지 아니한 경우, 또는

(ii) 매수인에 의하여 지명된 본선이 적기에 도착하지 아니하거나, 물품을 접수할 수 없거나, 또는 제B7조에 따라 통지된 시간보다 조기에 화물을 마감한 경우,

다만 물품이 계약물품으로서 명확하게 특정되어 있어야 한다. 그리고

c) 적용가능한 경우에는, 물품의 수입시에 지급되는 모든 관세, 조세 및 기타 경비뿐만 아니라, 통관절차를 이행하는 비용 및 어떠한 국가를 통과하는 운송비용.

해설 ① FAS 규칙하에서 매수인은 선적항의 본선 선측에 물품이 적치되거나 그렇게 인도된 물품이 조달된 때부터 물품에 관한 모든 비용을 부담하여야 한다. 다만 수출통관비와 수출시의 관세, 조세 및 기타 경비는 제외한다.

② FAS 규칙하에서 매수인은 제B7조에 따른 통지의무, 즉 선박명·적재지점·인도시간 등을 통지하지 아니하거나, 또는 지명된 선박이 적기에 도착하지 아니하거나 물품을 수령할 수 없거나 또는 제B7조에 따라 통지된 시간보다 조기에 화물을 마감함으로써 발생된 모든 추가적인 비용을 부담하여야 한다. 다만 당해 물품이 계약물품으로서 명확하게 특정되어 있어야 한다.

③ FAS 규칙하에서 매수인은 수입시에 지급되는 모든 관세, 조세와 기타 경비, 수입통관절차의 비용 및 선적 후의 제3국 통과비용도 부담하여야 한다.

B7 Notices to the seller. The buyer must give the seller sufficient notice of the vessel name, loading point and, where necessary, the selected delivery time within the agreed period.

번역 **제B7조 매도인에 대한 통지.** 매수인은 반드시 본선의 명칭, 적재지점 및 필요한 경우에는 합의된 기간내의 선정된 인도시간에 관하여 매도인에게 충분한 통지를 행하여야 한다.

해설 FAS 규칙하에서 매수인은 본선의 명칭, 적재지점, 인도시간 등의 결정권이 주어졌을 때에는, 매도인에게 이에 관한 충분한 통지를 하여야 한다. 기타 이 규칙하에서 매수인의 통지의무에 관한 설명은 뒤의 FOB와 같다.

B8 Proof of delivery. The buyer must accept the proof of delivery provided as envisaged in A8.

번역 **제B8조 인도의 증거.** 매수인은 반드시 제A8조에 적시된 대로 제공된 인도의 증거를 인수하여야 한다.

해설 FAS 규칙하에서 매도인이 인도서류를 제공하면, 매수인은 서류가 제A8조에 적시된 대로 정당한 인도의 증거서류인 한 이를 인수하여야 한다. 기타 이 규칙하에서 매수인의 서류인수에 관한 설명은 뒤의 FOB와 같다.

B9 Inspection of goods. The buyer must pay the costs of any mandatory pre-shipment inspection, except when such inspection is mandated by the authorities of the country of export.

번역 **제B9조 물품의 검사.** 매수인은 반드시 수출국가의 당국에 의하여 강제된 그러한 검사의 경우를 제외하고, 모든 강제적인 선적전검사의 비용을 지급하여야 한다.

해설 FAS 규칙하에서 매수인은 수출국가의 당국이 지정한 선적전검사를 제외하고, 모든 선적전검사(PSI)에 관한 의무를 부담하여야 한다. 기타 이 규칙하에서 매수인의 선적전검사의무에 관한 설명은 앞의 FCA와 같다.

B10 Assistance with information and related costs. The buyer must, in a timely manner, advise the seller of any security information requirements so that the seller may comply with A10.

The buyer must reimburse the seller for all costs and charges incurred by the seller in providing or rendering assistance in obtaining documents and information as envisaged in A10.

The buyer must, where applicable, in a timely manner, provide to or render assistance in obtaining for the seller, at the seller's request, risk and expense, any documents and information, including security-related information, that the seller needs for the transport and export of the goods and for their transport through any country.

번역 **제B10조 정보의 협조 및 관련 비용.** 매수인은 반드시 매도인이 제A10조를 준수할 수 있도록 모든 보안정보요건에 관하여 매도인에게 시의적절한 방법으로 고지하여야 한다.

매수인은 반드시 제A10조에 적시된 대로 서류와 정보를 취득하는데 따른 협조를 제공하거나 공여하면서 매도인에 의하여 발생된 모든 비용과 경비를 매도인에게 보상하여야 한다.

매수인은 반드시 적용가능한 경우에는, 매도인의 요청과 위험 및 비용부담으로 매도인이 물품의 운송과 수출 및 어떠한 국가를 통과하는 물품운송에 필요한 보안관련 정보를 포함하여 모든 서류와 정보를 취득하는데 따른 협조를 매도인에게 시의적절한 방법으로 제공하거나 공여하여야 한다.

해설 FAS 규칙하에서는 매도인이 물품의 수입통관, 제3국 통과, 반입운송 등 수입수속을 위한 서류와 정보를 취득하는데 협조를 다하도록 하고 있으므로, 매수인은 이러한 매도인의 협조에 소요된 모든 비용과 위험을 부담하여야 한다. 특히 인코텀즈® 2010 규칙하에서 매수인은 매도인의 제A10조 의무준수를 위한 보안정보요건을 시의적절한 방법으로 고지하여야 한다(서문).

또 FAS 규칙하에서 매수인은 매도인의 요청 시 매도인의 위험과 비용부담으로 물품의 반출운송과 수출통관 등 수출수속에 필요한 보안관련 정보를 포함하여 서류와 정보를 취득하는데 시의적절하게 협조를 다하여야 한다. 기타 매수인의 정보협조와 관련비용에 관한 설명은 앞의 FCA와 같다.

2. FOB : FREE ON BOARD(본선인도)

FOB (insert named port of shipment) Incoterms® 2010
(FOB [지정선적항구 삽입] 인코텀즈® 2010)

GUIDANCE NOTE(안내문)

This rule is to be used only for sea or inland waterway transport.

"Free on Board" means that the seller delivers the goods on board the vessel nominated by the buyer at the named port of shipment or procures the goods already so delivered. The risk of loss of or damage to the goods passes when the goods are on board the vessel, and the buyer bears all costs from that moment onwards.

The seller is required either to deliver the goods on board the vessel or to procure goods already so delivered for shipment. The reference to "procure" here caters for multiple sales down a chain ('string sales'), particularly common in the commodity trades.

FOB may not be appropriate where goods are handed over to the carrier before they are on board the vessel, for example goods in containers, which are typically delivered at a terminal. In such situations, the FCA rule should be used.

FOB requires the seller to clear the goods for export, where applicable. However, the seller has no obligation to clear the goods for import, pay any import duty or carry out any import customs formalities.

번역 이 규칙은 해상 또는 내수로 운송에만 사용하여야 한다.

"본선인도"(free on board)라 함은 매도인이 지정된 선적항구에서 매수인에 의하여 지명된 본선의 갑판상에 물품을 인도하거나 또는 이미 그렇게 인도된 물품을 조달하는 것을 의미한다. 물품의 멸실 또는 손상의 위험은 물품이 본선의 갑판상에 적재된 때에 넘어가며, 또 매수인은 당해 순간부터 이후의 모든 비용을 부담한다.

매도인은 본선의 갑판상에 물품을 인도하거나 또는 이미 선적을 위하여 그렇게 인도된 물품을 조달하는 것이 요구된다. 여기서 "조달"(procure)이란 언급은 특히 상품무역에서 보편적인 일련의 다중매매('연계매매')를 대비한 것이다.

FOB는 물품이 본선의 갑판상에 적재되기 이전에 운송인에게 인계되는 경우, 예컨대 전형적으로 터미널에서 인도되는 컨테이너 물품에는 적절하지 아니할 수 있다. 그러한 경우에는, FCA 규칙을 사용하여야 한다.

FOB는 적용가능한 경우에는 매도인이 물품의 수출수속을 하도록 요구한다. 그러나 매도인은 물품의 수입수속을 하거나, 어떠한 수입관세를 지급하거나 또는 어떠한 수입통관절차를 이행할 아무런 의무도 부담하지 아니한다.

해설 1. [FOB의 정의] "FOB"(본선인도)라 함은 매도인이 선적항에서 본선의 갑판상에(on board the vessel) 물품을 인도하는 거래조건을 말한다.[32]

즉, FOB는 본질적으로 선적항의 본선상에서 인도를 이행하는 계약조건이므로, 물품이 선적항에서 본선의 갑판상에 적치되거나 그렇게 조달된 때부터 물품에 대한 모든 비용과 멸실 또는 손상의 위험은 매수인이 부담하여야 한다.

FOB는 FAS, CFR, CIF 규칙과 함께 해상운송 또는 내수로운송에만 사용할 수 있다. 이 규칙은 매도인이 물품을 수출통관하여 본선의 갑판상에서 인도할 것을 요구하고 있으므로, roll on-roll off 운송이나 컨테이너 운송의 경우에는 부적합하다. 이러한 경우 FCA 규칙을 사용하는 것이 바람직하다.

FOB는 인코텀즈® 2010의 11개 무역거래조건 중에 CIF와 더불어 가장 고전적이지만, 오늘날 국제무역에서 가장 많이 사용되고 있다. 따라서 FOB의 개념과

32) Jan Ramberg, *ICC Guide to Incoterms® 2010,* Publication No. 720E, 2011, p. 171.

본질에 대하여도 각국의 상관습에 따라 많은 논의가 있어 왔다.

2. **[FOB의 본질]** FOB 규칙은 매도인이 선적항에서 물품을 본선상에 인도하는 것이기 때문에, 본질적으로는 다음 세 가지의 특징을 지니고 있다.[33)]

① FOB 규칙에서는 물품의 선적지가 계약당사자간의 물품에 대한 위험과 비용부담의 분기점이 되고, 선적지에서 물품의 인도가 이루어지며, 또 물품의 소유권도 그 곳에서 이전되기 때문에 이는 선적지매매계약에 속한다.

따라서 매수인은 선적지에서 물품의 인도를 수령하여야 하되, 현실적으로 선적지에서의 인도수령이 거의 불가능하므로 운송계약의 체결에 의하여 운송인이 매수인의 수탁자로서 선적지에서 인도를 수령하게 된다. 즉, 운송인은 매도인과의 당사자관계에서 매수인의 이행보조자가 되는 것이다.

② FOB 규칙은 해상운송만을 전제하기 때문에 해상매매계약에 속하며, 특히 매도인이 선적항에서 매수인에 의하여 지정된 본선의 갑판상에 물품을 적재하여 인도하기 때문에 본선인도계약이라고 한다. FOB 규칙하에서 인도는 매도인이 선적항에서 본선상에 물품을 적재함으로써 완성되는 것이다.

물론 물품에 대한 위험과 비용부담의 책임은 물품이 본선의 갑판상에서 매수인에게 이전하게 된다. 본선의 갑판은 법률적으로나 실무적으로 다같이 중시되는 경계선이다. 즉, 본선의 갑판은 당사자간의 다른 의사가 없는 한 물품의 인도, 소유권의 이전 및 위험의 이전이 이루어지는 분기점이 된다.

③ FOB 규칙은 매도인의 인도대상이 서류가 아닌 물품의 현실적인 인도(actual delivery)이어야 하기 때문에 이는 현물인도매매계약에 속한다. 즉, 매도인이 매수인이나 운송인에게 물품의 물리적인 점유를 이전하였을 때에 계약상의 인도의무가 완성된다. 물품의 인도와 대금의 지급은 동시이행조건(concurrent condition)이다. 그러나 FOB 거래에서 매도인과 매수인은 국가를 달리하고 멀리 떨어져 있기 때문에 동시이행조건의 실행은 거의 불가능하다.

따라서 매도인은 CIF 계약의 경우처럼 신용장에 의거한 선적서류와 상환으로 대금을 회수하는 "화환특약부 FOB" 계약을 체결하는 것이 일반화되어 있다. 이러한 경우에도 대금지급의 의무는 물품의 인도시에 발생하며, 선화증권이 적법하

---

33) M. Bridge, *Benjamin's Sale of Goods*, 8th ed., Sweet & Maxwell, 2010, p. 1695.

게 배서되어 매수인에게 송달되었다 하더라도 물품의 현실적인 인도가 완성되지 아니한 경우에는, 물품에 대한 권리는 이전하지 아니한다.

3. **[FOB의 종류]** 원래 FOB 계약은 CIF 관습과 함께 18세기 말부터 19세기 초에 영국에서 발생된 것으로 알려져 있으며, 이는 오늘날 영국에서 "고유의미 FOB"와 이를 보완한 "추가의무부 FOB"로 발전되어오고 있다.[34)]

영국에서 ① "고유의미 FOB"(Classical FOB)라 함은 매도인이 매수인에 의하여 지정된 선박에 물품을 적재하면 그 후 모든 비용과 위험은 매수인에게 이전하는 것을 말한다. 다만 1951년 영국 수출협회(Institute of Export)의 발표에 의하면, 고유의미 FOB 규칙하에서 매도인은 물품을 본선에 적재할 의무만 부담하고 있으며, 그 물품의 수출허가와 통관절차 그리고 목적항까지의 운송 및 보험계약은 모두 매수인의 의무에 속하는 것이 주요 특징이다.

또 영국에서는 외국의 매수인이 직접 수출절차와 운송계약을 체결하기가 어려울 경우에 대비하여 ② "추가의무부 FOB"(FOB with additional duties)가 생겨났다. 이는 고유의미 FOB 규칙하에서 매수인의 책임인 수출수속, 운송 및 보험계약 등을 매수인 부담으로 매도인이 직접 이행하는 것이 특징이다.

한편 미국에서는 영국의 FOB를 도입하여 해상운송뿐만 아니라 광대한 내륙운송에도 사용할 수 있도록 이를 다양화하여 1990년 개정미국외국무역정의(Revised American Foreign Trade Definitions)상에 6개를 규정하고 있다.

① "FOB (named inland carrier at named inland point of departure)"(국내지정출발지점에서 국내지정운송인에의 본선인도)는 매도인이 국내출발지에서 지정운송인에게 물품을 인도하는 것으로서, 이는 인코텀즈 FCA에 대비된다.

② "FOB (named inland carrier at named inland point of departure) Freight prepaid to (named point of exportation)"(지정수출지점까지 운임선지급하여 국내지정출발지점에서 국내지정운송인에의 본선인도)는 매도인이 국내출발지에서 운송인에게 인도하되 수출지까지의 반출운임을 선지급하는 것이다.

③ "FOB (named inland carrier at named inland point of departure) Freight allowed to (named point of exportation)"(지정수출지점까지 운임공제하여 국내

34) Carole Murray et al., *Schmitthoff's Export Trade*, Sweet & Maxwell, 2007, p. 18.

지정출발지점에서 국내지정운송인에의 본선인도)는 매도인이 국내출발지에서 운송인에게 인도하되 수출지까지의 반출운임을 공제하는 것이다.

④ "FOB (named inland carrier at named inland point of exportation)"(국내지정수출지점에서 국내지정운송인에의 본선인도)는 매도인이 자신의 비용부담으로 수출지까지 물품을 반출하여 화차내에서 운송인에게 인도하는 것이다.

⑤ "FOB Vessel (named port of shipment)"(지정선적항에서 선박에의 본선인도)은 매도인이 선적항에서 본선상에 물품을 현실적으로 적재하여 인도하되 수출수속은 매수인의 부담에 속하는 것으로서, 인코텀즈 FOB에 대비된다.

⑥ "FOB (named inland point in country of importation)"(수입국가의 국내지정지점에의 본선인도)는 매도인이 물품을 수출 및 수입통관하고 수입국내의 지정지점까지 반입하는 모든 비용과 위험을 부담하여 인도하는 것으로서, 이는 오히려 인코텀즈 DDP에 대비되는 도착지인도규칙에 속한다.

결과적으로 영국계의 고유의미 FOB와 추가의무부 FOB, 그리고 미국계의 6개 FOB 계약관습은 인코텀즈 FOB 규칙의 성립에 기초를 이루었으나, 어느 하나도 인코텀즈의 FOB 규칙과 정확히 일치하는 것은 없으므로 이들 지역으로 FOB 무역계약을 체결할 때에는 항상 유의하여야 할 것이다.

4. **[위험 · 비용부담의 분기점]** 인코텀즈의 FOB 규칙은 매도인이 선적항에서 본선의 갑판상(on board the vessel)에 물품을 적치하거나 그렇게 조달함으로써 인도의무를 다하기 때문에, 이 규칙하에서 물품에 대한 위험과 비용부담의 분기점(critical point)은 물품이 본선의 갑판상에 적치된 때가 된다.

즉, 매도인은 물품이 본선의 양하기(winch), 양하구(tackle) 등의 선적장치에 의하여 본선의 갑판상에 적치된 때까지 모든 위험과 비용을 부담하여야 한다. 예컨대 매도인은 물품의 수출수속비를 포함한 FAS 경우의 비용 이외에 물품의 선적전검사비(PSI), 본선적재비(loading costs) 등을 부담하여야 한다.

반면 매수인은 물품이 본선의 갑판상에 적치되거나 조달된 때부터 물품에 대하여 발생하는 모든 위험과 비용을 부담하여야 한다. 예컨대 본선에서 물품의 창내적부 · 정돈비(stowage and trimming charge)를 비롯하여 목적항까지의 해상운임과 보험료, 수입수속 관련의 비용 일체를 부담하여야 한다.

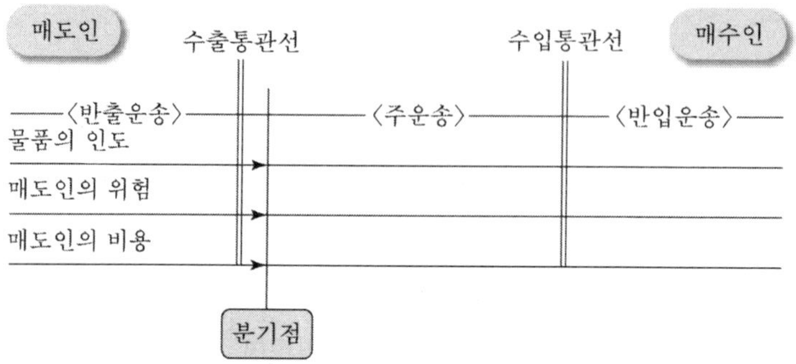

5. **[매매당사자의 주요의무]** 인코텀즈의 FOB 규칙하에서 매도인은 ① 매매계약에 일치하는 물품을 선적항의 본선 갑판상에서 인도하여야 하고, ② 자신의 비용부담으로 물품의 수출수속을 이행하고 이에 따른 경비를 지급하여야 하고, ③ 계약에 일치함을 입증하는 상업송장과 본선상에 물품인도를 입증하는 통상적인 무고장 본선수령증(mate's receipt)을 제공하여야 한다. 이 서류가 운송계약을 입증하는 운송서류가 아닌 때에는, 매도인은 매수인의 요청과 비용부담으로 운송계약을 체결한 후 선화증권, 해상화물운송장, 내수로 운송서류, 복합운송서류 등의 운송서류를 취득하는데 협조를 다하여야 하며, 이러한 모든 서류는 당사자간의 합의나 관습에 따라 전자기록으로 대체할 수 있다.

또 매도인은 ④ 본선적재비(loading costs)가 운임에 포함되어 있지 아니할 경우에는, 항구의 관습에 따라 이 적재비용을 지급하여야 한다. 이는 주로 부정기선에 의한 용선운송계약에 해당되는 일이며, 기타 정기선에 의한 개품운송계약에서는 대체로 본선적재비와 양륙비 모두가 운임 속에 포함되는 "liner term"을 사용하기 때문에 그 비용은 매수인이 부담하는 것이 보통이다.

반면 FOB 규칙하에서 매수인은 ① 자신의 비용부담으로 목적항까지 물품의 운송계약을 체결하고 선박명, 적재장소 및 시기를 매도인에게 통지하여야 하고, ② 본선적재비(loading costs)가 운임에 포함되어 있을 경우에는 이 적재비용 그리고 목적항에서의 양륙비(unloading costs)를 지급하여야 한다.

또 매수인은 ③ 매도인에 대한 통지불이행, 지정선박의 입항지연이나 물품의 수령불이행 등으로 인한 모든 위험과 추가적인 비용을 지급하여야 한다.

A THE SELLER'S OBLIGATIONS(매도인의 의무)

A1 General obligations of the seller. The seller must provide the goods and the commercial invoice in conformity with the contract of sale and any other evidence of conformity that may be required by the contract.

Any document referred to in A1-A10 may be an equivalent electronic record or procedure if agreed between the parties or customary.

번역 **제A1조 매도인의 일반적 의무.** 매도인은 반드시 매매계약에 일치하는 물품과 상업송장 및 계약에 의하여 요구될 수 있는 기타 모든 일치의 증명서류를 제공하여야 한다.

제A1조 내지 제A10조에 언급된 모든 서류는 당사자간에 합의되었거나 관습적인 경우에는 이와 동등한 전자기록 또는 처리방법으로 할 수 있다.

해설 FOB 규칙하에서 매도인은 매매계약에 일치하는 물품과 상업송장을 제공하여야 하며, 또 매도인은 계약에 일치하는 다른 증명서류가 계약상에 요구된 경우 이를 제공하여야 한다. 이하 모든 서류는 당사자간의 합의 또는 관습에 따라 전자기록이나 처리방법으로 대체할 수 있다. 기타 매도인의 일반적인 의무에 관한 상세한 설명은 앞의 EXW 규칙 제A1조에서와 같다.

A2 Licences, authorizations, security clearances and other formalities.
Where applicable, the seller must obtain, at its own risk and expense, any export licence or other official authorization and carry out all customs formalities necessary for the export of the goods.

번역 **제A2조 허가, 승인, 보안수속 및 기타 절차.** 적용가능한 경우에는, 매도인은 반드시 자신의 위험과 비용부담으로 모든 수출허가 또는 기타 공적인 승인을 취득하여야 하며, 또 물품의 수출에 필요한 모든 통관절차를 이행하여야 한다.

해설 EXW를 제외하고, FOB를 비롯한 모든 규칙하에서 물품의 수출수속은 매도인이 이를 이행하고 그 위험과 비용을 부담하여야 한다. 따라서 정부의 수출금지, 수출품에 대한 특별조세, 기타 예상보다 과대한 정부요건이 부과될 경우에는, 이에 대한 모든 위험과 비용을 매도인이 부담하여야 한다. 기타 이 규칙하에서 매도인의 수출수속에 관한 설명은 앞의 FCA와 같다.

A3 Contracts of carriage and insurance. a) Contract of carriage. The seller has no obligation to the buyer to make a contract of carriage. However, if requested by the buyer or if it is commercial practice and the buyer does not give an instruction to the contrary in due time, the seller may contract for carriage on usual terms at the buyer's risk and expense. In either case, the seller may decline to make the contract of carriage and, if it does, shall promptly notify the buyer.

b) Contract of insurance. The seller has no obligation to the buyer to make a contract of insurance. However, the seller must provide the buyer, at the buyer's request, risk, and expense (if any), with information that the buyer needs for obtaining insurance.

번역 **제A3조 운송 및 보험계약.** a) **운송계약.** 매도인은 매수인에 대하여 운송계약을 체결할 아무런 의무도 부담하지 아니한다. 그러나 매수인이 요청한 경우 또는 상업적인 관례가 있고 매수인이 적기에 그 반대의 지시를 하지 아니한 경우에는, 매도인은 매수인의 위험과 비용부담으로 통상적인 조건의 운송계약을 체결할 수 있다. 이중의 어느 경우에서도, 매도인은 운송계약의 체결을 거절할 수 있으며, 또 그러한 경우에는 매수인에게 즉시 통지하여야 한다.

b) **보험계약.** 매도인은 매수인에 대하여 보험계약을 체결할 아무런 의무도 부담하지 아니한다. 그러나 매도인은 반드시 매수인의 요청과 위험 및 비용부담(있는 경우)으로 매수인이 보험을 취득하는데 필요한 정보를 매수인에게 제공하여

야 한다.

해설 1. [운송계약] FOB 규칙하에서 매도인은 선적항의 지명된 본선의 갑판상에서 물품을 인도할 뿐이기 때문에 목적항까지 운송계약을 체결할 의무가 없다. 다만 매도인은 매수인의 요청 시에는 매수인의 위험과 비용부담으로 목적항까지 통상적인 조건(usual terms)의 운송계약을 체결할 수 있다.

또 당사자들 사이에 매도인이 목적항까지 운송계약을 추가로 체결해 주는 상관습이 있는 경우에는, FOB 규칙하에서도 매도인은 매수인이 반대의 지시를 하지 아니하는 한 이러한 운송계약을 채결할 수 있다.

이러한 상관습이 있는 경우에는 매수인은 자신이 보다 유리하게 운송계약을 체결할 수 있거나 이를 체결하여야 할 다른 이유가 있다면, FOB 규칙에 따른 매매계약을 체결할 때 그 취지를 매도인에게 미리 통지하여야 한다. 반대로 매도인은 운송계약에 관한 매수인의 요청이나 상관습을 따를 수 없는 어떠한 이유가 있을 경우에는, 그 취지를 매수인에게 즉시 통지하여야 한다.

그러나 FOB 규칙하에서 매도인은 지정된 선적항까지 이르는 내륙구간의 운송계약을 체결하고 반출운송비(pre-carriage)를 스스로 부담하여야 한다.

2. [보험계약] FOB 규칙하에서 매도인은 목적항까지 보험계약을 체결할 의무를 부담하지 아니한다. 다만 매도인은 매수인의 요청 시에는 매수인의 위험과 비용부담으로 보험을 취득하는데 필요한 정보를 제공하여야 한다.

특히 인코텀즈® 2010 규칙은 2009년 개정된 협회적하약관(ICC)의 변화를 고려하였고, 각 규칙의 제A3조와 제B3조에서 보험에 관련한 정보의무를 추가한 것이 특징적이다. 이러한 의무는 구규칙의 제A10조와 제B10조에 있던 상당히 포괄적인 내용들을 이동시킨 것이며, 또 보험에 관련한 제A3조와 제B3조에서의 용어는 당사자들의 의무를 명쾌하게 할 목적으로 수정하였다(서문).

A4 Delivery. The seller must deliver the goods either by placing them on board the vessel nominated by the buyer at the loading point, if any, indicated by the buyer at the named port of shipment or by procuring the goods so delivered. In either case, the seller must deliver the goods on the agreed date or within the agreed period and in the manner customary at the port.

If no specific loading point has been indicated by the buyer, the seller may select the point within the named port of shipment that best suits its purpose.

번역 **제A4조 인도.** 매도인은 반드시 지정된 선적항구 중 매수인에 의하여 명시된 적재지점(있는 경우)에서 매수인에 의하여 지명된 본선의 갑판상에 물품을 적치하는 행위 또는 그렇게 인도된 물품을 조달하는 행위로 이를 인도하여야 한다. 이중의 어느 경우에도, 매도인은 반드시 합의된 일자 또는 합의된 기간내에 항구의 관습적인 방법에 따라 물품을 인도하여야 한다.

특정한 적재지점이 매수인에 의하여 전혀 명시되지 아니한 경우에는, 매도인은 지정된 선적항내에서 자신의 목적에 가장 적합한 지점을 선정할 수 있다.

해설 FOB 규칙하에서 매도인은 합의된 시기에 선적항의 관습적인 방법에 따라 매수인에 의하여 명시된 적재지점에서 본선의 갑판상에 물품을 적치하여야 한다. 또 화물이 운송 중에 여러 번 매각되는 연계매매의 경우에도, 매도인은 선적된 물품을 조달하여 자신의 인도의무를 완성할 수 있다(서문).

FOB 규칙하에서 매수인에 의한 적재지점이 명시되지 아니한 경우에는, 매도인이 선적항내의 지점을 선정할 수 있으며, 또 당사자간에 인도시기가 기간으로 합의된 경우에는, 기간내의 일자에 대한 선택권은 매수인이 갖는다.

즉, 인코텀즈® 2010의 FOB 규칙에서는 물품이 본선의 난간(ship's rail)을 통과한 때에 매도인의 인도의무가 완성된다는 영국의 통설을 포기하고, 미국의 FOB Vessel 에서처럼 물품이 본선의 갑판상(on board the vessel)에 적치된 때에 매도인의 인도의무가 완성된다는 현실적인 입장으로 전환하였다.

다만 FOB 규칙하에서는 이러한 불확실성에 대비하여 매도인은 본선의 갑판상에 물품을 인도하되, 그 방법은 선적항의 관습에 따르도록 하고 있다. 나아가 매도인의 의무를 본선의 창내에까지 확장하려면, 계약시 "FOB stowed" 또는 "FOB stowed and trimmed"(창내적부 · 정돈필 본선인도)로 약정하여야 한다.

A5 Transfer of risks. The seller bears all risks of loss of or damage to the goods until they have been delivered in accordance with A4 with the exception of loss or damage in the circumstances described in B5.

번역 **제A5조 위험의 이전.** 매도인은 제B5조에 기술된 사정에서의 멸실 또는 손상을 제외하고, 물품이 제A4조에 따라 인도된 때까지 물품의 멸실 또는 손상의 모든 위험을 부담하여야 한다.

해설 FOB 규칙하에서는 매도인이 선적항의 본선 갑판상에 물품을 적치하거나 그렇게 인도된 물품을 조달한 때에 물품의 멸실 또는 손상의 모든 위험도 매수인에게 이전한다. 즉, 매도인은 이 때까지의 위험만 부담하면 된다.

다만 운송 중인 물품의 연계매매(string sales)에서는 물품에 대한 위험은 매매계약시에 매수인에게 이전한다. 이러한 매매에서도 보험계약의 체결 등 특별한 사정이 있는 경우에는, 매도인이 물품의 멸실 또는 손상을 알 수 없는 한, 위험은 운송인에게 물품을 인도한 때에 매수인에게 이전한다(CISG 제68조).

여기서 "위험"(risks)이라 함은 운송 동안의 우연한 사고로 인한 위험만을 의미하므로, 물품의 부적합한 포장이나 화인과 같이 당사자의 과실에 의하여 야기된 멸실 또는 손상의 위험은 포함되지 아니한다.

따라서 인코텀즈® 2010의 각 규칙에 따라 위험이 매수인에게 이전된 후에도 물품이 계약조건과 불일치하게 인도된 사실에 기인하여 손해가 발생한 경우에는, 매도인은 이러한 손해에 대하여 책임을 져야 한다(제A9조).

A6 Allocation of costs. The seller must pay

a) all costs relating to the goods until they have been delivered in accordance with A4, other than those payable by the buyer as envisaged in B6; and

b) where applicable, the costs of customs formalities necessary for export, as well as all duties, taxes and other charges payable upon export.

번역 **제A6조 비용의 분담.** 매도인은 반드시 다음과 같은 비용을 지급하여야 한다.

a) 제B6조에 적시된 대로 매수인에 의하여 지급되는 비용을 제외하고, 물품이 제A4조에 따라 인도된 때까지 물품에 관련한 모든 비용, 그리고

b) 적용가능한 경우에는, 수출에 필요한 통관절차의 비용뿐만 아니라, 수출시에 지급되는 모든 관세, 조세 및 기타 경비.

해설 ① FOB 규칙하에서 매도인은 계약에 합의된 대로 매수인에 의하여 지급되는 비용을 제외하고, 선적항의 본선 갑판상에 물품을 적치하거나 그렇게 인도된 물품을 조달한 때까지 물품에 관한 모든 비용을 부담하여야 한다.

② FOB 규칙하에서 매도인이 수출통관을 이행하므로, 매도인은 수출통관절차의 비용과 이에 따른 모든 관세, 조세 및 기타 수출국가 당국의 경비를 부담하여야 한다. 여기서 "경비"(charges)라 함은 사적인 당사자에 의하여 부과되는 보관료 등은 포함하지 아니하고, 수출이나 수입에 필수적인 결과로서 적용가능한 수출입법규에 따라 지급되어야 하는 공적인 비용만을 의미한다.

A7 Notices to the buyer. The seller must, at the buyer's risk and expense, give the buyer sufficient notice either that the goods have been delivered in accordance with A4 or that the vessel has failed to take the goods within the time agreed.

번역 **제A7조 매수인에 대한 통지.** 매도인은 반드시 매수인의 위험과 비용부담으로 물품이 제A4조에 따라 인도되었다는 사실 또는 본선이 합의된 시간내에 물품을 접수하지 아니하였다는 사실에 관하여 매수인에게 충분한 통지를 행하여야 한다.

해설 FOB 규칙하에서 매도인은 지정된 선적항에서 매수인에 의하여 지명된 본선의 갑판상에 물품을 적치하거나 그렇게 인도된 물품을 조달한 사실을 충분히 통지하여야 한다. 반대로 이 규칙하에서 매도인은 본선이 기한내에 물품을

접수하지 아니한 경우에는, 그 사실도 즉시 통지하여야 한다.

다만 FOB 규칙하에서 매도인의 통지의무는 매수인의 위험과 비용부담을 전제로 하지만, 이를 행하지 아니한 경우에는 계약위반이 되므로, 매도인은 당해 계약에 적용가능한 법률에 따라 계약위반의 책임을 지게 될 수 있다.

A8 Delivery document. The seller must provide the buyer, at the seller's expense, with the usual proof that the goods have been delivered in accordance with A4.

Unless such proof is a transport document, the seller must provide assistance to the buyer, at the buyer's request, risk and expense, in obtaining a transport document.

번역 **제A8조 인도서류.** 매도인은 반드시 자신의 비용부담으로 물품이 제A4조에 따라 인도되었다는 통상적인 증거를 매수인에게 제공하여야 한다.

그러한 증거가 운송서류가 아닌 한, 매도인은 반드시 매수인의 요청과 위험 및 비용부담으로 운송서류를 취득하는데 따른 협조를 매수인에게 제공하여야 한다.

해설 FOB 규칙하에서 매도인이 본선상에 물품을 인도하면, 운송인은 매도인에게 통상적으로 운송서류화 되는 물품수령증 등의 인도서류를 교부한다. 인코텀즈® 2010 규칙에서 "인도서류"라 함은 인도가 발생하였다는 사실을 입증하는데 사용되는 서류를 의미한다. 다수의 인코텀즈® 2010 규칙에서 인도서류는 운송서류 또는 이에 상응하는 전자기록이 되지만, FOB를 비롯한 EXW, FCA, FAS 등에서는 단순히 수령증이 될 수도 있다(서문). 반면 운송서류는 운송계약의 증거일 뿐만 아니라, 운송인에 대한 물품인도의 증거가 된다.

만약 FOB 규칙하에서 매도인이 운송서류가 아닌 물품수령증이나 본선수령증(mate's receipt)을 받은 경우에는, 매도인은 매수인의 요청 시에는 매수인의 위험과 비용부담으로 운송서류(유통성 선화증권, 비유통성 해상화물운송장, 복합운송서류 등)를 취득하는데 따른 협조를 다하여야 한다. 특히 화환신용장거래인 경우에는 유통성 선화증권(bill of lading)을 요구하기 때문에 이를 제공하여야 한다.

이러한 모든 서류는 앞의 제A1조에 규정된 대로 당사자간의 합의 또는 관습에 따라 전자기록이나 처리방법으로 대체할 수 있다.

A9 Checking - packaging - marking. The seller must pay the costs of those checking operations (such as checking quality, measuring, weighing, counting) that are necessary for the purpose of delivering the goods in accordance with A4, as well as the costs of any pre-shipment inspection mandated by the authority of the country of export.

The seller must, at its own expense, package the goods, unless it is usual for the particular trade to transport the type of goods sold unpackaged. The seller may package the goods in the manner appropriate for their transport, unless the buyer has notified the seller of specific packaging requirements before the contract of sale is concluded. Packaging is to be marked appropriately.

번역 **제A9조 점검 · 포장 · 화인.** 매도인은 반드시 제A4조에 따라 물품을 인도하기 위하여 필요한 물품점검업무(품질, 용적, 중량, 수량점검 등)의 비용뿐만 아니라, 수출국가의 당국에 의하여 강제된 모든 선적전검사의 비용을 지급하여야 한다.

특정무역거래에서 매각된 종류의 물품을 무포장으로 운송하는 것이 통상적이지 아니하는 한, 매도인은 반드시 자신의 비용부담으로 물품을 포장하여야 한다. 매수인이 매매계약의 체결 이전에 매도인에게 특정한 포장요건을 통지하지 않은 한, 매도인은 물품운송에 적절한 방법으로 이를 포장할 수 있다. 포장에는 적절한 화인이 있어야 한다.

해설 FOB 규칙하에서 매도인은 물품상태(품질 · 용적 · 중량 · 수량 등)에 관한 점검과 수출국가의 당국이 지정한 선적전검사의 비용을 지급하여야 한다.

또 FOB 규칙하에서 무포장운송이 통상적이지 않은 한, 매도인은 자신의 비용부담으로 물품을 포장하여야 하고, 포장에는 적절한 화인이 있어야 한다. 기타 이 규칙하에서 점검 · 포장 · 화인의무에 관한 설명은 앞의 FCA와 같다.

A10 Assistance with information and related costs. The seller must, where applicable, in a timely manner, provide to or render assistance in obtaining for the buyer, at the buyer's request, risk and expense, any documents and information, including security-related information, that the buyer needs for the import of the goods and/or for their transport to the final destination.

The seller must reimburse the buyer for all costs and charges incurred by the buyer in providing or rendering assistance in obtaining documents and information as envisaged in B10.

번역 **제A10조 정보의 협조 및 관련 비용**. 매도인은 반드시 적용가능한 경우에는, 매수인의 요청과 위험 및 비용부담으로 매수인이 물품의 수입 및/또는 최종목적지까지의 물품운송에 필요한 보안관련 정보를 포함하여 모든 서류와 정보를 취득하는데 따른 협조를 매수인에게 시의적절한 방법으로 제공하거나 공여하여야 한다.

매도인은 반드시 제B10조에 적시된 대로 서류와 정보를 취득하는데 따른 협조를 제공하거나 공여하면서 매수인에 의하여 발생된 모든 비용과 경비를 매수인에게 보상하여야 한다.

해설 FOB 규칙하에서 매도인은 매수인의 요청 시에는 매수인의 위험과 비용부담으로 선적 후의 제3국 통과와 수입통관, 반입운송 등 수입수속에 필요한 보안관련 정보를 포함하여 모든 서류와 정보 또는 이와 동등한 전자기록이나 처리방법 등을 취득하는데 시의적절한 방법으로 협조를 다하여야 한다.

또 FOB 규칙하에서 매도인은 제B10조에 적시된 대로 서류와 정보를 취득하기 위한 매수인의 협조에 소요된 모든 비용과 위험을 부담하여야 한다. 기타 매도인의 정보협조와 관련 비용에 관한 설명은 앞의 FCA와 같다.

B THE BUYER'S OBLIGATIONS(매수인의 의무)

B1 General obligations of the buyer. The buyer must pay the price of the goods as provided in the contract of sale.

Any document referred to in B1-B10 may be an equivalent electronic record or procedure if agreed between the parties or customary.

번역 **제B1조 매수인의 일반적 의무.** 매수인은 반드시 매매계약에 약정된 대로 물품의 대금을 지급하여야 한다.

제B1조 내지 제B10조에 언급된 모든 서류는 당사자간에 합의되었거나 관습적인 경우에는 이와 동등한 전자기록 또는 처리방법으로 할 수 있다.

해설 FOB 규칙하에서 매도인이 계약에 일치하는 물품과 상업송장 및 기타 증명서류를 제공하면, 이에 매수인은 매매계약에 합의된 시기와 방법 및 금액으로 물품의 대금을 지급하여야 한다. 이하 모든 서류는 당사자간의 합의 또는 관습에 따라 전자기록이나 처리방법으로 대체할 수 있다. 기타 매수인의 일반적인 의무에 관한 상세한 설명은 앞의 EXW 규칙 제B1조에서와 같다.

B2 Licences, authorizations, security clearances and other formalities. Where applicable, it is up to the buyer to obtain, at its own risk and expense, any import licence or other official authorization and carry out all customs formalities for the import of the goods and for their transport through any country.

번역 **제B2조 허가, 승인, 보안수속 및 기타 절차.** 적용가능한 경우에는, 매수인 자신의 위험과 비용부담으로 모든 수입허가 또는 기타 공적인 승인을 취득하여야 하는 것과 물품의 수입 및 어떠한 국가를 통과하는 운송을 위한 모든 통관절차를 이행하여야 하는 것은 매수인의 책임에 속한다.

해설 FOB 규칙하에서 물품의 수입허가나 기타 공적인 승인의 취득, 물품의 수입과 선적 후의 제3국 통과를 위한 모든 통관절차는 매수인이 이행하여야 한다. 기타 매수인의 수입수속에 관한 설명은 앞의 FCA와 같다.

B3 Contracts of carriage and insurance. a) Contract of carriage. The buyer must contract, at its own expense for the carriage of the goods from the named port of shipment, except where the contract of carriage is made by the seller as provided for in A3 a).

b) Contract of insurance. The buyer has no obligation to the seller to make a contract of insurance.

번역 **제B3조 운송 및 보험계약.** a) 운송계약. 매수인은 반드시 운송계약이 제A3조 a항에 규정된 대로 매도인에 의하여 체결된 경우를 제외하고, 자신의 비용부담으로 지정된 선적항으로부터 물품의 운송계약을 체결하여야 한다.

b) 보험계약. 매수인은 매도인에 대하여 보험계약을 체결할 아무런 의무도 부담하지 아니한다.

해설 FOB 규칙하에서 매수인은 지정된 선적항으로부터 목적항까지 운송계약을 체결하고 운임(freight)을 지급할 의무가 있다. 비록 매도인이 매수인의 요청이나 상관습에 따라 추가적인 서비스로 목적항까지 운송계약을 체결하더라도, 이는 매수인의 위험과 비용부담으로 행하는 것이다.

한편 FOB 규칙하에서 매수인은 매도인에 대하여 목적항까지 보험계약을 체결할 의무가 없다. 그렇다고 하여 이것은 매수인 자신의 이익을 위하여도 당해 직무를 이행할 필요가 없음을 의미하지 아니한다. 특히 이 규칙하에서는 매도인도 보험계약을 체결할 의무가 없기 때문에, 매수인은 자신의 이익을 위하여는 매도인에게 보험에 필요한 정보를 요청하여 이를 취득할 필요가 있다.

B4 Taking delivery. The buyer must take delivery of the goods when they have been delivered as envisaged in A4.

번역 **제B4조 인도의 접수.** 매수인은 반드시 물품이 제A4조에 적시된 대로 인도된 때에 물품의 인도를 접수하여야 한다.

해설 FOB 규칙하에서 매수인은 선적항의 본선 갑판상에 물품이 적치되거나 그렇게 인도된 물품이 조달되면 이를 수령할 의무가 있다. 따라서 매수인은 물품을 수령하지 아니하였다고 하여 대금지급의 의무가 면제되는 것은 아니다. 이 때부터 물품의 멸실 또는 손상의 위험은 이미 매수인에게 이전된 것이며, 또 매수인은 그 불이행으로 인한 추가적인 비용을 지급하여야 한다.

B5 Transfer of risks. The buyer bears all risks of loss of or damage to the goods from the time they have been delivered as envisaged in A4.

If a) the buyer fails to notify the nomination of a vessel in accordance with B7; or

b) the vessel nominated by the buyer fails to arrive on time to enable the seller to comply with A4, is unable to take the goods, or closes for cargo earlier than the time notified in accordance with B7;

then, the buyer bears all risks of loss of or damage to the goods :

(i) from the agreed date, or in the absence of an agreed date,

(ii) from the date notified by the seller under A7 within the agreed period, or, if no such date has been notified,

(iii) from the expiry date of any agreed period for delivery,

provided that the goods have been clearly identified as the contract goods.

번역 **제B5조 위험의 이전.** 매수인은 물품이 제A4조에 적시된 대로 인도된 시간부터 물품의 멸실 또는 손상의 모든 위험을 부담하여야 한다.

a) 매수인이 제B7조에 따라 본선의 지명을 통지하지 아니한 경우, 또는

b) 매수인에 의하여 지명된 본선이 매도인으로 하여금 제A4조를 준수할 수 있도록 적기에 도착하지 아니하거나, 물품을 수령할 수 없거나, 또는 제B7조에 따라 통지된 시간보다 조기에 화물을 마감한 경우에는,

이에 매수인은 다음과 같은 때부터 물품의 멸실 또는 손상의 모든 위험을 부담하여야 한다.

(i) 합의된 일자로부터, 또는 합의된 일자가 없는 경우,

(ii) 합의된 기간 중 제A7조에 따라 매도인에 의하여 통지된 일자로부터, 또는 그러한 일자가 전혀 통지되지 아니한 경우,

(iii) 인도의 어떠한 합의된 기간의 만기일자로부터.

다만 물품이 계약물품으로서 명확하게 특정되어 있어야 한다.

해설 FOB 규칙하에서 매수인은 선적항의 본선 갑판상에 물품이 적치되거나 조달된 때부터 물품의 멸실 또는 손상의 모든 위험을 부담하여야 한다.

그러나 FOB 규칙하에서 매수인이 제B7조에 따른 통지의무, 즉 선박명 · 적재지점 · 인도시간 등을 통지하지 아니하거나, 또는 선박이 적기에 도착하지 아니하거나 물품을 수령할 수 없거나 또는 제B7조에 따라 통지된 시간보다 조기에 화물을 마감하여 야기된 경우에는, 물품의 인도가 있기 전에 합의된 인도기일로부터 물품의 멸실 또는 손상의 모든 위험은 매수인에게 이전한다.

다만 물품이 계약에 정히 충당되기까지는 위험은 이전하지 아니한다. 예컨대 물품이 같은 품목으로 여러 매수인에게 인도되도록 통합되어 있는 불특정물(unascertained goods)인 경우에는, 당해 물품이 계약물품으로서 다른 물품과 명확히 구분되거나 기타의 방법으로 특정되어 있어야 계약에 정히 충당된 것으로 보며, 이 때 비로소 위험이 매수인에게 이전한다(CISG 제67조 2항).

B6 Allocation of costs. The buyer must pay

a) all costs relating to the goods from the time they have been delivered as envisaged in A4, except, where applicable, the costs of customs formalities necessary for export, as well as all duties, taxes and other charges payable upon export as referred to in A6 b);

b) any additional costs incurred, either because :

(i) the buyer has failed to give appropriate notice in accordance with B7, or

(ii) the vessel nominated by the buyer fails to arrive on time, is unable to take the goods, or closes for cargo earlier than the time notified in accordance with B7, provided that the goods have been clearly identified as the contract goods; and

c) where applicable, all duties, taxes and other charges, as well as the costs of carrying out customs formalities payable upon import of the goods and the costs for their transport through any country.

번역 **제B6조 비용의 분담**. 매수인은 반드시 다음과 같은 비용을 지급하여야 한다.

a) 물품이 제A4조에 적시된 대로 인도된 시간부터 물품에 관련한 모든 비용. 다만 적용가능한 경우에는, 수출에 필요한 통관절차의 비용뿐만 아니라, 제A6조 b항에 언급된 대로 수출시에 지급되는 모든 관세, 조세 및 기타 경비는 제외한다.

b) 다음과 같은 원인으로 발생된 모든 추가적인 비용.

(i) 매수인이 제B7조에 따라 적절한 통지를 행하지 아니한 경우, 또는

(ii) 매수인에 의하여 지명된 본선이 적기에 도착하지 아니하거나, 물품을 접수할 수 없거나, 또는 제B7조에 따라 통지된 시간보다 조기에 화물을 마감한 경우,

다만 물품이 계약물품으로서 명확하게 특정되어 있어야 한다. 그리고

c) 적용가능한 경우에는, 물품의 수입시에 지급되는 모든 관세, 조세 및 기타 경비뿐만 아니라, 통관절차를 이행하는 비용 및 어떠한 국가를 통과하는 운송비용.

해설 ① FOB 규칙하에서 매수인은 선적항의 본선 갑판상에 물품이 적치되거나 조달된 때부터 물품에 관한 모든 비용을 부담하여야 한다. 다만 수출통관절차의 비용과 수출시에 지급되는 관세, 조세 및 기타 경비는 제외한다.

② FOB 규칙하에서 매수인은 제B7조에 따른 통지의무, 즉 선박명·적재지점·인도시간 등을 통지하지 아니하거나, 또는 지명된 선박이 적기에 도착하지 아니하거나 물품을 수령할 수 없거나 또는 제B7조에 따라 통지된 시간보다 조기에 화물을 마감함으로써 발생된 모든 추가적인 비용을 부담하여야 한다. 다만 당해 물품이 계약물품으로서 명확하게 특정되어 있어야 한다.

③ FOB 규칙하에서 매수인은 수입시에 지급되는 모든 관세, 조세와 기타 경비, 수입통관절차의 비용 및 선적 후의 제3국 통과비용도 부담하여야 한다.

B7 Notices to the seller. The buyer must give the seller sufficient notice of the vessel name, loading point and, where necessary, the selected delivery time within the agreed period.

번역 **제B7조 매도인에 대한 통지.** 매수인은 반드시 본선의 명칭, 적재지점 및 필요한 경우에는 합의된 기간내의 선정된 인도시간에 관하여 매도인에게 충분한 통지를 행하여야 한다.

해설 FOB 규칙하에서 매수인은 본선의 명칭, 적재지점, 인도시간 등의 결정권이 주어졌을 때에는, 매도인에게 이에 관한 충분한 통지를 하여야 한다. 매수인이 이러한 통지의무를 행하지 아니한 경우에는, 매수인은 합의된 만기일지로부터 물품에 대한 모든 위험과 추가적인 비용을 부담하여야 한다.

B8 Proof of delivery. The buyer must accept the proof of delivery provided as envisaged in A8.

번역 **제B8조 인도의 증거.** 매수인은 반드시 제A8조에 적시된 대로 제공된 인도의 증거를 인수하여야 한다.

해설 FOB 규칙하에서 매도인이 인도서류를 제공하면, 매수인은 서류가 제A8조에 적시된 대로 정당한 인도의 증거서류인 한 이를 인수하여야 한다.

만약 FOB 규칙하에서 매도인이 정당한 인도의 증거서류를 제시하였음에도 불구하고, 매수인이 신용장 개설은행으로 하여금 매도인에게 수출대금을 지급하지 못하도록 지시하는 등 인도서류의 인수를 거절한다면, 이는 매매계약의 위반이 되므로 매수인은 이에 따른 모든 손해를 배상하여야 한다.

그러나 FOB 규칙하에서 매수인은 인도의 적절한 증거가 되지 못하는 서류, 예컨대 물품 또는 포장의 하자나 수량부족에 관한 부기가 있는 고장부서류

(unclean documents)가 제시된 경우에도 이를 인수할 의무는 없다.

B9 Inspection of goods. The buyer must pay the costs of any mandatory pre-shipment inspection, except when such inspection is mandated by the authorities of the country of export.

번역 **제B9조 물품의 검사.** 매수인은 반드시 수출국가의 당국에 의하여 강제된 그러한 검사의 경우를 제외하고, 모든 강제적인 선적전검사의 비용을 지급하여야 한다.

해설 FOB 규칙하에서 매수인은 수출국가의 당국이 지정한 선적전검사를 제외하고, 모든 선적전검사(PSI)에 관한 의무를 부담하여야 한다. 기타 이 규칙하에서 매수인의 선적전검사의무에 관한 설명은 앞의 FCA와 같다.

B10 Assistance with information and related costs. The buyer must, in a timely manner, advise the seller of any security information requirements so that the seller may comply with A10.

The buyer must reimburse the seller for all costs and charges incurred by the seller in providing or rendering assistance in obtaining documents and information as envisaged in A10.

The buyer must, where applicable, in a timely manner, provide to or render assistance in obtaining for the seller, at the seller's request, risk and expense, any documents and information, including security-related information, that the seller needs for the transport and export of the goods and for their transport through any country.

번역 **제B10조 정보의 협조 및 관련 비용.** 매수인은 반드시 매도인이 제A10조를 준수할 수 있도록 모든 보안정보요건에 관하여 매도인에게 시의적절한 방법으로 고지하여야 한다.

매수인은 반드시 제A10조에 적시된 대로 서류와 정보를 취득하는데 따른 협조를 제공하거나 공여하면서 매도인에 의하여 발생된 모든 비용과 경비를 매도인에게 보상하여야 한다.

매수인은 반드시 적용가능한 경우에는, 매도인의 요청과 위험 및 비용부담으로 매도인이 물품의 운송과 수출 및 어떠한 국가를 통과하는 물품운송에 필요한 보안관련 정보를 포함하여 모든 서류와 정보를 취득하는데 따른 협조를 매도인에게 시의적절한 방법으로 제공하거나 공여하여야 한다.

해설 FOB 규칙하에서는 매도인이 물품의 수입통관, 제3국 통과, 반입운송 등 수입수속을 위한 서류와 정보를 취득하는데 협조를 다하도록 하고 있으므로, 매수인은 이러한 매도인의 협조에 소요된 모든 비용과 위험을 부담하여야 한다. 특히 인코텀즈® 2010 규칙하에서 매수인은 매도인의 제A10조 의무준수를 위한 보안정보요건을 시의적절한 방법으로 고지하여야 한다(서문).

또 FOB 규칙하에서 매수인은 매도인의 요청 시 매도인의 위험과 비용부담으로 물품의 반출운송과 수출통관 등 수출수속에 필요한 보안관련 정보를 포함하여 서류와 정보를 취득하는데 시의적절하게 협조를 다하여야 한다. 기타 매수인의 정보협조와 관련비용에 관한 설명은 앞의 FCA와 같다.

3. CFR : COST AND FREIGHT(운임포함인도)

CFR (insert named port of destination) Incoterms® 2010
(CFR [지정목적항구 삽입] 인코텀즈® 2010)

GUIDANCE NOTE(안내문)

This rule is to be used only for sea or inland waterway transport.

"Cost and Freight" means that the seller delivers the goods on board the vessel or procures the goods already so delivered. The risk of loss of or damage to the goods passes when the goods are on board the vessel. The seller must contract for and pay the costs and freight necessary to bring the goods to the named port of destination.

When CPT, CIP, CFR or CIF are used, the seller fulfils its obligation to deliver when it hands the goods over to the carrier in the manner specified in the chosen rule and not when the goods reach the place of destination.

This rule has two critical points, because risk passes and costs are transferred at different places. While the contract will always specify a destination port, it might not specify the port of shipment, which is where risk passes to the buyer. If the shipment port is of particular interest to the buyer, the parties are well advised to identify it as precisely as possible in the contract.

The parties are well advised to identify as precisely as possible the point at the agreed port of destination, as the costs to that point are for the account of the seller. The seller is advised to procure contracts of carriage that match this choice precisely. If the seller incurs costs under its contract of carriage related to unloading at the specified point at the port of destination, the seller is not entitled to recover such costs from the buyer unless otherwise agreed between the parties.

The seller is required either to deliver the goods on board the vessel or to procure goods already so delivered for shipment to the destination. In addition, the seller is required either to make a contract of carriage or to procure such a contract. The reference to "procure" here caters for multiple sales down a chain ('string sales'), particularly common in the commodity trades.

CFR may not be appropriate where goods are handed over to the carrier before they are on board the vessel, for example goods in containers, which are typically delivered at a terminal. In such circumstances, the CPT rule should be used.

CFR requires the seller to clear the goods for export, where applicable. However, the seller has no obligation to clear the goods for import, pay any import duty or carry out any import customs formalities.

번역 이 규칙은 해상 또는 내수로 운송에만 사용하여야 한다.

"운임포함인도"(cost and freight)라 함은 매도인이 본선의 갑판상에 물품을 인도하거나 또는 이미 그렇게 인도된 물품을 조달하는 것을 의미한다. 물품의 멸실 또는 손상의 위험은 물품이 본선의 갑판상에 적재된 때에 넘어간다. 매도인은 반드시 지정된 목적항구까지 물품을 운반하는데 필요한 운송계약을 체결하고 그 비용과 운임을 지급하여야 한다.

CPT, CIP, CFR 또는 CIF가 사용되는 경우에는, 매도인은 자신이 선택된 규칙에 명시된 방법으로 운송인에게 물품을 인계하는 때에 자신의 인도의무를 완수하게 되며, 또 물품이 목적장소에 도달하는 때가 되는 것은 아니다.

이 규칙은 상이한 장소에서 위험이 넘어가고 비용이 이전되기 때문에 두 개의 분기점을 갖고 있다. 계약은 항상 목적항구를 명시하는 반면에, 위험이 매수인에게 넘어가는 장소가 되는 선적항구를 명시하지 아니할 수 있다. 선적항구가 매수인에게 특별한 이해관계에 있는 경우에는, 당사자들은 계약에서 이를 가능한 한 정확하게 확인하는 것이 아주 바람직하다.

당사자들은 합의된 목적항구의 지점을 가능한 한 정확하게 확인하는 것이 아주 바람직하다. 왜냐하면 당해 지점까지의 비용이 매도인의 계산에 속하기 때문이다. 매도인은 이 선택사항에 정확하게 부합하는 운송계약을 조달하는 것이 바람직하다. 매도인이 자신의 운송계약에 따라 목적항구의 명시된 지점에서의 양하에 관련된 비용을 부담하는 경우에는, 매도인은 당사자간에 별도의 합의가 없는 한 매수인으로부터 그러한 비용을 회수할 권한이 없다.

매도인은 본선의 갑판상에 물품을 인도하거나 또는 이미 목적지까지 선적을 위하여 그렇게 인도된 물품을 조달하는 것이 요구된다. 추가적으로 매도인은 운송계약을 체결하거나 또는 그러한 계약을 조달하는 것이 요구된다. 여기서 "조달"(procure)이란 언급은 특히 상품무역에서 보편적인 일련의 다중매매('연계매매')를 대비한 것이다.

CFR은 물품이 본선의 갑판상에 적재되기 이전에 운송인에게 인계되는 경우, 예컨대 전형적으로 터미널에서 인도되는 컨테이너 물품에는 적절하지 아니할 수 있다. 그러한 사정에는, CPT 규칙을 사용하여야 한다.

CFR은 적용가능한 경우에는 매도인이 물품의 수출수속을 하도록 요구한다. 그러나 매도인은 물품의 수입수속을 하거나, 어떠한 수입관세를 지급하거나 또는 어떠한 수입통관절차를 이행할 아무런 의무도 부담하지 아니한다.

해설 1. [CFR의 정의] "CFR"(운임포함인도)이라 함은 매도인이 목적항까지 물품을 운반하는데 필요한 운임(freight)을 지급하되, 물품에 대한 모든 위험과 추가적인 비용은 물품이 선적항에서 본선의 갑판상에 적치되거나 그렇게 조달된 때에 매도인으로부터 매수인에게 이전하는 거래조건을 말한다.[35)]

CFR은 매도인이 물품의 수출수속을 이행하여야 하며, 또 이는 FAS, FOB, CIF 규칙과 함께 해상운송 또는 내수로운송에만 사용할 수 있다. 그러나 CFR은 매도인이 물품을 본선의 갑판상에서 인도할 것을 요구하고 있으므로, 본선의 갑판이 전혀 의미가 없는 roll on-roll off 운송이나 컨테이너 운송의 경우에는 부적합하다. 이러한 경우 CPT 규칙을 사용하는 것이 바람직하다.

CFR은 매수인이 선적항을 지정하지 아니하며, 매도인이 목적항까지 운송계약을 체결하고 운임을 지급한다는 점에서 FOB 규칙과 다르지만, 기타 추가적인 비용과 물품의 멸실 또는 손상의 모든 위험은 물품이 선적항에서 본선의 갑판상에서 매수인에게 이전한다는 점에서 FOB 규칙과 성격이 같다.

또 CFR은 매도인이 목적항까지의 보험료를 부담하지 아니한다는 점에서 CIF 규칙과 다르지만, 목적항까지의 운임이 포함된 복합가격을 형성하고 또 서류에 의한 상징적 인도규칙이라는 점에서 CIF 규칙과 본질적으로 같다.

2. [위험 · 비용부담의 분기점] CFR은 선적지인도규칙의 하나로서 매도인이 선적항에서 물품을 본선의 갑판상(on board)에 인도하면 그 의무를 다하지만, 물품에 대한 위험과 비용부담의 분기점은 일치하지 아니하는 면이 있다.

① CFR 규칙하에서 매도인은 물품이 선적항에서 본선의 갑판상에 인도한 때까지 물품의 멸실 또는 손상의 모든 위험을 부담하므로, 위험부담의 분기점(critical point)도 선적항에서 물품이 본선의 갑판상에 적치된 때가 된다.

따라서 물품이 본선의 갑판상에 적치된 때부터는 물품에 대한 모든 위험을 매

35) Jan Ramberg, *ICC Guide to Incoterms® 2010*, Publication No. 720E, 2011, p. 183.

수인이 부담하여야 한다. 예컨대 물품이 선창의 적부작업과정에서 사고가 발생하더라도, 이는 매도인측의 책임이 아니라 매수인측의 책임에 속한다.

② CFR 규칙하에서 매도인은 선적항에서 물품을 본선의 갑판상에 인도한 때까지의 물품에 관련된 모든 비용과 목적항까지의 운임을 별도로 부담하여야 한다. 반면에 매수인은 목적항까지의 운임을 제외하고, 물품이 선적항에서 본선의 갑판상에 인도된 때부터 모든 추가적인 비용을 부담하여야 한다.

결과적으로 CFR 규칙에 있어서 비용부담의 분기점(critical point)은 장소적인 측면에서 보면 선적항에서 물품이 본선의 갑판상에 적치되거나 그렇게 조달된 때가 되지만, 비용한도의 측면에서 보면 매도인이 FOB 규칙하에서의 모든 비용에 목적항까지의 운임을 합산한 금액을 지급한 때가 된다.

즉, 매도인은 물품을 본선에 적재하기까지의 일체의 수출비용(export costs), 본선의 창내적부 · 정돈비(stowage and trimming charge)를 포함하여 선적항으로부터 목적항까지의 운송계약에 따른 비용(costs)과 운임(freight), 정기선운송의 경우 목적항에서의 양륙비(unloading costs) 등을 부담하여야 한다.

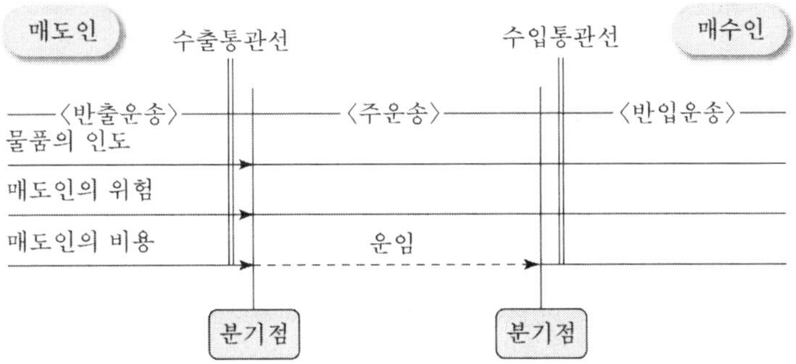

3. **[매매당사자의 주요의무]** CFR 규칙하에서 매도인은 ① 자신의 비용부담으로 약정품의 운송에 통상적인 조건과 선박 및 항로로 목적항까지 물품의 운송계약을 체결하여야 하고, ② 매매계약에 일치하는 물품을 선적항의 본선의 갑판상에서 인도하여야 하고, ③ 자신의 비용부담으로 물품의 수출수속을 이행하고 이에 따른 경비를 지급하여야 하고, ④ 계약에 일치함을 입증하는 상업송장과 목적

항까지의 무고장 운송서류(유통성 선화증권, 해상화물운송장, 내수로 운송서류 등)를 지체 없이 제공하여야 하며, 이러한 모든 서류는 당사자간의 합의나 관습에 따라 전자기록이나 처리방법으로 대체할 수 있다.

또 매도인은 ⑤ 물품의 본선적재비(loading costs)뿐만 아니라, 운송계약의 체결시 정기선조건에 의하여 운임에 포함될 수 있는 목적항에서의 양륙비(unloading costs)도 지급하여야 한다. 즉, 매도인은 선적항에서의 본선적재비는 운임에 포함되어 있든 없든 당연히 지급하여야 하며, 정기선운송의 경우 목적항에서의 양륙비가 운임에 포함되어 있으면 이것도 지급하여야 한다.

반면 CFR 규칙하에서 매수인은 ① 상업송장과 운송서류가 자신에게 전달되면 물품이 선적항에서 본선의 갑판상에 인도된 때에 이를 접수하고 목적항에서 운송인으로부터 물품을 수령하여야 하고, ② 목적항에서의 양륙비가 운임에서 누락된 경우에는 양륙비를 지급하여야 하고, ③ 매도인에 대한 통지불이행으로 인하여 발생하는 모든 위험과 추가적인 비용을 지급하여야 한다.

A THE SELLER'S OBLIGATIONS(매도인의 의무)

A1 General obligations of the seller. The seller must provide the goods and the commercial invoice in conformity with the contract of sale and any other evidence of conformity that may be required by the contract.

Any document referred to in A1-A10 may be an equivalent electronic record or procedure if agreed between the parties or customary.

번역 **제A1조 매도인의 일반적 의무.** 매도인은 반드시 매매계약에 일치하는 물품과 상업송장 및 계약에 의하여 요구될 수 있는 기타 모든 일치의 증명서류를 제공하여야 한다.

제A1조 내지 제A10조에 언급된 모든 서류는 당사자간에 합의되었거나 관습적인 경우에는 이와 동등한 전자기록 또는 처리방법으로 할 수 있다.

해설 CFR 규칙하에서 매도인은 매매계약에 일치하는 물품과 상업송장을 제공하여야 하며, 또 매도인은 계약에 일치하는 다른 증명서류가 계약상에 요구된 경우 이를 제공하여야 한다. 이하 모든 서류는 당사자간의 합의 또는 관습에 따라 전자기록이나 처리방법으로 대체할 수 있다. 기타 매도인의 일반적인 의무에 관한 상세한 설명은 앞의 EXW 규칙 제A1조에서와 같다.

A2 Licences, authorizations, security clearances and other formalities. Where applicable, the seller must obtain, at its own risk and expense, any export licence or other official authorization and carry out all customs formalities necessary for the export of the goods.

번역 **제A2조 허가, 승인, 보안수속 및 기타 절차.** 적용가능한 경우에는, 매도인은 반드시 자신의 위험과 비용부담으로 모든 수출허가 또는 기타 공적인 승인을 취득하여야 하며, 또 물품의 수출에 필요한 모든 통관절차를 이행하여야 한다.

해설 EXW를 제외하고, CFR을 비롯한 모든 규칙하에서 물품의 수출수속은 매도인이 이를 이행하고 그 위험과 비용을 부담하여야 한다. 따라서 정부의 수출금지, 수출품에 대한 특별조세, 기타 예상보다 과대한 정부요건이 부과될 경우에는, 이에 대한 모든 위험과 비용을 매도인이 부담하여야 한다. 기타 이 규칙하에서 매도인의 수출수속에 관한 설명은 앞의 FCA와 같다.

A3 Contracts of carriage and insurance. a) Contract of carriage. The seller must contract or procure a contract for the carriage of the goods from the agreed point of delivery, if any, at the place of delivery to the named port of destination or, if agreed, any point at that port. The contract of carriage must be made on usual terms at the seller's expense and provide for carriage by the usual route in a vessel of the type normally used for the transport of the type of goods sold.

b) Contract of insurance. The seller has no obligation to the buyer to make a contract of insurance. However, the seller must provide the buyer, at the buyer's request, risk, and expense (if any), with information that the buyer needs for obtaining insurance.

번역 **제A3조 운송 및 보험계약.** a) **운송계약.** 매도인은 반드시 인도장소의 합의된 인도지점(있는 경우)으로부터 지정된 목적항구 또는 당해항구의 어떠한 지점(합의된 경우)까지 물품의 운송계약을 체결하거나 조달하여야 한다. 운송계약은 반드시 매도인의 비용부담으로 통상적인 조건에 따라 체결되어야 하며, 또 매각되는 물품종류의 운송에 일반적으로 사용되는 종류의 선박으로 통상적인 경로에 따른 운송을 제공하여야 한다.

b) **보험계약.** 매도인은 매수인에 대하여 보험계약을 체결할 아무런 의무도 부담하지 아니한다. 그러나 매도인은 반드시 매수인의 요청과 위험 및 비용부담(있는 경우)으로 매수인이 보험을 취득하는데 필요한 정보를 매수인에게 제공하여야 한다.

해설 1. **[운송계약]** CFR 규칙하에서 매도인은 목적항이나 합의된 지점까지 운송계약을 체결하거나 조달하고 운임을 지급하여야 한다. 여기서 "조달"이란 언급은 운송 중인 물품의 연계매매를 대비한 것이다(서문). 운송계약은 통상적인 조건(usual terms)으로 체결하여야 하고, 매각되는 물품운송에 일반적으로 사용되는 종류의 선박(vessel)과 통상적인 항로(usual route)에 따라야 한다. 기타 매도인의 운송계약에 관한 설명은 뒤의 CIF와 같다.

2. **[보험계약]** CFR 규칙하에서 매도인은 목적항까지 보험계약을 체결할 의무가 없다. 다만 매도인은 매수인의 요청 시 매수인의 위험과 비용부담으로 보험을 취득하는데 필요한 정보를 매수인에게 제공하여야 한다.

A4 Delivery. The seller must deliver the goods either by placing them on board the vessel or by procuring the goods so delivered. In either case, the seller must deliver the goods on the agreed date or within the agreed period and in the manner customary at the port.

번역 **제A4조 인도.** 매도인은 반드시 본선의 갑판상에 물품을 적치하는 행위 또는 그렇게 인도된 물품을 조달하는 행위로 이를 인도하여야 한다. 이중의 어느 경우에도, 매도인은 반드시 합의된 일자 또는 합의된 기간내에 항구의 관습적인 방법에 따라 물품을 인도하여야 한다.

해설 CFR 규칙하에서 매도인은 합의된 시기에 선적항의 관습적인 방법에 따라 본선의 갑판상에 물품을 적치하여야 한다. 또 인코텀즈® 2010에서는 화물이 운송 중에 여러 번 매각되는 연계매매(string sales)의 경우에도, 매도인은 선적된 물품을 조달하여 자신의 인도의무를 완성할 수 있도록 하고 있다(서문). 기타 매도인의 인도의무에 관한 설명은 뒤의 CIF와 같다.

> **A5 Transfer of risks.** The seller bears all risks of loss of or damage to the goods until they have been delivered in accordance with A4, with the exception of loss or damage in the circumstances described in B5.

번역 **제A5조 위험의 이전.** 매도인은 제B5조에 기술된 사정에서의 멸실 또는 손상을 제외하고, 물품이 제A4조에 따라 인도된 때까지 물품의 멸실 또는 손상의 모든 위험을 부담하여야 한다.

해설 CFR 규칙하에서는 매도인이 합의된 시기에 선적항의 본선 갑판상에 물품을 적치하거나 그렇게 인도된 물품을 조달한 때에 물품의 멸실 또는 손상의 모든 위험도 매수인에게 이전한다. 따라서 매도인은 이 때까지의 위험만 부담하면 된다. 다만 운송 중인 물품의 연계매매에서는 물품에 대한 위험은 매매계약시에 매수인에게 이전한다. 이러한 매매에서도 보험계약의 체결 등 특별한 사정이 있는 경우에는, 매도인이 물품의 멸실 또는 손상을 알 수 없는 한, 위험은 운송인에게 물품을 인도한 때에 매수인에게 이전한다(CISG 제68조). 기타 이 규칙하에서의 위험이전에 관한 설명은 뒤의 CIF와 같다.

A6 Allocation of costs. The seller must pay

a) all costs relating to the goods until they have been delivered in accordance with A4, other than those payable by the buyer as envisaged in B6;

b) the freight and all other costs resulting from A3 a), including the costs of loading the goods on board and any charges for unloading at the agreed port of discharge that were for the seller's account under the contract of carriage; and

c) where applicable, the costs of customs formalities necessary for export as well as all duties, taxes and other charges payable upon export, and the costs for their transport through any country that were for the seller's account under the contract of carriage.

번역 **제A6조 비용의 분담.** 매도인은 반드시 다음과 같은 비용을 지급하여야 한다.

a) 제B6조에 적시된 대로 매수인에 의하여 지급되는 비용을 제외하고, 물품이 제A4조에 따라 인도된 때까지 물품에 관련한 모든 비용,

b) 갑판상에 물품의 적재비용 및 운송계약에 따라 매도인의 계산에 속한 합의된 양륙항구에서의 모든 양륙경비를 포함하여, 제A3조 a항의 결과로 발생하는 운임과 기타 모든 비용, 그리고

c) 적용가능한 경우에는, 수출에 필요한 통관절차의 비용뿐만 아니라, 수출시에 지급되는 모든 관세, 조세 및 기타 경비, 그리고 운송계약에 따라 매도인의 계산에 속한 어떠한 국가를 통과하는 운송비용.

해설 ① CFR 규칙하에서 매도인은 계약에 합의된 대로 매수인에 의하여 지급되는 비용을 제외하고, 선적항의 본선 갑판상에 물품을 적치하거나 그렇게 인도된 물품을 조달한 때까지 물품에 관한 모든 비용을 부담하여야 한다.

② CFR 규칙하에서 매도인은 물품의 적재비와 운송계약에 따른 목적항에서의 양륙비를 포함한 운임 등의 비용을 부담하여야 한다. 여기서 "양륙비"라 함은 항

구나 컨테이너 터미널 시설 내에서 물품의 취급경비(THC)도 포함한다.

③ CFR 규칙하에서 매도인은 수출통관절차의 비용과 이에 따른 모든 관세, 조세 및 기타 수출국가 당국의 공적인 경비(charges)를 부담하고, 나아가 운송계약에 포함된 경우 제3국의 통과비용도 매도인이 부담하여야 한다.

A7 Notices to the buyer. The seller must give the buyer any notice needed in order to allow the buyer to take measures that are normally necessary to enable the buyer to take the goods.

번역 **제A7조 매수인에 대한 통지.** 매도인은 반드시 매수인이 물품을 접수할 수 있도록 하는데 정상적으로 필요한 조치를 취할 수 있도록 매수인에게 필요한 모든 통지를 행하여야 한다.

해설 CFR 규칙하에서 매도인은 목적항에서 매수인이 물품을 접수하는데 필요한 조치를 취할 수 있도록 요구되는 모든 정보를 통지하여야 한다. 기타 이 규칙하에서 매도인의 통지의무에 관한 설명은 뒤의 CIF와 같다.

A8 Delivery document. The seller must, at its own expense, provide the buyer without delay with the usual transport document for the agreed port of destination.

This transport document must cover the contract goods, be dated within the period agreed for shipment, enable the buyer to claim the goods from the carrier at the port of destination and, unless otherwise agreed, enable the buyer to sell the goods in transit by the transfer of the document to a subsequent buyer or by notification to the carrier.

When such a transport document is issued in negotiable form and in several originals, a full set of originals must be presented to the buyer.

번역 **제A8조 인도서류.** 매도인은 반드시 자신의 비용부담으로 합의된 목적항구까지의 통상적인 운송서류를 지체 없이 매수인에게 제공하여야 한다.

이 운송서류는 반드시 계약물품을 커버하여야 하고, 선적을 위하여 합의된 기간내로 일부되어 있어야 하고, 매수인이 목적항구에서 운송인으로부터 물품을 청구할 수 있는 것이어야 하며, 또 별도의 합의가 없는 한 매수인이 후속되는 매수인에게 서류의 이전에 의하거나 또는 운송인에 대한 통지에 의하여 수송 중인 물품을 매각할 수 있는 것이어야 한다.

그러한 운송서류가 유통가능한 양식이면서 복수의 원본으로 발행되는 때에는, 반드시 전통의 원본이 매수인에게 제시되어야 한다.

해설 CFR 규칙하에서 매도인은 자신의 비용부담으로 목적항까지의 운송계약을 입증하는 통상적인 운송서류(usual transport document)를 지체 없이 매수인에게 제공하여야 한다. 이 때 운송서류는 계약물품을 커버하고, 선적기일내의 일자가 명기되어 있어야 하며, 또 매수인이 목적항에서 물품을 청구할 수 있고 운송 중인 물품을 매각할 수도 있는 양식이어야 한다.

나아가 운송서류가 유통가능하고 복수로 발행된 때에는 전통의 원본이 제시되어야 한다. 기타 이 규칙하에서 인도서류에 관한 설명은 뒤의 CIF와 같다.

A9 Checking - packaging - marking. The seller must pay the costs of those checking operations (such as checking quality, measuring, weighing, counting) that are necessary for the purpose of delivering the goods in accordance with A4, as well as the costs of any pre-shipment inspection mandated by the authority of the country of export.

The seller must, at its own expense, package the goods, unless it is usual for the particular trade to transport the type of goods sold unpackaged. The seller may package the goods in the manner appropriate for their transport, unless the buyer has notified the seller of specific packaging requirements before the contract of sale is concluded. Packaging is to be marked appropriately.

번역 **제A9조 점검 · 포장 · 화인.** 매도인은 반드시 제A4조에 따라 물품을 인도하기 위하여 필요한 물품점검업무(품질, 용적, 중량, 수량점검 등)의 비용뿐만 아니라, 수출국가의 당국에 의하여 강제된 모든 선적전검사의 비용을 지급하여야 한다.

특정무역거래에서 매각된 종류의 물품을 무포장으로 운송하는 것이 통상적이지 아니하는 한, 매도인은 반드시 자신의 비용부담으로 물품을 포장하여야 한다. 매수인이 매매계약의 체결 이전에 매도인에게 특정한 포장요건을 통지하지 않은 한, 매도인은 물품운송에 적절한 방법으로 이를 포장할 수 있다. 포장에는 적절한 화인이 있어야 한다.

해설 CFR 규칙하에서 매도인은 물품상태(품질 · 용적 · 중량 · 수량 등)에 관한 점검과 수출국가의 당국이 지정한 선적전검사의 비용을 지급하여야 한다.

또 CFR 규칙하에서 무포장운송이 통상적이지 않은 한, 매도인은 자신의 비용부담으로 물품을 포장하여야 하고, 포장에는 적절한 화인이 있어야 한다. 기타 이 규칙하에서 점검 · 포장 · 화인의무에 관한 설명은 앞의 FCA와 같다.

A10 Assistance with information and related costs. The seller must, where applicable, in a timely manner, provide to or render assistance in obtaining for the buyer, at the buyer's request, risk and expense, any documents and information, including security-related information, that the buyer needs for the import of the goods and/or for their transport to the final destination.

The seller must reimburse the buyer for all costs and charges incurred by the buyer in providing or rendering assistance in obtaining documents and information as envisaged in B10.

번역 **제A10조 정보의 협조 및 관련 비용.** 매도인은 반드시 적용가능한 경우에는, 매수인의 요청과 위험 및 비용부담으로 매수인이 물품의 수입 및/또는 최종목적지까지의 물품운송에 필요한 보안관련 정보를 포함하여 모든 서류와 정보를 취득하는데 따른 협조를 매수인에게 시의적절한 방법으로 제공하거나 공여하여야 한다.

매도인은 반드시 제B10조에 적시된 대로 서류와 정보를 취득하는데 따른 협조를 제공하거나 공여하면서 매수인에 의하여 발생된 모든 비용과 경비를 매수인에게 보상하여야 한다.

해설 CFR 규칙하에서 매도인은 매수인의 요청 시에는 매수인의 위험과 비용부담으로 선적 후의 제3국 통과와 수입통관, 반입운송 등 수입수속에 필요한 보안관련 정보를 포함하여 모든 서류와 정보 또는 이와 동등한 전자기록이나 처리방법 등을 취득하는데 시의적절한 방법으로 협조를 다하여야 한다.

또 CFR 규칙하에서 매도인은 제B10조에 적시된 대로 서류와 정보를 취득하기 위한 매수인의 협조에 소요된 모든 비용과 위험을 부담하여야 한다. 기타 매도인의 정보협조와 관련 비용에 관한 설명은 앞의 FCA와 같다.

B THE BUYER'S OBLIGATIONS(매수인의 의무)

B1 General obligations of the buyer. The buyer must pay the price of the goods as provided in the contract of sale.

Any document referred to in B1-B10 may be an equivalent electronic record or procedure if agreed between the parties or customary.

번역 **제B1조 매수인의 일반적 의무.** 매수인은 반드시 매매계약에 약정된 대로 물품의 대금을 지급하여야 한다.

제B1조 내지 제B10조에 언급된 모든 서류는 당사자간에 합의되었거나 관습적인 경우에는 이와 동등한 전자기록 또는 처리방법으로 할 수 있다.

해설 CFR 규칙하에서 매도인이 계약에 일치하는 물품과 상업송장 및 기타 증명서류를 제공하면, 이에 매수인은 매매계약에 합의된 시기와 방법 및 금액으로 물품의 대금을 지급하여야 한다. 이하 모든 서류는 당사자간의 합의 또는 관습에 따라 전자기록이나 처리방법으로 대체할 수 있다. 기타 매수인의 일반적인 의무에 관한 상세한 설명은 앞의 EXW 규칙 제B1조에서와 같다.

B2 Licences, authorizations, security clearances and other formalities.
Where applicable, it is up to the buyer to obtain, at its own risk and expense, any import licence or other official authorization and carry out all customs formalities for the import of the goods and for their transport through any country.

번역 **제B2조 허가, 승인, 보안수속 및 기타 절차.** 적용가능한 경우에는, 매수인 자신의 위험과 비용부담으로 모든 수입허가 또는 기타 공적인 승인을 취득하여야 하는 것과 물품의 수입 및 어떠한 국가를 통과하는 운송을 위한 모든 통관절차를 이행하여야 하는 것은 매수인의 책임에 속한다.

해설 CFR 규칙하에서 물품의 수입허가나 기타 공적인 승인의 취득, 물품의 수입과 선적 후의 제3국 통과를 위한 모든 통관절차는 매수인이 이행하여야 한다. 기타 매수인의 수입수속에 관한 설명은 앞의 FCA와 같다.

B3 Contracts of carriage and insurance. a) Contract of carriage. The buyer has no obligation to the seller to make a contract of carriage.
b) Contract of insurance. The buyer has no obligation to the seller to make a contract of insurance. However, the buyer must provide the seller, upon request, with the necessary information for obtaining insurance.

번역 **제B3조 운송 및 보험계약.** a) **운송계약.** 매수인은 매도인에 대하여 운송계약을 체결할 아무런 의무도 부담하지 아니한다.
b) **보험계약.** 매수인은 매도인에 대하여 보험계약을 체결할 아무런 의무도 부담하지 아니한다. 그러나 매수인은 요청 시에는 반드시 보험을 취득하는데 필요한 정보를 매도인에게 제공하여야 한다.

해설 CFR 규칙하에서 매도인이 목적항까지 운송계약을 체결하고 운임을 지급하기 때문에, 매수인은 매도인에 대하여 이를 체결할 의무가 없다.

한편 CFR 규칙하에서 매수인은 매도인에 대하여 목적항까지 보험계약을 체결할 의무가 없다. 그렇다고 하여 이것은 매수인 자신의 이익을 위하여도 당해 직무를 이행할 필요가 없음을 의미하지 아니한다. 특히 이 규칙하에서는 매도인도 보험계약을 체결할 의무가 없기 때문에, 매수인은 자신의 이익을 위하여는 매도인에게 보험에 필요한 정보를 제공하여 보험을 취득하게 하거나, 또는 매수인 스스로 보험에 필요한 정보를 요청하여 이를 취득할 필요가 있다.

B4 Taking delivery. The buyer must take delivery of the goods when they have been delivered as envisaged in A4 and receive them from the carrier at the named port of destination.

번역 **제B4조 인도의 접수.** 매수인은 반드시 물품이 제A4조에 적시된 대로 인도된 때에 물품의 인도를 접수하여야 하며, 또 지정된 목적항에서 운송인으로부터 이를 수령하여야 한다.

해설 CFR 규칙하에서는 매도인이 선적항의 본선 갑판상에 물품을 인도함으로써 그 의무를 다하게 되기 때문에, 매수인은 선적항에서 인도를 접수할 의무가 있으며, 또 목적항에서 운송인으로부터 물품을 수령할 의무도 있다. 기타 이 규칙하에서 매수인의 인도접수의무에 관한 설명은 뒤의 CIF와 같다.

B5 Transfer of risks. The buyer bears all risks of loss of or damage to the goods from the time they have been delivered as envisaged in A4.

If the buyer fails to give notice in accordance with B7, then it bears all risks of loss of or damage to the goods from the agreed date or the expiry date of the agreed period for shipment, provided that the goods have been clearly identified as the contract goods.

번역 **제B5조 위험의 이전.** 매수인은 물품이 제A4조에 적시된 대로 인도된 시간부터 물품의 멸실 또는 손상의 모든 위험을 부담하여야 한다.

매수인이 제B7조에 따라 통지를 행하지 아니한 경우에는, 이에 매수인은 선적의 합의된 일자 또는 합의된 기간의 만기일자로부터 물품의 멸실 또는 손상의 모든 위험을 부담하여야 한다. 다만 물품이 계약물품으로서 명확하게 특정되어 있어야 한다.

해설 CFR 규칙하에서 매수인은 선적항의 본선 갑판상에 물품이 적치되거나 조달된 때부터 물품의 멸실 또는 손상의 모든 위험을 부담하여야 한다. 기타 이 규칙하에서 매수인의 위험부담에 관한 설명은 뒤의 CIF와 같다.

B6 Allocation of costs. The buyer must, subject to the provisions of A3 a), pay

a) all costs relating to the goods from the time they have been delivered as envisaged in A4, except, where applicable, the costs of customs formalities necessary for export as well as all duties, taxes, and other charges payable upon export as referred to in A6 c);

b) all costs and charges relating to the goods while in transit until their arrival at the port of destination, unless such costs and charges were for the seller's account under the contract of carriage;

c) unloading costs including lighterage and wharfage charges, unless such costs and charges were for the seller's account under the contract of carriage;

d) any additional costs incurred if it fails to give notice in accordance with B7, from the agreed date or the expiry date of the agreed period for shipment, provided that the goods have been clearly identified as the contract goods; and

e) where applicable, all duties, taxes and other charges, as well as the costs of carrying out customs formalities payable upon import of the goods and the costs for their transport through any country unless included within the cost of the contract of carriage.

번역 **제B6조 비용의 분담.** 매수인은 반드시 제A3조 a항에 규정된 경우를 제외하고, 다음과 같은 비용을 지급하여야 한다.

a) 물품이 제A4조에 적시된 대로 인도된 시간부터 물품에 관련한 모든 비용.

다만 적용가능한 경우에는, 수출에 필요한 통관절차의 비용뿐만 아니라, 제A6조 c항에 언급된 대로 수출시에 지급되는 모든 관세, 조세 및 기타 경비는 제외한다.

b) 운송계약에 따라 매도인의 계산에 속한 것이 아닌 한, 목적항구에 도착할 때까지의 수송 중에 물품에 관련한 모든 비용 및 경비,

c) 운송계약에 따라 매도인의 계산에 속한 것이 아닌 한, 부선료와 부두사용료를 포함한 양륙비용,

d) 매수인이 제B7조에 따라 통지를 행하지 아니한 경우에는, 선적을 위하여 합의된 일자 또는 합의된 기간의 만기일자로부터 발생된 모든 추가적인 비용. 다만 물품이 계약물품으로서 명확하게 특정되어 있어야 한다. 그리고

e) 적용가능한 경우에는, 물품의 수입시에 지급되는 모든 관세, 조세 및 기타 경비뿐만 아니라, 통관절차를 이행하는 비용 및 운송계약의 비용에 포함되지 않은 한 어떠한 국가를 통과하는 운송비용.

해설 앞의 제A3조 a항에 따라 매도인이 운송계약을 체결하거나 조달하는 비용을 제외하고, ① CFR 규칙하에서 매수인은 선적항의 본선 갑판상에 물품이 적치되거나 조달된 때부터 물품에 관한 모든 비용을 부담하여야 한다. 다만 수출통관절차의 비용과 수출시의 관세, 조세 및 기타 경비는 제외한다.

② CFR 규칙하에서 매수인은 운송계약에 포함되지 아니한 경우, 목적항에 도착할 때까지의 운송 중 물품에 관한 모든 비용과 경비도 부담하여야 한다.

③ CFR 규칙하에서 매수인은 운송계약에 포함되지 아니한 경우, 부선료와 부두사용료를 포함한 양륙비도 부담하여야 한다. 여기서 "양륙비"라 함은 항구나 컨테이너 터미널 시설 내에서 물품의 취급경비(THC)도 포함한다.

④ CFR 규칙하에서 매수인은 제B7조에 따른 통지의무, 즉 물품선적의 시간·물품수령의 지점 등에 대한 결정권이 주어졌을 때 이를 통지하지 아니한 경우에는, 합의된 선적기일로부터 발생된 모든 추가적인 비용을 부담하여야 한다. 다만 당해 물품이 계약물품으로서 명확하게 특정되어 있어야 한다.

⑤ CFR 규칙하에서 매수인은 수입시에 지급되는 모든 관세, 조세와 기타 수입국가 당국의 공적인 경비, 수입통관절차의 비용 및 운송계약의 비용에 포함되지 아니한 경우에는 선적 후의 제3국 통과비용도 부담하여야 한다.

B7 Notices to the seller. The buyer must, whenever it is entitled to determine the time for shipping the goods and/or the point of receiving the goods within the named port of destination, give the seller sufficient notice thereof.

번역 **제B7조 매도인에 대한 통지.** 매수인은 반드시 물품선적의 시간 및/또는 지정된 목적항구내의 물품수령의 지점을 결정할 권한이 주어진 때에는, 항상 이에 관하여 매도인에게 충분한 통지를 행하여야 한다.

해설 CFR 규칙하에서 매수인은 물품선적의 시간과 목적항내의 수령지점의 결정권이 주어졌을 때에는, 매도인에게 이에 관한 충분한 통지를 하여야 한다. 기타 이 규칙하에서 매수인의 통지의무에 관한 설명은 뒤의 CIF와 같다.

B8 Proof of delivery. The buyer must accept the transport document provided as envisaged in A8 if it is in conformity with the contract.

번역 **제B8조 인도의 증거.** 매수인은 반드시 운송서류가 계약에 일치하는 경우에는 제A8조에 적시된 대로 제공된 운송서류를 인수하여야 한다.

해설 CFR 규칙하에서 매수인은 운송서류가 계약에 일치하고 제A8조에 적시된 대로 정당한 인도의 증거서류인 한 이를 인수하여야 한다. 기타 이 규칙하에서 매수인의 운송서류 인수의무에 관한 설명은 뒤의 CIF와 같다.

B9 Inspection of goods. The buyer must pay the costs of any mandatory pre-shipment inspection, except when such inspection is mandated by the authorities of the country of export.

번역 **제B9조 물품의 검사.** 매수인은 반드시 수출국가의 당국에 의하여 강제된 그러한 검사의 경우를 제외하고, 모든 강제적인 선적전검사의 비용을 지급하여야 한다.

해설 CFR 규칙하에서 매수인은 수출국가의 당국이 지정한 선적전검사를 제외하고, 모든 선적전검사(PSI)에 관한 의무를 부담하여야 한다. 기타 이 규칙하에서 매수인의 선적전검사의무에 관한 설명은 앞의 FCA와 같다.

B10 Assistance with information and related costs. The buyer must, in a timely manner, advise the seller of any security information requirements so that the seller may comply with A10.

The buyer must reimburse the seller for all costs and charges incurred by the seller in providing or rendering assistance in obtaining documents and information as envisaged in A10.

The buyer must, where applicable, in a timely manner, provide to or render assistance in obtaining for the seller, at the seller's request, risk and expense, any documents and information, including security-related information, that the seller needs for the transport and export of the goods and for their transport through any country.

번역 **제B10조 정보의 협조 및 관련 비용.** 매수인은 반드시 매도인이 제A10조를 준수할 수 있도록 모든 보안정보요건에 관하여 매도인에게 시의적절한 방법으로 고지하여야 한다.

매수인은 반드시 제A10조에 적시된 대로 서류와 정보를 취득하는데 따른 협조를 제공하거나 공여하면서 매도인에 의하여 발생된 모든 비용과 경비를 매도인에게 보상하여야 한다.

매수인은 반드시 적용가능한 경우에는, 매도인의 요청과 위험 및 비용부담으로 매도인이 물품의 운송과 수출 및 어떠한 국가를 통과하는 물품운송에 필요한 보안관련 정보를 포함하여 모든 서류와 정보를 취득하는데 따른 협조를 매도인에게 시의적절한 방법으로 제공하거나 공여하여야 한다.

해설 CFR 규칙하에서는 매도인이 물품의 수입통관, 제3국 통과, 반입운송 등 수입수속을 위한 서류와 정보를 취득하는데 협조를 다하도록 하고 있으므로,

매수인은 이러한 매도인의 협조에 소요된 모든 비용과 위험을 부담하여야 한다. 특히 인코텀즈® 2010 규칙하에서 매수인은 매도인의 제A10조 의무준수를 위한 보안정보요건을 시의적절한 방법으로 고지하여야 한다(서문).

또 CFR 규칙하에서 매수인은 매도인의 요청 시 매도인의 위험과 비용부담으로 물품의 반출운송과 수출통관 등 수출수속에 필요한 보안관련 정보를 포함하여 서류와 정보를 취득하는데 시의적절하게 협조를 다하여야 한다. 기타 매수인의 정보협조와 관련비용에 관한 설명은 앞의 FCA와 같다.

4. CIF : COST INSURANCE AND FREIGHT(운임 · 보험료포함인도)

CIF (insert named port of destination) Incoterms® 2010
(CIF [지정목적항구 삽입] 인코텀즈® 2010)

GUIDANCE NOTE(안내문)

This rule is to be used only for sea or inland waterway transport.

"Cost, Insurance and Freight" means that the seller delivers the goods on board the vessel or procures the goods already so delivered. The risk of loss of or damage to the goods passes when the goods are on board the vessel. The seller must contract for and pay the costs and freight necessary to bring the goods to the named port of destination.

The seller also contracts for insurance cover against the buyer's risk of loss of or damage to the goods during the carriage. The buyer should note that under CIF the seller is required to obtain insurance only on minimum cover. Should the buyer wish to have more insurance protection, it will need either to agree as much expressly with the seller or to make its own extra insurance arrangements.

When CPT, CIP, CFR, or CIF are used, the seller fulfils its obligation to deliver when it hands the goods over to the carrier in the manner specified in the chosen rule and not when the goods reach the place of destination.

This rule has two critical points, because risk passes and costs are transferred at different places. While the contract will always specify a destination port, it might not specify the port of shipment, which is where risk passes to the buyer. If the shipment port is of particular interest to the buyer, the parties are well advised to identify it as precisely as possible in the contract.

The parties are well advised to identify as precisely as possible the point at the agreed port of destination, as the costs to that point are for the account of the seller. The seller is advised to procure contracts of carriage that match this choice precisely. If the seller incurs costs under its contract of carriage related to unloading at the specified point at the port of destination, the seller is not entitled to recover such costs from the buyer unless otherwise agreed between the parties.

The seller is required either to deliver the goods on board the vessel or to procure goods already so delivered for shipment to the destination. In addition the seller is required either to make a contract of carriage or to procure such a contract. The reference to "procure" here caters for multiple sales down a chain ('string sales'), particularly common in the commodity trades.

CIF may not be appropriate where goods are handed over to the carrier before they are on board the vessel, for example goods in containers, which are typically delivered at a terminal. In such circumstances, the CIP rule should be used.

CIF requires the seller to clear the goods for export, where applicable. However, the seller has no obligation to clear the goods for import, pay any import duty or carry out any import customs formalities.

번역 이 규칙은 해상 또는 내수로 운송에만 사용하여야 한다.

"운임 · 보험료포함인도"(cost, insurance and freight)라 함은 매도인이 본선의 갑판상에 물품을 인도하거나 또는 이미 그렇게 인도된 물품을 조달하는 것을 의미한다. 물품의 멸실 또는 손상의 위험은 물품이 본선의 갑판상에 적재된 때에 넘어간다. 매도인은 반드시 지정된 목적항구까지 물품을 운반하는데 필요한 운송계약을 체결하고 그 비용과 운임을 지급하여야 한다.

매도인은 또한 운송 동안에 물품의 멸실 또는 손상의 매수인 위험에 대한 보험담보의 계약을 체결한다. 매수인은 CIF 하에서 매도인에게는 단지 최소한의 담보에 관한 보험만 취득하도록 요구된다는 사실에 유의하여야 한다. 매수인이 더 이상의 보험보호를 받고자 원하는 경우에는, 매수인은 매도인과 그만큼 명시적으로 합의하거나 또는 매수인 자신의 특별한 보험약정을 체결할 필요가 있을 것이다.

CPT, CIP, CFR 또는 CIF가 사용되는 경우에는, 매도인은 자신이 선택된 규칙에 명시된 방법으로 운송인에게 물품을 인계하는 때에 자신의 인도의무를 완수하게 되며, 또 물품이 목적장소에 도달하는 때가 되는 것은 아니다.

이 규칙은 상이한 장소에서 위험이 넘어가고 비용이 이전되기 때문에 두 개의 분기점을 갖고 있다. 계약은 항상 목적항구를 명시하는 반면에, 위험이 매수인에게 넘어가는 장소가 되는 선적항구를 명시하지 아니할 수 있다. 선적항구가 매수인에게 특별한 이해관계에 있는 경우에는, 당사자들은 계약에서 이를 가능한 한 정확하게 확인하는 것이 아주 바람직하다.

당사자들은 합의된 목적항구의 지점을 가능한 한 정확하게 확인하는 것이 아주 바람직하다. 왜냐하면 당해 지점까지의 비용이 매도인의 계산에 속하기 때문이다. 매도인은 이 선택사항에 정확하게 부합하는 운송계약을 조달하는 것이 바람직하다. 매도인이 자신의 운송계약에 따라 목적항구의 명시된 지점에서의 양하에 관련된 비용을 부담하는 경우에는, 매도인은 당사자간에 별도의 합의가 없는 한 매수인으로부터 그러한 비용을 회수할 권한이 없다.

매도인은 본선의 갑판상에 물품을 인도하거나 또는 이미 목적지까지 선적을 위하여 그렇게 인도된 물품을 조달하는 것이 요구된다. 추가적으로 매도인은 운송계약을 체결하거나 또는 그러한 계약을 조달하는 것이 요구된다. 여기서 "조달"(procure)이란 언급은 특히 상품무역에서 보편적인 일련의 다중매매('연계매매')를 대비한 것이다.

CIF는 물품이 본선의 갑판상에 적재되기 이전에 운송인에게 인계되는 경우, 예컨대 전형적으로 터미널에서 인도되는 컨테이너 물품에는 적절하지 아니할 수 있다. 그러한 사정에는, CIP 규칙을 사용하여야 한다.

CIF는 적용가능한 경우에는 매도인이 물품의 수출수속을 하도록 요구한다. 그러나 매도인은 물품의 수입수속을 하거나, 어떠한 수입관세를 지급하거나 또는 어떠한 수입통관절차를 이행할 아무런 의무도 부담하지 아니한다.

해설 1. [CIF의 정의] "CIF"(운임 · 보험료포함인도)라 함은 매도인이 목적항까지의 운임(freight)과 보험료(insurance premium)를 지급하되, 물품에 대한 모든 위험과 추가적인 비용은 물품이 선적항에서 본선의 갑판상에 적치되거나 그렇게 조달된 때에 매수인에게 이전하는 거래조건을 말한다.[36]

특히 CIF는 반대의 명시적인 합의가 없는 한, 매도인이 단지 런던 보험시장의 협회적하약관(ICC)이나 이에 준하는 약관의 최소담보조건(C)으로 부보하고 매도인이 물품의 수출수속을 이행하여야 하며, 또 이 규칙은 FAS, FOB, CFR규칙과 함께 해상운송 또는 내수로운송에만 사용할 수 있다.

그러나 CIF는 매도인이 물품을 본선의 갑판상에서 인도하여야 하기 때문에, 본선의 갑판이 전혀 의미가 없는 roll on-roll off 운송이나 컨테이너 운송의 경우에는 부적합하다. 이러한 경우 CIP 규칙을 사용하는 것이 바람직하다.

CIF는 매도인이 지정된 목적항까지 운송계약과 보험계약을 체결하고 운임과 보험료를 지급한다는 점에서 FOB 규칙과 구별되지만, 기타 추가적인 비용과 물품의 멸실 또는 손상의 모든 위험은 물품의 선적시에 매수인에게 이전한다는 점에서는 FOB나 CFR 규칙과 성격이 같다.[37] 또 CIF는 매도인이 목적항까지의 운임 이외에 보험료도 부담한다는 점에서 CFR 규칙과 구별된다.

2. [CIF의 본질] CIF 계약은 19세기 초 영국에서 유래된 것으로 전해지고 있으며, 오늘날 여러 무역거래조건 중에 가장 발전된 것으로 평가된다. 따라서 CIF 규칙은 다음과 같은 여러 가지의 복합적인 특징을 지니고 있다.[38]

---

36) Jan Ramberg, *ICC Guide to Incoterms® 2010*, Publication No. 720E, 2011, p. 199.
37) M. Bridge, *Benjamin's Sale of Goods*, 8th ed., Sweet & Maxwell, 2010, p. 1703.

① CIF 규칙은 FOB나 CFR 규칙과 함께 해상운송만을 전제하기 때문에 해상매매계약에 속한다. 즉, 이 규칙하에서 매도인은 합의된 시기에 선적항에서 본선에 물품을 선적하고 무고장 선화증권(bill of lading), 매수인을 위한 보험증권(insurance policy) 등을 제공함으로써 그 의무를 다하게 된다.

② CIF 규칙하에서 매도인은 목적항까지의 운임과 보험료를 지급하지만, 물품에 대한 위험과 추가적인 비용부담은 선적항에서 인도가 완성된 때에 매수인에게 이전하며, 그 후 목적항에서의 도착을 목적으로 하는 것이 아니기 때문에 이는 선적지매매계약에 속한다. 따라서 매도인은 선적후 물품이 멸실되어 목적항에 도착하지 아니하였더라도, 선적항에서 계약에 일치하는 물품의 선적을 입증하는 선적서류를 제공하는 한 대금을 지급받을 수 있다.

③ CIF 규칙하에서 대금청구를 위한 매도인의 인도방식은 물품의 현실적인 인도(actual delivery)가 아닌 서류에 의한 상징적인 인도(symbolic delivery)의 방식을 취한다는 특징을 지니고 있다. 즉, CIF 규칙하에서 매도인의 위험부담은 FOB 규칙에서처럼 선적시에 끝나지만, 물품에 대한 권리는 이를 상징하는 서류를 제공함으로써 매수인에게 이전하며 이때부터 매수인은 대금지급의 의무를 진다. 따라서 물품이 정상적으로 인도되었더라도 계약에 불일치한 선적서류를 제공한 경우에는, 매도인은 대금을 지급받을 수 없게 된다.

그렇지만 CIF 규칙은 단순히 서류매매계약이라고 할 수 없으며, 엄격히 말하여 이는 "서류인도로 이행되는 물품매매계약"(contract for the sale of goods to be performed by the delivery of documents)이라고 보아야 한다.[39]

④ CIF 규칙은 매도인의 비용구간인 선적시까지의 물품가격에 매수인의 비용구간인 목적항까지의 운임과 보험료가 합산된 복합가격조건이다. 즉, 이는 DDP 등 도착지인도규칙에서 매도인의 과중한 가격부담과 EXW 등 선적지인도규칙에서 매수인의 과중한 가격부담을 균등하게 조화시킨 것이라고 할 수 있다.

결과적으로 CIF 규칙을 사용할 경우 매도인은 다음과 같은 이점을 누릴 수 있다. 첫째, 매도인은 선적항에서의 선적과 동시에 약정품에 대한 모든 위험으로부

38) David M. Sassoon, *C.I.F. and F.O.B. Contracts*, Sweet & Maxwell, 1995, pp. 4~7.
39) Carole Murray et al., *Schmitthoff's Export Trade*, Sweet & Maxwell, 2007, p. 34.

터 면제된다. 둘째, 매도인은 목적항에 물품이 도착하기 전에 선적서류와 상환으로 미리 물품대금을 회수하여 현금화할 수 있다. 셋째, 국내에 경쟁력 있는 선박회사나 보험회사가 있을 때 유리한 비용조건으로 운송·보험계약을 체결할 수 있다. 넷째, 수출국가의 차원에서도 CIF 규칙은 FOB에 비하여 운송·보험계약에 따른 운임과 보험료만큼 외화수입을 가져올 수 있다.

다만 CIF 규칙을 사용하면 매도인은 해상운임과 보험료를 과학적으로 정확히 계산하여야 하고, 당초 예상치 못한 요소비용을 감당하여야 하며, 또 선복의 수배와 복잡한 부보절차를 직접 이행하여야 하는 어려움이 있다.

3. **[위험·비용부담의 분기점]** CIF 규칙은 매도인이 선적항에서 물품을 본선의 갑판상(on board)에 인도하면 그 의무를 다하게 되지만, 이 규칙하에서 위험과 비용부담의 분기점은 상호 일치하지 아니하는 면이 있다.

① CIF 규칙하에서 매도인은 물품이 선적항에서 본선의 갑판상에 인도한 때까지 물품의 멸실 또는 손상의 모든 위험을 부담하기 때문에, 위험부담의 분기점(critical point)도 선적항에서 물품이 본선의 갑판상에 적치된 때가 된다.

따라서 물품이 본선의 갑판상에 적치된 때부터는 물품에 대한 모든 위험을 매수인이 부담하여야 한다.[40] 예컨대 물품이 선창의 적부작업과정에서 사고가 발생하더라도, 이는 매도인측의 책임이 아니라 매수인측의 책임에 속한다.

② CIF 규칙하에서 매도인은 선적항에서 물품을 본선의 갑판상에 인도한 때까지의 물품에 관련된 모든 비용과 목적항까지의 운임 및 보험료를 별도로 부담하여야 한다. 반면에 매수인은 목적항까지의 운임과 보험료를 제외하고, 물품이 본선상에 인도된 때부터 모든 추가적인 비용을 부담하여야 한다.

결과적으로 CIF 규칙하에서 비용부담의 분기점(critical point)은 장소적인 측면에서 보면 선적항에서 물품이 본선의 갑판상에 적치되거나 그렇게 조달된 때가 되지만, 비용한도의 측면에서 보면 매도인이 FOB 규칙하에서의 모든 비용에 목적항까지의 운임과 보험료를 합산한 금액을 지급한 때가 된다.

즉, 매도인은 물품을 본선에 적재하기까지의 일체의 수출비용(export costs), 본선의 창내적부·정돈비(stowage and trimming charge)를 포함하여 선적항으로

---

40) M. Bridge, *Benjamin's Sale of Goods*, 8th ed., Sweet & Maxwell, 2010, p. 1580.

부터 목적항까지의 운송계약에 따른 비용(costs)과 운임(freight), 정기선운송의 경우 목적항에서의 양륙비(unloading costs)뿐만 아니라, 목적항까지의 해상보험에 부보한 보험료(insurance premium) 등을 부담하여야 한다.

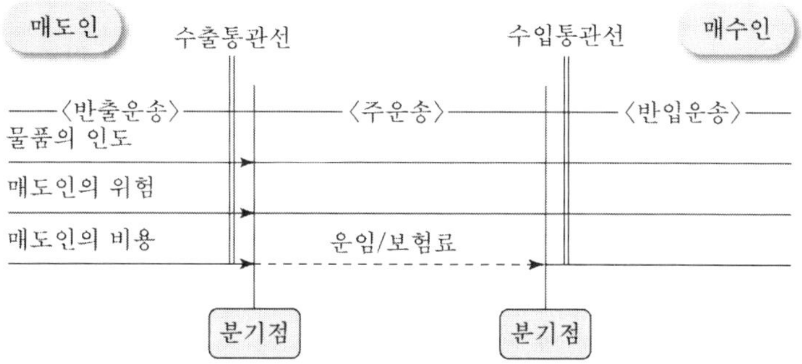

4. [매매당사자의 주요의무] CIF 규칙하에서 매도인은 ① 자신의 비용부담으로 약정품의 운송에 통상적인 조건과 선박 및 항로로 목적항까지 물품의 운송계약을 체결하여야 하고, ② 매매계약에 일치하는 물품을 선적항의 본선의 갑판상에서 인도하여야 하고, ③ 자신의 비용부담으로 물품의 수출허가와 수출통관 등의 수출수속을 이행하고 이에 따른 경비를 지급하여야 한다.

특히 매도인은 ④ 자신의 비용부담으로 평판이 좋은 보험자와 목적항까지의 운송에 수반되는 보험계약을 체결하고 보험료를 지급하여야 한다. 이때 보험계약은 런던보험시장의 협회적하약관(ICC)이나 이와 유사한 약관의 최소담보조건(C)을 택하여 적어도 물품대금의 110% 한도까지 계약상의 통화단위로 부보하여야 한다. 물론 매수인의 요구가 있을 경우에는 매수인의 비용부담으로 조달가능한 전쟁위험, 동맹파업위험 등의 추가적인 보험에 부보하여야 한다.

또 매도인은 ⑤ 계약에 일치함을 입증하는 상업송장과 목적항까지의 무고장 운송서류(유통성 선화증권, 해상화물운송장, 내수로 운송서류 등) 및 양도가능한 보험서류(보험증권, 보험증명서 등)를 지체 없이 제공하여야 하며, 이러한 서류는 당사자간의 합의나 관습에 따라 전자기록으로 대체할 수 있다.

나아가 매도인은 ⑥ 물품의 본선적재비(loading costs)뿐만 아니라 운송계약의 체결시 정기선조건에 의하여 운임에 포함될 수 있는 목적항에서의 양륙비(unloading costs)도 지급하여야 한다. 즉, 매도인은 선적항에서의 본선적재비는 운임에 포함되어 있든 없든 당연히 지급하여야 하며, 정기선운송의 경우 목적항에서의 양륙비가 운임에 포함되어 있으면 이것도 지급하여야 한다.

반면 CIF 규칙하에서 매수인은 ① 상업송장, 운송서류 및 보험서류가 자신에게 전달되면 물품이 선적항에서 본선의 갑판상에 인도된 때에 이를 접수하고 목적항에서 운송인으로부터 물품을 수령하여야 하고, ② 목적항에서의 양륙비가 운임에서 누락된 경우에는 양륙비를 지급하여야 하고, ③ 매도인에 대한 통지불이행으로 인한 모든 위험과 추가적인 비용을 지급하여야 한다.

A THE SELLER'S OBLIGATIONS(매도인의 의무)

A1 General obligations of the seller. The seller must provide the goods and the commercial invoice in conformity with the contract of sale and any other evidence of conformity that may be required by the contract.

Any document referred to in A1-A10 may be an equivalent electronic record or procedure if agreed between the parties or customary.

번역 **제A1조 매도인의 일반적 의무.** 매도인은 반드시 매매계약에 일치하는 물품과 상업송장 및 계약에 의하여 요구될 수 있는 기타 모든 일치의 증명서류를 제공하여야 한다.

제A1조 내지 제A10조에 언급된 모든 서류는 당사자간에 합의되었거나 관습적인 경우에는 이와 동등한 전자기록 또는 처리방법으로 할 수 있다.

해설 CIF 규칙하에서 매도인은 매매계약에 일치하는 물품과 상업송장을 제공하여야 하며, 또 매도인은 계약에 일치하는 다른 증명서류가 계약상에 요구된 경우 이를 제공하여야 한다. 이하 모든 서류는 당사자간의 합의 또는 관습에 따라 전자기록이나 처리방법으로 대체할 수 있다. 기타 매도인의 일반적인 의무에 관한 상세한 설명은 앞의 EXW 규칙 제A1조에서와 같다.

A2 Licences, authorizations, security clearances and other formalities. Where applicable, the seller must obtain, at its own risk and expense, any export licence or other official authorization and carry out all customs formalities necessary for the export of the goods.

번역 **제A2조 허가, 승인, 보안수속 및 기타 절차.** 적용가능한 경우에는, 매도인은 반드시 자신의 위험과 비용부담으로 모든 수출허가 또는 기타 공적인 승인을 취득하여야 하며, 또 물품의 수출에 필요한 모든 통관절차를 이행하여야 한다.

해설 EXW를 제외하고, CIF를 비롯한 모든 규칙하에서 물품의 수출수속은 매도인이 이를 이행하고 그 위험과 비용을 부담하여야 한다. 따라서 정부의 수출금지, 수출품에 대한 특별조세, 기타 예상보다 과대한 정부요건이 부과될 경우에는, 이에 대한 모든 위험과 비용을 매도인이 부담하여야 한다. 기타 이 규칙하에서 매도인의 수출수속에 관한 설명은 앞의 FCA와 같다.

A3 Contracts of carriage and insurance. a) Contract of carriage. The seller must contract or procure a contract for the carriage of the goods from the agreed point of delivery, if any, at the place of delivery to the named port of destination or, if agreed, any point at that port. The contract of carriage must be made on usual terms at the seller's expense and provide for carriage by the usual route in a vessel of the type normally used for the transport of the type of goods sold.

b) Contract of insurance. The seller must obtain, at its own expense, cargo insurance complying at least with the minimum cover provided by Clauses (C) of the Institute Cargo Clauses (LMA/IUA) or any similar clauses. The insurance shall be contracted with underwriters or an insurance company of good repute and entitle the buyer, or any other person having an insurable interest in the goods, to claim directly from the insurer.

When required by the buyer, the seller shall, subject to the buyer providing any necessary information requested by the seller, provide at the buyer's expense any additional cover, if procurable, such as cover as provided by Clauses (A) or (B) of the Institute Cargo Clauses (LMA/IUA) or any similar clauses and/or cover complying with the Institute War Clauses and/or Institute Strikes Clauses (LMA/IUA) or any similar clauses.

The insurance shall cover, at a minimum, the price provided in the contract plus 10% (i.e., 110%) and shall be in the currency of the contract.

The insurance shall cover the goods from the point of delivery set out in A4 and A5 to at least the named port of destination.

The seller must provide the buyer with the insurance policy or other evidence of insurance cover.

Moreover, the seller must provide the buyer, at the buyer's request, risk, and expense (if any), with information that the buyer needs to procure any additional insurance.

번역 **제A3조 운송 및 보험계약.** **a) 운송계약.** 매도인은 반드시 인도장소의 합의된 인도지점(있는 경우)으로부터 지정된 목적항구 또는 당해항구의 어떠한 지점(합의된 경우)까지 물품의 운송계약을 체결하거나 조달하여야 한다. 운송계약은 반드시 매도인의 비용부담으로 통상적인 조건에 따라 체결되어야 하며, 또 매각되는 물품종류의 운송에 일반적으로 사용되는 종류의 선박으로 통상적인 경로에 따른 운송을 제공하여야 한다.

b) 보험계약. 매도인은 반드시 자신의 비용부담으로 적어도 협회적하약관(LMA/IUA)의 (C) 조건 또는 이와 유사한 어떠한 약관에 의하여 규정된 최소한의 담보에 일치하는 적하보험을 취득하여야 한다. 보험계약은 평판이 좋은 보험업자 또는 보험회사와 체결하여야 하며, 또 매수인 또는 물품에 관한 피보험이익을 갖고 있는 기타 모든 자에게 보험자로부터 직접 보험금을 청구할 수 있는 권한을 부여하고 있어야 한다.

매수인이 요구한 때에는, 매도인은 매도인에게 요청되는 모든 필요한 정보를 매수인에게 제공한다는 전제하에 매수인의 비용부담으로 조달가능한 모든 추가적인 담보, 예컨대 협회적하약관(LMA/IUA)의 (A) 또는 (B) 조건 또는 이와 유사한 어떠한 약관에 의하여 규정된 담보, 및/또는 협회전쟁약관 및/또는 협회동맹파업약관(LMA/IUA) 또는 이와 유사한 어떠한 약관에 일치하는 담보 등을 제공하여야 한다.

보험은 최소한 계약에 약정된 대금에 10%를 가산한 금액(즉, 110%)을 담보하여야 하며, 또 계약상의 통화로 되어 있어야 한다.

보험은 제A4조 및 제A5조에 설정된 인도지점으로부터 적어도 지정된 목적항까지 물품을 담보하여야 한다.

매도인은 반드시 매수인에게 보험증권 또는 기타 보험담보의 증명서류를 제공하여야 한다.

나아가 매도인은 반드시 매수인의 요청과 위험 및 비용부담(있는 경우)으로 매수인이 어떠한 추가적인 보험을 조달하는데 필요한 정보를 매수인에게 제공하여야 한다.

해설 1. [운송계약] CIF 규칙하에서 매도인은 목적항이나 합의된 지점까지 운송계약을 체결하거나 조달하고 운임을 지급하여야 한다. 여기서 "조달"이란 언급은 운송 중인 물품의 연계매매를 대비한 것이다.[41] 운송계약은 통상적인 조건(usual terms)으로 체결하여야 하고, 매각되는 물품운송에 일반적으로 사용되는 종류의 선박(vessel)과 통상적인 항로(usual route)에 따라야 한다.

예컨대 컨테이너 운송에 부적합한 선박으로 컨테이너 화물에 대한 갑판적 운송계약을 체결하여서는 아니된다. 또 계약물품이 살화물(bulk cargo)인 경우에, 이는 대체로 컨테이너나 기타 flat, pallets 등의 단위로 용선계약에 의하여 운송되며, 운송인은 해상운송뿐만 아니라 수출국가의 내륙지점에서 수입국가의 내륙지점까지 운송을 책임지고 운송비를 징수하는 것이 보통이다. 이러한 경우에는 해상전용 CIF 규칙보다 CIP 규칙을 사용하는 것이 바람직하다.

또 물품이 정기선운송 또는 용선운송 중의 어느 것에 적합한지 불분명한 경우

41) Carole Murray et al., *Schmitthoff's Export Trade*, Sweet & Maxwell, 2007, p. 48.

에는 매매계약시에 이를 지정해 두는 것이 좋으며, 만약 용선운송계약을 선택한다면 기본운임 외에 적재비(loading costs)와 양륙비(unloading costs)의 부담에 관한 문제도 명확히 정하여야 한다. 운송계약관습상 적재비와 양륙비의 부담문제는 다음과 같은 네 가지의 계약조건 중에 하나로 결정된다.

① "Berth terms"(or liner terms)로 약정한 경우에는 적재비와 양륙비는 모두 선주가 부담하게 되는데, 이는 정기선운송에 많이 이용되고 있다.

② "FI clause"(free in)로 약정한 경우에는 적재비는 선주가 면책되고 기타 양륙비는 선주가 부담하므로, 화주는 적재비를 별도로 지급하여야 한다.

③ "FO clause"(free out)로 약정한 경우에는 반대로 양륙비는 선주가 면책되고 기타 적재비는 선주가 부담하므로, 화주는 양륙비를 지급하여야 한다.

④ "FIO clause"(free in and out)로 약정한 경우에는 적재비와 양륙비는 모두 선주가 면책되기 때문에, 화주가 이들 비용을 별도로 지급하게 되는데 이는 용선운송에 많이 이용되고 있다. 그러나 용선운송계약을 체결하더라도 적재비와 양륙비를 선주가 부담하는 "berth terms"를 이용하면 편리하다.

2. [보험계약] CIF 규칙하에서 매도인은 운송계약뿐만 아니라, 보험계약을 체결하고 보험료를 지급하여야 한다. 이때 요구되는 부보조건은 다음과 같다.

① 매도인은 선박의 좌초, 충돌, 화재 등의 주요위험에 대비한 협회적하약관 중의 최소담보조건(minimum cover)으로 부보하면 충분하다. 즉, 로이즈시장협회(LMA)와 국제보험업협회(IUA)의 합동적하위원회(JCC)가 개정한 2009년 협회적하약관(Institute Cargo Clauses : ICC)의 기본약관은 A, B 및 C조건으로 구성되어 있는데, 이중에 C조건이나 이와 유사한 약관이 최소담보조건이다.

② 매도인은 평판이 좋은 보험업자나 보험회사와 보험계약을 체결하여야 하며, 또 매수인이나 피보험이익을 갖고 있는 기타 모든 자가 보험자로부터 직접 보험금을 청구할 수 있는 양도가능한 양식의 보험증권(insurance policy) 또는 기타 보험담보의 증명서류를 매수인에게 제공하여야 한다. 왜냐하면 물품이 계약에 따라 선적된 때부터 모든 위험은 매수인에게 이전되기 때문이다.

③ 매도인은 매수인의 요구 시 자신에게 필요한 모든 정보를 매수인에게 제공한다는 전제하에 매수인의 비용부담으로 협회적하약관의 A 또는 B조건, 협회전

쟁약관, 협회동맹파업약관 등과 같은 추가적인 담보를 제공하여야 한다.

④ 부보금액은 계약에 약정된 통화로 표시하여 최소한 물품대금의 110% 이상이어야 한다. 여기서 10%의 가산금은 정상적인 거래에서 매수인이 누릴 수 있는 물품에 대한 최소한의 희망이익을 보장하여야 한다는 의미이다.

⑤ 보험담보의 기간은 물품이 지정된 인도지점(갑판상)으로부터 적어도 지정된 목적항에 도착한 때까지 계속하여 담보되도록 부보하여야 한다.

⑥ 기타 매도인은 매수인의 요청시 매수인의 위험과 비용부담으로 매수인이 다른 추가적인 보험을 조달하는데 필요한 정보를 제공하여야 한다.

즉, 인코텀즈® 2010 규칙은 2009년 개정된 협회적하약관(ICC)의 변화를 고려하였고, 각 규칙의 제A3조와 제B3조에서 보험에 관련한 정보의무를 추가한 것이 특징적이다. 이러한 의무는 구규칙의 제A10조와 제B10조에 있던 상당히 포괄적인 내용들을 이동시킨 것이며, 또 보험에 관련한 제A3조와 제B3조에서의 용어는 당사자들의 의무를 명쾌하게 할 목적으로 수정하였다(서문).

A4 Delivery. The seller must deliver the goods either by placing them on board the vessel or by procuring the goods so delivered. In either case, the seller must deliver the goods on the agreed date or within the agreed period and in the manner customary at the port.

번역 **제A4조 인도.** 매도인은 반드시 본선의 갑판상에 물품을 적치하는 행위 또는 그렇게 인도된 물품을 조달하는 행위로 이를 인도하여야 한다. 이중의 어느 경우에도, 매도인은 반드시 합의된 일자 또는 합의된 기간내에 항구의 관습적인 방법에 따라 물품을 인도하여야 한다.

해설 CIF 규칙하에서 매도인은 합의된 시기에 선적항의 관습적인 방법에 따라 본선의 갑판상에 물품을 적치하여야 한다. 또 인코텀즈® 2010에서는 화물이 운송 중에 여러 번 매각되는 연계매매(string sales)의 경우에도, 매도인은 선적된 물품을 조달하여 자신의 인도의무를 완성할 수 있도록 하고 있다(서문). 또 실무적으로 뉴욕항에서 선적하고 "CIF London"과 같이 CIF 뒤에 목적항을 기재하더라도, 이는 선적지인도규칙에 해당하는 것이다.

그러나 가끔 매도인이 CIF 계약을 체결하면서 CIF 뒤에 "… 일까지 런던 도착"(arrival London not later than …)을 조건으로 인도할 것을 요구받는 경우가 있는데, 이것은 당사자간에 해석상의 오해를 초래할 수 있다.

① 이것은 도착지인도규칙으로서 합의된 것으로 해석이 가능하다. 이렇게 본다면 매도인은 물품이 목적항에 도착되기까지의 지연이나 멸실 등에 대한 책임을 피할 수 없다. 결과적으로 이것은 CIF 계약의 본질을 벗어나게 된다.

② 특정일까지 도착을 조건으로 한 CIF 계약을 체결하였더라도 이 조건보다 CIF 계약의 본질이 우선한다고 해석할 수 있다. 이렇게 본다면 선적후 물품의 도착지연이나 멸실 등의 위험은 매수인이 부담하여야 한다. 따라서 CIF 계약시에는 그러한 추가적인 조건을 삽입하지 아니하는 것이 바람직하다.

A5 Transfer of risks. The seller bears all risks of loss of or damage to the goods until they have been delivered in accordance with A4, with the exception of loss or damage in the circumstances described in B5.

번역 **제A5조 위험의 이전.** 매도인은 제B5조에 기술된 사정에서의 멸실 또는 손상을 제외하고, 물품이 제A4조에 따라 인도된 때까지 물품의 멸실 또는 손상의 모든 위험을 부담하여야 한다.

해설 CIF 규칙하에서는 매도인이 합의된 시기에 선적항의 본선 갑판상에 물품을 적치하거나 그렇게 인도된 물품을 조달한 때에 물품의 멸실 또는 손상의 모든 위험도 매수인에게 이전한다. 매도인은 이 때까지의 위험만 부담하면 된다. 다만 운송 중인 물품의 연계매매에서는 물품에 대한 위험은 매매계약시에 매수인에게 이전한다. 이러한 매매에서도 보험계약의 체결 등 특별한 사정이 있는 경우에는, 매도인이 물품의 멸실 또는 손상을 알 수 없는 한, 위험은 운송인에게 물품을 인도한 때에 매수인에게 이전한다(CISG 제68조).

여기서 "위험"(risks)이라 함은 운송 동안의 우연한 사고로 인한 위험만을 의미하므로, 물품의 부적합한 포장이나 화인과 같이 당사자의 과실에 의하여 야기된 멸실 또는 손상의 위험은 포함되지 아니한다.

따라서 인코텀즈® 2010의 각 규칙에 따라 위험이 매수인에게 이전된 후에도 물품이 계약조건과 불일치하게 인도된 사실에 기인하여 손해가 발생한 경우에는, 매도인은 이러한 손해에 대하여 책임을 져야 한다(제A9조).

A6 Allocation of costs. The seller must pay

a) all costs relating to the goods until they have been delivered in accordance with A4, other than those payable by the buyer as envisaged in B6;

b) the freight and all other costs resulting from A3 a), including the costs of loading the goods on board and any charges for unloading at the agreed port of discharge that were for the seller's account under the contract of carriage;

c) the costs of insurance resulting from A3 b); and

d) where applicable, the costs of customs formalities necessary for export, as well as all duties, taxes and other charges payable upon export, and the costs for their transport through any country that were for the seller's account under the contract of carriage.

번역 **제A6조 비용의 분담.** 매도인은 반드시 다음과 같은 비용을 지급하여야 한다.

a) 제B6조에 적시된 대로 매수인에 의하여 지급되는 비용을 제외하고, 물품이 제A4조에 따라 인도된 때까지 물품에 관련한 모든 비용,

b) 갑판상에 물품의 적재비용 및 운송계약에 따라 매도인의 계산에 속한 합의된 양륙항구에서의 모든 양륙경비를 포함하여, 제A3조 a항의 결과로 발생하는 운임과 기타 모든 비용,

c) 제A3조 a항의 결과로 발생하는 보험비용, 그리고

d) 적용가능한 경우에는, 수출에 필요한 통관절차의 비용뿐만 아니라, 수출시에 지급되는 모든 관세, 조세 및 기타 경비, 그리고 운송계약에 따라 매도인의 계산에 속한 어떠한 국가를 통과하는 운송비용.

해설 ① CIF 규칙하에서 매도인은 계약에 합의된 대로 매수인에 의하여 지급되는 비용을 제외하고, 선적항의 본선 갑판상에 물품을 적치하거나 그렇게 인도된 물품을 조달한 때까지 물품에 관한 모든 비용을 부담하여야 한다.

② CIF 규칙하에서 매도인은 물품의 적재비와 운송계약에 따른 목적항에서의 양륙비를 포함한 운임(freight) 등의 비용을 부담하여야 한다.

여기서 "양륙비"라 함은 항구나 컨테이너 터미널 시설 내에서 물품의 취급경비(terminal handling charges : THC)도 포함한다. 인코텀즈® 2010 규칙은 매수인이 이를 이중으로 지급하지 아니하도록 명확하게 분담시키고 있다(서문).

③ CIF 규칙하에서 매도인이 보험계약도 체결하여야 하므로, 매도인은 최소한의 적하보험을 취득하는데 발생하는 보험비용을 부담하여야 한다.

④ CIF 규칙하에서 매도인은 수출통관절차의 비용과 이에 따른 모든 관세, 조세 및 기타 수출국가 당국의 공적인 경비(charges)를 부담하고, 나아가 운송계약에 포함된 경우 제3국의 통과비용도 매도인이 부담하여야 한다.

A7 Notices to the buyer. The seller must give the buyer any notice needed in order to allow the buyer to take measures that are normally necessary to enable the buyer to take the goods.

번역 **제A7조 매수인에 대한 통지.** 매도인은 반드시 매수인이 물품을 접수할 수 있도록 하는데 정상적으로 필요한 조치를 취할 수 있도록 매수인에게 필요한 모든 통지를 행하여야 한다.

해설 CIF 규칙하에서 매도인은 목적항에서 매수인이 물품을 접수하는데 필요한 조치를 취할 수 있도록 요구되는 모든 정보를 통지하여야 한다. 매도인이 이러한 통지를 하지 아니한 경우에는 계약위반이 되므로, 매도인은 당해 계약에 적용가능한 법률에 따라 계약위반의 책임을 지게 될 수 있다.

A8 Delivery document. The seller must, at its own expense provide the buyer without delay with the usual transport document for the agreed port of destination.

This transport document must cover the contract goods, be dated within the period agreed for shipment, enable the buyer to claim the goods from the carrier at the port of destination and, unless otherwise agreed, enable the buyer to sell the goods in transit by the transfer of the document to a subsequent buyer or by notification to the carrier.

When such a transport document is issued in negotiable form and in several originals, a full set of originals must be presented to the buyer.

번역 **제A8조 인도서류.** 매도인은 반드시 자신의 비용부담으로 합의된 목적항구까지의 통상적인 운송서류를 지체 없이 매수인에게 제공하여야 한다.

이 운송서류는 반드시 계약물품을 커버하여야 하고, 선적을 위하여 합의된 기간내로 일부되어 있어야 하고, 매수인이 목적항구에서 운송인으로부터 물품을 청구할 수 있는 것이어야 하며, 또 별도의 합의가 없는 한 매수인이 후속되는 매수인에게 서류의 이전에 의하거나 또는 운송인에 대한 통지에 의하여 수송 중인 물품을 매각할 수 있는 것이어야 한다.

그러한 운송서류가 유통가능한 양식이면서 복수의 원본으로 발행되는 때에는, 반드시 전통의 원본이 매수인에게 제시되어야 한다.

해설 1. [선화증권의 제공] CIF 규칙하에서 매도인은 선적항의 본선상에 물품을 인도한 후 목적항까지의 운송계약을 입증하는 통상적인 운송서류(usual transport document)를 취득하여 지체 없이 매수인에게 제공하여야 한다. 운송서류는 계약물품을 커버하고, 선적기일내의 일자가 명기되어 있어야 하며, 또 목적항에서 물품을 청구하고 운송 중에 매각할 수도 있는 양식이어야 한다.

해상운송에서 운송서류는 여러 가지의 형태가 있을 수 있다. 예컨대 전통적 양식의 유통성 선화증권(negotiable bills of lading)이나 비유통성의 정기선 화물운송장(liner waybills), 해양화물운송장(ocean waybills), 화물부두수령증(cargo quay receipts), 해상화물운송장(sea waybills) 등이 사용되고 있다.

그러나 아직 국제규칙이나 각국의 국내법에서는 비유통성 운송서류의 법적 효력에 관한 충분한 규정이 없으므로, 국제해사위원회(Comité Maritime International : CMI)에서는 1990년 6월에 "해상화물운송장에 관한 통일규칙"(Uniform Rules for Sea Waybills)을 공표하였다. 따라서 해상화물운송장으로 운송계약을 체결할 경우에는, 이 통일규칙의 준거문언을 두면 해상화물운송장 등의 비유통성 운송서류의 사용에 따른 법률상의 불확실성을 피할 수 있다.

2. **[운송중화물의 매각]** 일반적으로 정기선운송화물의 경우에는 운송 중에 매각되는 일이 드물다. 만약 운송 중인 화물(goods in transit)을 매각할 의도가 없을 경우에는 반드시 유통성 선화증권의 제공을 필요로 하지 아니한다.

그러나 용선운송화물의 경우에는 운송 중에도 현물시장에서 여러 단계로 매각되는 것이 보통이다. 이러한 경우에는 서류의 소지인에게 물품의 청구권을 이전할 수 있는 유통성 선화증권(negotiable B/L)이 매우 중요하다.

따라서 매수인은 운송 중에 화물을 제2의 매수인에게 매각하려면, 매도인에게 유통성 선화증권 또는 기타 서류의 이전에 의하거나 운송인에 대한 통지에 의하여 유통성을 부여한 운송서류를 제공하도록 요구하여야 할 것이다.

3. **[선화증권의 사기]** 선화증권은 대부분 여러 통의 원본으로 발행되기 때문에, 항상 해상사기(maritime fraud)의 위험에 노출될 가능성이 높다. 따라서 선화증권은 은행을 통하든 직접 매수인에게 제시되든 불문하고, 이는 반드시 발행된 전통의 원본(full set of originals)이 매수인에게 제시되어야 한다.

4. **[전자식 선화증권]** CIF를 비롯한 인코텀즈® 2010의 모든 규칙에서는 소위 "종이 없는 무역"(paperless trading)을 감안하고 있다. 이미 국제해사위원회(CMI)에서도 1990년 6월에 "전자식 선화증권에 관한 규칙"(Rules for Electronic Bills of Lading)을 제정해 두었다. 이 규칙에서는 전자식 선화증권의 경우 "운송인에게의 통지"(notification to the carrier)에 의한 권리이전의 방법을 규정하고 있다. 따라서 전통적 선화증권은 앞의 제A1조에 규정된 대로 당사자간의 합의 또는 관습에 따라 전자기록이나 처리방법으로 대체할 수 있다.

5. **[용선계약부 선화증권]** 선화증권이 용선자(charterer)의 요청에 따라 선박소유자(ship's owner)가 발행하는 경우에는, 대체로 선화증권상에 "all other terms as per charter party"와 같이 용선계약서를 참조하도록 명시하는 예가 많다. 그러나 인코텀즈® 2010의 CIF 규칙에서는 용선계약부 선화증권의 언급뿐만 아니

라, 용선계약서의 사본을 첨부하도록 하는 근거를 두지 않았다.

이것은 신용장 통일규칙에서도 용선계약부 선화증권을 제시하는 경우에 그 용선계약서를 심사대상에서 제외시켰고, 또 실무적으로도 용선계약서의 사본을 첨부하여 발급하지 아니하는 운송관습을 견지한 것으로 보인다.[42]

A9 Checking - packaging - marking. The seller must pay the costs of those checking operations (such as checking quality, measuring, weighing, counting) that are necessary for the purpose of delivering the goods in accordance with A4, as well as the costs of any pre-shipment inspection mandated by the authority of the country of export.

The seller must, at its own expense, package the goods, unless it is usual for the particular trade to transport the type of goods sold unpackaged. The seller may package the goods in the manner appropriate for their transport, unless the buyer has notified the seller of specific packaging requirements before the contract of sale is concluded. Packaging is to be marked appropriately.

번역 **제A9조 점검 · 포장 · 화인**. 매도인은 반드시 제A4조에 따라 물품을 인도하기 위하여 필요한 물품점검업무(품질, 용적, 중량, 수량점검 등)의 비용뿐만 아니라, 수출국가의 당국에 의하여 강제된 모든 선적전검사의 비용을 지급하여야 한다.

특정무역거래에서 매각된 종류의 물품을 무포장으로 운송하는 것이 통상적이지 아니하는 한, 매도인은 반드시 자신의 비용부담으로 물품을 포장하여야 한다. 매수인이 매매계약의 체결 이전에 매도인에게 특정한 포장요건을 통지하지 않은 한, 매도인은 물품운송에 적절한 방법으로 이를 포장할 수 있다. 포장에는 적절한 화인이 있어야 한다.

해설 CIF 규칙하에서 매도인은 물품상태(품질 · 용적 · 중량 · 수량 등)에 관한 점검과 수출국가의 당국이 지정한 선적전검사의 비용을 지급하여야 한다.

42) James E. Byrne, *UCP 600 : An Analytical Commentary*, Institute of International Banking Law & Practice, Inc., 2010, p.957.

또 CIF 규칙하에서 무포장운송이 통상적이지 않은 한, 매도인은 자신의 비용부담으로 물품을 포장하여야 하고, 포장에는 적절한 화인이 있어야 한다. 기타 이 규칙하에서 점검 · 포장 · 화인의무에 관한 설명은 앞의 FCA와 같다.

A10 Assistance with information and related costs. The seller must, where applicable, in a timely manner, provide to or render assistance in obtaining for the buyer, at the buyer's request, risk and expense, any documents and information, including security-related information, that the buyer needs for the import of the goods and/or for their transport to the final destination.

The seller must reimburse the buyer for all costs and charges incurred by the buyer in providing or rendering assistance in obtaining documents and information as envisaged in B10.

번역 **제A10조 정보의 협조 및 관련 비용**. 매도인은 반드시 적용가능한 경우에는, 매수인의 요청과 위험 및 비용부담으로 매수인이 물품의 수입 및/또는 최종목적지까지의 물품운송에 필요한 보안관련 정보를 포함하여 모든 서류와 정보를 취득하는데 따른 협조를 매수인에게 시의적절한 방법으로 제공하거나 공여하여야 한다.

매도인은 반드시 제B10조에 적시된 대로 서류와 정보를 취득하는데 따른 협조를 제공하거나 공여하면서 매수인에 의하여 발생된 모든 비용과 경비를 매수인에게 보상하여야 한다.

해설 CIF 규칙하에서 매도인은 매수인의 요청 시에는 매수인의 위험과 비용부담으로 선적 후의 제3국 통과와 수입통관, 반입운송 등 수입수속에 필요한 보안관련 정보를 포함하여 모든 서류와 정보 또는 이와 동등한 전자기록이나 처리방법 등을 취득하는데 시의적절한 방법으로 협조를 다하여야 한다.

또 CIF 규칙하에서 매도인은 제B10조에 적시된 대로 서류와 정보를 취득하기 위한 매수인의 협조에 소요된 모든 비용과 위험을 부담하여야 한다. 기타 매도인의 정보협조와 관련 비용에 관한 설명은 앞의 FCA와 같다.

B THE BUYER'S OBLIGATIONS(매수인의 의무)

B1 General obligations of the buyer. The buyer must pay the price of the goods as provided in the contract of sale.

Any document referred to in B1-B10 may be an equivalent electronic record or procedure if agreed between the parties or customary.

번역 **제B1조 매수인의 일반적 의무.** 매수인은 반드시 매매계약에 약정된 대로 물품의 대금을 지급하여야 한다.

제B1조 내지 제B10조에 언급된 모든 서류는 당사자간에 합의되었거나 관습적인 경우에는 이와 동등한 전자기록 또는 처리방법으로 할 수 있다.

해설 CIF 규칙하에서 매도인이 계약에 일치하는 물품과 상업송장 및 기타 증명서류를 제공하면, 이에 매수인은 매매계약에 합의된 시기와 방법 및 금액으로 물품의 대금을 지급하여야 한다. 이하 모든 서류는 당사자간의 합의 또는 관습에 따라 전자기록이나 처리방법으로 대체할 수 있다. 기타 매수인의 일반적인 의무에 관한 상세한 설명은 앞의 EXW 규칙 제B1조에서와 같다.

B2 Licences, authorizations, security clearances and formalities. Where applicable, it is up to the buyer to obtain, at its own risk and expense, any import licence or other official authorization and carry out all customs formalities for the import of the goods and for their transport through any country.

번역 **제B2조 허가, 승인, 보안수속 및 기타 절차.** 적용가능한 경우에는, 매수인 자신의 위험과 비용부담으로 모든 수입허가 또는 기타 공적인 승인을 취득하여야 하는 것과 물품의 수입 및 어떠한 국가를 통과하는 운송을 위한 모든 통관절차를 이행하여야 하는 것은 매수인의 책임에 속한다.

해설 CIF 규칙하에서 물품의 수입허가나 기타 공적인 승인의 취득, 물품의 수입과 선적 후의 제3국 통과를 위한 모든 통관절차는 매수인이 이행하여야 한다. 기타 매수인의 수입수속에 관한 설명은 앞의 FCA와 같다.

B3 Contracts of carriage and insurance. a) Contract of carriage. The buyer has no obligation to the seller to make a contract of carriage.

b) Contract of insurance. The buyer has no obligation to the seller to make a contract of insurance. However, the buyer must provide the seller, upon request, with any information necessary for the seller to procure any additional insurance requested by the buyer as envisaged in A3 b).

번역 **제B3조 운송 및 보험계약**. a) **운송계약**. 매수인은 매도인에 대하여 운송계약을 체결할 아무런 의무도 부담하지 아니한다.

b) **보험계약**. 매수인은 매도인에 대하여 보험계약을 체결할 아무런 의무도 부담하지 아니한다. 그러나 매수인은 요청 시에는 반드시 매도인이 제A3조 b항에 적시된 대로 매수인에 의하여 요청되는 어떠한 추가적인 보험을 조달하는데 필요한 모든 정보를 매도인에게 제공하여야 한다.

해설 CIF 규칙하에서 매수인은 목적항까지 운송 및 보험계약을 체결할 의무가 없다. 그렇다고 하여 이것은 매수인 자신의 이익을 위하여도 당해 직무를 이행할 필요가 없음을 의미하지 아니한다. 특히 이 규칙하에서 매수인은 자신의 이익을 위하여는 매도인에게 추가적인 보험에 필요한 정보를 제공하여 보험을 조달하게 하거나, 또는 매수인 스스로 이를 취득할 필요가 있다.

B4 Taking delivery. The buyer must take delivery of the goods when they have been delivered as envisaged in A4 and receive them from the carrier at the named port of destination.

번역 **제B4조 인도의 접수**. 매수인은 반드시 물품이 제A4조에 적시된 대로 인도된 때에 물품의 인도를 접수하여야 하며, 또 지정된 목적항에서 운송인으로부터 이를 수령하여야 한다.

해설 CIF 규칙하에서 매도인은 선적항의 본선 갑판상에 물품을 인도함으로써 그 의무를 다하게 되기 때문에, 매수인은 선적항에서 인도를 접수할 의무가 있으며, 또 목적항에서 운송인으로부터 물품을 수령할 의무도 있다.

① 매수인이 선적항에서 인도를 접수할(take delivery) 의무가 있다는 것은 물품이 계약과 일치함을 확인한다는 의미가 아니라, 이것은 매도인이 운송계약에 따른 물품인도의무를 이행하였음을 확인한다는 의미이다.

② 목적항에서 물품수령의무는 매수인 자신을 위한 것이 아니라, 운송계약을 체결한 매도인에 대하여 부담하는 것이다. 왜냐하면 매수인이 목적항에서 물품을 수령하지 아니하면 추가적인 비용이 발생하고, 운송인은 이를 매도인에게 추징하려고 할 것이므로 이러한 비용은 매수인이 부담하여야 한다.

B5 Transfer of risks. The buyer bears all risks of loss of or damage to the goods from the time they have been delivered as envisaged in A4.

If the buyer fails to give notice in accordance with B7, then it bears all risks of loss of or damage to the goods from the agreed date or the expiry date of the agreed period for shipment, provided that the goods have been clearly identified as the contract goods.

번역 **제B5조 위험의 이전**. 매수인은 물품이 제A4조에 적시된 대로 인도된 시간부터 물품의 멸실 또는 손상의 모든 위험을 부담하여야 한다.

매수인이 제B7조에 따라 통지를 행하지 아니한 경우에는, 이에 매수인은 선적의 합의된 일자 또는 합의된 기간의 만기일자로부터 물품의 멸실 또는 손상의 모든 위험을 부담하여야 한다. 다만 물품이 계약물품으로서 명확하게 특정되어 있어야 한다.

해설 CIF 규칙하에서 매수인은 선적항의 본선 갑판상에 물품이 적치되거나 조달된 때부터 물품의 멸실 또는 손상의 모든 위험을 부담하여야 한다.

그러나 CIF 규칙하에서 매수인이 제B7조에 따른 통지의무, 즉 선적시간과 물품수령의 지점 등에 대한 결정권이 주어졌을 때 이를 매도인에게 통지하지 아니하여 야기된 경우에는, 물품의 인도가 있기 전에 합의된 인도의 만기일자로부터 물품의 멸실 또는 손상의 모든 위험은 매수인에게 이전한다. 다만 당해 물품이 계약물품으로서 명확하게 특정되기까지는 위험은 이전하지 아니한다.

B6 Allocation of costs. The buyer must, subject to the provisions of A3 a), pay

a) all costs relating to the goods from the time they have been delivered as envisaged in A4, except, where applicable, the costs of customs formalities necessary for export, as well as all duties, taxes and other charges payable upon export as referred to in A6 d);

b) all costs and charges relating to the goods while in transit until their arrival at the port of destination, unless such costs and charges were for the seller's account under the contract of carriage;

c) unloading costs including lighterage and wharfage charges, unless such costs and charges were for the seller's account under the contract of carriage;

d) any additional costs incurred if it fails to give notice in accordance with B7, from the agreed date or the expiry date of the agreed period for shipment, provided that the goods have been clearly identified as the contract goods;

e) where applicable, all duties, taxes and other charges, as well as the costs of carrying out customs formalities payable upon import of the goods and the costs for their transport through any country, unless included within the cost of the contract of carriage; and

f) the costs of any additional insurance procured at the buyer's request under A3 b) and B3 b).

번역 **제B6조 비용의 분담.** 매수인은 반드시 제A3조 a항에 규정된 경우를 제외하고, 다음과 같은 비용을 지급하여야 한다.

a) 물품이 제A4조에 적시된 대로 인도된 시간부터 물품에 관련한 모든 비용.

다만 적용가능한 경우에는, 수출에 필요한 통관절차의 비용뿐만 아니라, 제A6조 d항에 언급된 대로 수출시에 지급되는 모든 관세, 조세 및 기타 경비는 제외한다.

b) 운송계약에 따라 매도인의 계산에 속한 것이 아닌 한, 목적항구에 도착할 때까지의 수송 중에 물품에 관련한 모든 비용 및 경비,

c) 운송계약에 따라 매도인의 계산에 속한 것이 아닌 한, 부선료와 부두사용료를 포함한 양륙비용,

d) 매수인이 제B7조에 따라 통지를 행하지 아니한 경우에는, 선적을 위하여 합의된 일자 또는 합의된 기간의 만기일자로부터 발생된 모든 추가적인 비용. 다만 물품이 계약물품으로서 명확하게 특정되어 있어야 한다.

e) 적용가능한 경우에는, 물품의 수입시에 지급되는 모든 관세, 조세 및 기타 경비뿐만 아니라, 통관절차를 이행하는 비용 및 운송계약의 비용에 포함되지 않은 한 어떠한 국가를 통과하는 운송비용, 그리고

f) 제A3조 b항 및 제B3조 b항에 따라 매수인의 요청으로 조달되는 모든 추가적인 보험비용.

해설 앞의 제A3조 a항에 따라 매도인이 운송계약을 체결하거나 조달하는 비용을 제외하고, ① CIF 규칙하에서 매수인은 선적항의 본선 갑판상에 물품이 적치되거나 조달된 때부터 물품에 관한 모든 비용을 부담하여야 한다. 다만 수출통관절차의 비용과 수출시의 관세, 조세 및 기타 경비는 제외한다.

② CIF 규칙하에서 매수인은 운송계약에 포함되지 아니한 경우, 목적항에 도착할 때까지의 운송 중 물품에 관한 모든 비용과 경비도 부담하여야 한다.

③ CIF 규칙하에서 매수인은 운송계약에 포함되지 아니한 경우, 부선료와 부두사용료를 포함한 양륙비도 부담하여야 한다. 여기서 "양륙비"라 함은 항구나 컨테이너 터미널 시설 내에서 물품의 취급경비(THC)도 포함한다.

④ CIF 규칙하에서 매수인은 제B7조에 따른 통지의무, 즉 물품선적의 시간·물품수령의 지점 등에 대한 결정권이 주어졌을 때 이를 통지하지 아니한 경우에는, 합의된 선적기일로부터 발생된 모든 추가적인 비용을 부담하여야 한다. 다만 당해 물품이 계약물품으로서 명확하게 특정되어 있어야 한다.

⑤ CIF 규칙하에서 매수인은 수입시에 지급되는 모든 관세, 조세와 기타 수입국가 당국의 공적인 경비, 수입통관절차의 비용 및 운송계약의 비용에 포함되지 아니한 경우에는 선적 후의 제3국 통과비용도 부담하여야 한다.

⑥ CIF 규칙하에서 매수인은 제A3조와 제B3조에 따라 조달되는 추가적인 보험비용, 예컨대 추가적인 보험료와 정보취득료 등을 부담하여야 한다.

B7 Notices to the seller. The buyer must, whenever it is entitled to determine the time for shipping the goods and/or the point of receiving the goods within the named port of destination, give the seller sufficient notice thereof.

번역 **제B7조 매도인에 대한 통지.** 매수인은 반드시 물품선적의 시간 및/또는 지정된 목적항구내의 물품수령의 지점을 결정할 권한이 주어진 때에는, 항상 이에 관하여 매도인에게 충분한 통지를 행하여야 한다.

해설 CIF 규칙하에서 매수인은 물품선적의 시간과 목적항내의 수령지점의 결정권이 주어졌을 때에는, 매도인에게 이에 관한 충분한 통지를 하여야 한다. 매수인이 이러한 통지의무를 행하지 아니한 경우에는, 매수인은 합의된 만기일자로부터 물품에 대한 모든 위험과 추가적인 비용을 부담하여야 한다.

B8 Proof of delivery. The buyer must accept the transport document provided as envisaged in A8 if it is in conformity with the contract.

번역 **제B8조 인도의 증거.** 매수인은 반드시 운송서류가 계약에 일치하는 경우에는 제A8조에 적시된 대로 제공된 운송서류를 인수하여야 한다.

해설 CIF 규칙하에서 매수인은 운송서류가 계약에 일치하고 제A8조에 적시된 대로 정당한 인도의 증거서류인 한 이를 인수하여야 한다.

따라서 CIF 규칙하에서 매도인이 정당한 인도의 증거서류를 제시하였음에도 불구하고, 매수인이 신용장 개설은행으로 하여금 매도인에게 수출대금을 지급하지 못하도록 지시하는 등 인도서류의 인수를 거절한다면, 이는 매매계약의 위반이 되므로 매수인은 이에 따른 모든 손해를 배상하여야 한다.

그러나 CIF 규칙하에서 매수인은 인도의 적절한 증거가 되지 못하는 서류, 예컨대 물품 또는 포장의 하자나 수량부족에 관한 부기가 있는 고장부서류(unclean documents)가 제시된 경우에도 이를 인수할 의무는 없다.[43]

B9 Inspection of goods. The buyer must pay the costs of any mandatory pre-shipment inspection, except when such inspection is mandated by the authorities of the country of export.

번역 **제B9조 물품의 검사.** 매수인은 반드시 수출국가의 당국에 의하여 강제된 그러한 검사의 경우를 제외하고, 모든 강제적인 선적전검사의 비용을 지급하여야 한다.

해설 CIF 규칙하에서 매수인은 수출국가의 당국이 지정한 선적전검사를 제외하고, 물품의 모든 선적전검사(PSI)에 관한 의무를 부담하여야 한다. 기타 이 규칙하에서 매수인의 선적전검사의무에 관한 설명은 앞의 FCA와 같다.

B10 Assistance with information and related costs. The buyer must, in a timely manner, advise the seller of any security information requirements so that the seller may comply with A10.

The buyer must reimburse the seller for all costs and charges incurred by the seller in providing or rendering assistance in obtaining documents and information as envisaged in A10.

The buyer must, where applicable, in a timely manner, provide to or render assistance in obtaining for the seller, at the seller's request, risk and expense, any documents and information, including security-related information, that the seller needs for the transport and export of the goods and for their transport through any country.

43) James E. Byrne, *UCP 600 : An Analytical Commentary*, Institute of International Banking Law & Practice, Inc., 2010, p. 868.

번역 **제B10조 정보의 협조 및 관련 비용.** 매수인은 반드시 매도인이 제A10조를 준수할 수 있도록 모든 보안정보요건에 관하여 매도인에게 시의적절한 방법으로 고지하여야 한다.

매수인은 반드시 제A10조에 적시된 대로 서류와 정보를 취득하는데 따른 협조를 제공하거나 공여하면서 매도인에 의하여 발생된 모든 비용과 경비를 매도인에게 보상하여야 한다.

매수인은 반드시 적용가능한 경우에는, 매도인의 요청과 위험 및 비용부담으로 매도인이 물품의 운송과 수출 및 어떠한 국가를 통과하는 물품운송에 필요한 보안관련 정보를 포함하여 모든 서류와 정보를 취득하는데 따른 협조를 매도인에게 시의적절한 방법으로 제공하거나 공여하여야 한다.

해설 CIF 규칙하에서는 매도인이 물품의 수입통관, 제3국 통과, 반입운송 등 수입수속을 위한 서류와 정보를 취득하는데 협조를 다하도록 하고 있으므로, 매수인은 이러한 매도인의 협조에 소요된 모든 비용과 위험을 부담하여야 한다. 특히 인코텀즈® 2010 규칙하에서 매수인은 매도인의 제A10조 의무준수를 위한 보안정보요건을 시의적절한 방법으로 고지하여야 한다(서문).

또 CIF 규칙하에서 매수인은 매도인의 요청 시 매도인의 위험과 비용부담으로 물품의 반출운송과 수출통관 등 수출수속에 필요한 보안관련 정보를 포함하여 서류와 정보를 취득하는데 시의적절하게 협조를 다하여야 한다. 기타 매수인의 정보협조와 관련비용에 관한 설명은 앞의 FCA와 같다.

Ⅲ. INCOTERMS® 2010 평가와 활용

Ⅲ

INCOTERMS® 2010 평가와 활용

1. Incoterms® 2010의 평가

인코텀즈® 2010은 앞서 언급한 바대로 관세자유구역의 확대, 무역거래에서 전자문서의 사용증가, 물품이동에 따른 보안문제, 운송관습의 변화 등을 고려하였다. 특히 신규칙은 도착지인도규칙을 개선·통합하여 전체 숫자를 13개에서 11개로 축소하였고, 각 규칙의 표현을 보다 간결하고 명확하게 제시하였다.[44] 또 신규칙은 처음으로 매수인과 매도인을 중성으로 표기하였다. 인코텀즈® 2010의 개정내용에 대하여는 흔히 다음과 같은 평가를 받고 있다.

① 도착지인도규칙에서 기존의 DAF·DES·DEQ·DDU를 삭제하고, DAT와 DAP를 신설하였으나, 현실적으로 국경인도의 DAF, 해상선박의 DES, 관세미지급인도의 DDU 상황에서 DAP 규칙을, 그리고 해상부두의 DEQ 상황에서 DAT 규칙을 각각 안전하게 사용할 수 있기 때문에 기존의 도착지인도관습이 완전 폐지되고 새로운 도착지관습으로 전환되었다고는 볼 수 없다.

② 인코텀즈® 2010은 총 11개의 규칙을 모든 운송방식용 규칙과 해상·내수로

44) 박남규, "Incoterms 2010과 CISG", 『무역상무연구』 제49권, 2011. 2, p. 44; 최명국, 전게논문, p. 7.

운송용 규칙으로 분류하고 있으나, 이를 기존의 분류방법인 선적지인도규칙(EXW, FCA, CPT, CIP, FAS, FOB, CFR, CIF)과 도착지인도규칙(DAT, DAP, DDP)으로 나눌 수 있으며, 또 비용중심의 E, F, C 및 D그룹의 분류방법을 포기한 것은 아니다. 즉, E그룹(EXW), F그룹(FCA, FAS, FOB), C그룹(CPT, CIP, CFR, CIF), D그룹(DAT, DAP, DDP) 등으로 나눌 수 있다.

③ 인코텀즈® 2010은 기존의 국제무역을 전제로 하였던 것에서 국내매매에도 적용가능하도록 부제를 붙여 이를 공식적으로 인정하고 관련규정을 보완하였다는 점에서 높이 평가되고 있다. 이를 구분하기 위하여 수출입절차 등 관련조항에 "적용가능한 경우"(where applicable)를 삽입해 두고 있다.

④ 해상 FOB, CFR 및 CIF 규칙에서 위험이전의 분기점으로서 "선박의 난간"(ship's rail)을 포기하고, "본선의 갑판상에"(on board the vessel) 적치한 때로 변경한 것은 현실적인 상업환경을 반영한 것으로 의의가 매우 크다.

⑤ 인코텀즈® 2010은 전자무역에 대비하여 EDI 통신문으로 대체될 수 있는 대상서류를 한정하지 아니하고, 당사자간의 합의나 관습에 따라 모든 서류에까지 확대시킨 것은 새로운 전자방식의 개발을 촉진시킬 것으로 본다.

⑥ 매도인의 운송계약이 요구되는 규칙에서 도착지의 터미널 취급경비(THC)에 대한 부담자를 명확하게 규정함으로써, 이것이 운임포함의 매각대금에 반영되었더라도 매수인이 이중으로 지급해야 하는 관행을 종식시켰다.

⑦ 인코텀즈® 2010은 FOB 등의 모든 해상운송규칙에서 운송 중인 물품의 "연계매매" 관행을 명확하게 반영함으로써 진일보한 규칙으로 평가되나, 매매관습상 기타 모든 운송방식에서도 운송 중인 물품(goods in transit)의 매각을 허용하고 있는데, 이를 포괄하지 못한 것은 다소 아쉬움이 남는다.[45]

45) Carole Murray et al., *Schmitthoff's Export Trade*, Sweet & Maxwell, 2007, p. 11.

2. Incoterms® 2010 활용방법

(1) Incoterms® 2010의 사용방법

① 인코텀즈® 2010 규칙을 매매계약상에 명확하게 포함시켜야 한다.[46] 예컨대 FOB 계약의 경우 "CIF (named port of destination) Incoterms® 2010" 등으로 인코텀즈 규칙과 지정된 장소를 삽입하고 인코텀즈® 2010을 기재한다.

② 운송환경에 적절한 인코텀즈 규칙을 선택하여야 한다. 즉, 인코텀즈 규칙은 물품과 그 운송수단에 적절하여야 하고, 운송이나 보험계약 등 추가적인 의무를 누구에게 부담하도록 하는 것이 적절한지에 따라 선택하여야 한다.

③ 각 인코텀즈 규칙에서 장소나 항구는 가능한 정확하게 명시하여야 한다. 인코텀즈 규칙은 당사자들이 장소나 항구를 지정한 경우에만 작동한다. 예컨대 FCA 계약을 체결할 경우에는, "FCA Gimpo Airport, Seoul, Korea Incoterms® 2010" 등은 그러한 정확성의 좋은 예가 될 수 있다(예시 참조).

즉, EXW, FCA, DAT, DAP, DDP, FAS, FOB 등에서는 인도가 일어나고 위험이 이전하는 장소를 지정하여야 하고, CPT, CIP, CFR, CIF 등에서는 인도장소와 달리 그곳까지 운임이 지급되는 목적지를 지정하여야 한다. 특히 장소나 목적지를 표시할 때 정확한 지점도 기재하여야 논란을 피할 수 있다.

(2) Incoterms® 2010 적용상 유의점

① 인코텀즈는 완전한 매매계약을 제공하지 아니함을 유념하여야 한다. 앞서 언급한 바 인코텀즈는 계약당사자간의 운송이나 보험계약의무, 물품의 인도시기, 당사자간의 비용분담 등을 규정하고 있을 뿐, 대금의 한도와 지급방법, 물품의 소유권 이전이나 계약위반의 결과 등에 관하여는 전혀 언급이 없다.

이러한 문제는 매매계약의 명시조건이나 준거법으로 다루어야 한다. 따라서 당

46) Jan Ramberg, *ICC Guide to Incoterms® 2010*, Publication No. 720E, 2011, p. 48.

사자들은 각 인코텀즈 규칙을 포함하고 있는 매매계약의 어떠한 측면보다도 행위지의 강제적인 국내법이 우선할 수 있다는 사실을 인식하여야 한다.

② 당사자들은 인코텀즈 규칙을 변경하고자 할 경우에는, 인코텀즈® 2010은 어떠한 변경을 금지하지는 아니하지만, 이에 따른 위험을 감수하여야 함을 유념하여야 한다. 이러한 경우 당사자들은 계약에서 어떠한 변경의 의도된 효과도 명확하게 규정하여야 한다. 예컨대 인코텀즈® 2010 규칙의 비용분담조항을 변경하고자 할 경우에는, 당사자들은 위험이 매도인으로부터 매수인에게 넘어가는 지점의 변경도 의도하였는지의 여부를 명확하게 기재하여야 한다.

(3) Incoterms® 2010의 저작권

인코텀즈® 2010의 저작권은 ICC에게 있다. "Incoterms"(인코텀즈)는 ICC의 등록상표이다. 따라서 "Incoterms" 상표는 다음과 같은 방법으로 이를 사용하여야 한다. ① ICC의 인코텀즈® 규칙과 ICC에서 출간된 기타 인코텀즈® 출판물과 서비스에만 "Incoterms" 상표를 사용할 수 있고, ② 교재에서는 명사가 아닌 형용사로 "Incoterms"를 사용하고, ③ "Incoterms" 상표의 다음에는 등록상표의 상징인 "®"을 붙여야 하며, ④ 첫 글자를 대문자로 표기하지 아니한 "incoterms"나 마지막의 "s"자 빠진 "Incoterm" 등은 사용하지 아니한다.

즉, 이번 규칙부터 인코텀즈® 규칙의 개별조건은 인코텀즈® 규칙으로 인용하고, "Incoterm"으로는 하지 아니하도록 하고 있다. 기타 ICC 출판물 이외에 "Incoterms" 상표를 사용할 경우에는, ICC의 사용허락을 받도록 하고 있다.[47]

47) ICC, *Incoterms® 2010*, Publication No. 715E, 2010, p. 125.

<예시> 무역매매계약서(Sales Note)

ABC INDUSTRY CO., LTD.
SEOUL, KOREA

11th August, 20XX

SALES NOTE NO. E 124

Paterson Yarns, Inc.
10 Elizabeth Street
Paterson, N.Y., U.S.A.

We as Seller confirm having sold you as Buyer the following goods on the terms and conditions as stated below and on the back hereof.

QUANTITY	DESCRIPTION	PRICE (per lb.)	SHIPMENT
40,000 lbs.	Call No. AK 220 Machine Knitting Yarn, 2/20 natural Turbo Bulky, Worsted System : made of 100 % Acrylic Staple Fibre 6 denier, dull, in about 80-82 inch skeins Shrinkage about 23 %	C.I.F. New York $ 2.30	20,000 lbs. each in October and November, 20XX Total Amount US $ 92,000.-

PAYMENT : Under irrevocable L/C at 90 days after sight
INSURANCE : Seller to cover 110 % of the C.I.F. value against All Risks including War and S.R.C.C. Risks
PACKING : In seaworthy bales
DESTINATION : New York, U.S.A.
SHIPPING MARK : PY-2248

Please sign and return the duplicate.

(BUYER)

(SELLER)
ABC INDUSTRY CO., LTD.
(signed)
Kil-Dong Hong
Export Manager

☞ Note : *General Agreement on Business Terms and Conditions.*

General Agreement on Business Terms and Conditions

This Agreement made and entered into between XYZ & Co., New York, U.S.A. (hereinafter called "Buyers") and ABC Ind. Co., Ltd., Seoul, Korea (hereinafter called "Sellers") witnesses as follows :

Business : All business transactions entered into between the parties shall be as Principals to Principals.

Quality : All shipments shall be conforming to samples in regard to description, quality and state at the place of destination.

Prices : Unless otherwise specified in cables or letters, all prices by Sellers or Buyers shall be quoted in U.S. Dollars on the basis of C.I.F. New York.

Quantity : An order shall be accepted so long as the quantity exceeds 1,000 lbs.

Delivery : (a) Shipment : All the goods sold shall be shipped within the time stipulated in each contract. The date of bills of lading shall be taken as a conclusive proof of the date of shipment. Unless specially arranged, the port of shipment shall be at Seller's option. Sellers shall not be responsible for late shipment caused by the delay of arrival of a Letter of Credit.

(b) Force Majeure : Sellers shall not be responsible for any delay in shipment due directly or indirectly to force majeure, such as fires, floods, earthquakes, tempests, strikes, lockouts, wars, riots, civil commotions, hostilities, blockades, requisition of vessels, embargoes, and to any other causes beyond the control of Sellers. In the event of any of these accidents or contingencies which prevent shipment within the stipulated time, Sellers shall inform Buyers of its occurrence or existence and furnish a certificate substantiated by the Korea Chamber of Commerce and Industry.

Payment : Draft(s) shall be drawn at sight, documents attached, for the full invoice amount under an Irrevocable Credit which shall be established within 10 days after the conclusion of the contract. Business against D/P draft without L/C should be subject to Seller's previous consent in each case.

Insurance : Sellers shall effect marine insurance on all shipments on ICC (B) including War Risks for 110% of the invoice amount. Risks of theft, pilferage and non-delivery or any other additional insurance if required, shall be covered by Sellers for account of Buyers. Insurance Policies or Certificates shall be made out in U.S. currency, and claims payable in New York.

Firm Offer : Unless otherwise stipulated, all firm offers shall be valid for 72 hours from the time dispatched, excluding Sunday and national holiday.

Order : Except in cases where firm offers are accepted, no orders shall be binding until acceptance is cabled by Sellers. All orders shall be confirmed in writing, and orders thus confirmed shall not be cancelled unless by mutual consent.

Trade Terms : Unless specially stated, the trade terms under this agreement shall be governed and interpreted by the Incoterms® 2010.

Choice of Law : The validity, formation and performance of the contract of sale shall be governed by United Nations Convention on Contracts for the International Sale of Goods (1980).

Claims : Buyer's claims, if any, shall be made by cable or E-mail within 20 days after arrival of the goods at destination. Certificates by recognized surveyors shall be sent by mail without delay. All claims which can not be amicably settled between Sellers and Buyers shall be settled by Arbitration in Seoul, in accordance with the rules of the Korean Commercial Arbitration Board, whose award shall be final and binding upon Sellers and Buyers.

Please acknowledge by signing and returning the separate sheet, retaining the original for you.

(Buyers) XYZ & Co.	(Sellers) ABC Ind. Co., Ltd.
(signed)	*(signed)*
----------------------	----------------------

부록(APPENDICES)

[부록 1] ICC 표준국제매매계약서(전매목적의 제조물)

ICC Model International Sale Contract*

(Manufactured Goods Intended for Resale)

A. SPECIFIC CONDITIONS

These Specific Conditions have been prepared in order to permit the parties to agree the particular terms of their sale contract by completing the spaces left open or choosing (as the case may be) between the alternatives provided in this document. Obviously this does not prevent the parties from agreeing other terms or further details in box A16 or in one or more annexes.

SELLER name and address	Contract Person name and address	BUYER name and address	Contract Person name and address
____________	______________	____________	__________________
____________	______________	____________	__________________

The present contract of sale will be governed by these Specific Conditions (to the extent that the relevant boxes have been completed) and by the ICC General Conditions of Sale (Manufactured Goods Intended for Resale) which constitute part B of this document.

SELLER signature	BUYER signature
__________________________	______________________________
place__________ date___________	place___________ date_____________

* 이 표준계약서는 1997년 12월에 Fabio Bortolotti 교수(이탈리아)를 의장으로 한 ICC 국제상관습위원회에 의하여 제정·공표된 후 전세계적으로 사용이 권장되고 있다.

A1 GOODS SOLD

description of the goods

____

____

If there is insufficient space parties may use an annex

A2 CONTRACT PRICE (Art. 4)

Currency : ________________

amount in numbers : __________ amount in letters : ________________

A3 DELIVERY TERMS

Recommended terms (according to Incoterms® 2010) :

- ☐ EXW Ex Works named place of delivery : ______
- ☐ FCA Free Carrier named place of delivery : ______
- ☐ CPT Carriage Paid To named place of destination : ______
- ☐ CIP Carriage and Insurance Paid To named place of destination : ______
- ☐ DAT Delivered at Terminal named terminal of destination : ______
- ☐ DAP Delivered at Place named place of destination : ______
- ☐ DDP Delivered Duty Paid named place of destination : ______

Other terms (according to Incoterms® 2010) :

- ☐ FAS Free Alongside Ship named port of shipment : ______
- ☐ FOB Free On Board named port of shipment : ______
- ☐ CFR Cost and Freight named port of destination : ______
- ☐ CIF Cost, Insurance and Freight named port of destination : ______

Other delivery terms

☐ ____

CARRIER (where applicable)

name and address	Contract Person
________________	________________
________________	________________
________________	________________

A4 TIME OF DELIVERY

Indicate here the date or period (e.g. week or month) at which or within which the Seller must perform his delivery obligations according to clause A4 of the respective Incoterm

____

____

A5 INSPECTION OF THE GOODS BY BUYER (Art. 3)

☐ Before shipment place of inspection : ____________

☐ Other : ______________________________

A6 RETENTION OF TITLE (Art. 7)

☐ YES ☐ NO

A7 PAYMENT CONDITIONS (Art. 5)

☐ Payment on open account (art. 5.1)

Time for payment (if different from art. 5.1) _______days from date of invoice. Other : ____________

☐ Open account backed by demand guarantee or standby letter of credit (art. 5.5)

☐ Payment in advance (art. 5.2)

Date (if different from art. 5.2) : ____________

☐ Total price ☐ ____________% of the price

☐ Documentary Collection (art. 5.5)

☐ D/P Documents against payment ☐ D/A Documents against acceptance

☐ Irrevocable documentary credit (art. 5.3)

☐ Confirmed ☐ Unconfirmed

Place of issue (if applicable) : _____ Place of confirmation (if applicable):______

Credit available : *Partial shipments* :

Transhipment :

☐ By payment at sight ☐ Allowed ☐ Allowed

☐ By deferred payment at : ___days ☐ Not allowed ☐ Not allowed
☐ By acceptance of drafts at : ___days
☐ By negotiation

Date on which the documentary credit must be notified to seller (if different from art. 5.3)

☐ _days before date of delivery ☐ other : ______________________

☐ Other : ____

(e.g. cheque, bank draft, electronic funds transfer to designated bank account of seller)

A8 DOCUMENTS

Indicate here documents to be provided by Seller. Parties are advised to check the Incoterm they have selected under A3 of these Specific Conditions.

☐ Transport documents : indicate type of transport document required_______

☐ Commercial Invoice ☐ Certificate of origin
☐ Packing list ☐ Certificate of inspection
☐ Insurance document ☐ Other : ______________________

A9 CANCELLATION DATE

To be completed only if the parties wish to modify article 10.3

If the goods are not delivered for any reason whatsoever (including force majeure) by (date)_____ the Buyer will be entitled to CANCEL THE CONTRACT IMMEDIATELY BY NOTIFICATION TO THE SELLER

A10 LIABILITY FOR DELAY (Art. 10.1, 10.4 and 11.3)

To be completed only if the parties wish to modify art. 10.1, 10.4 or 11.3

Liquidated damages for delay in delivery shall be :

☐ _____% (of price of delayed goods) per week, with a maximum of _____% (of price of delayed goods)

or :

☐ ______________(specify amount)

In case of termination for delay, Seller's liability for damages for delay is limited to _____% of the price of the non-delivered goods

A11 LIMITATION OF LIABILITY FOR LACK OF CONFORMITY (Art. 11.5)

To be completed only if the parties wish to modify art. 11.5.
Seller's liability for damages arising from lack of conformity of the goods shall be :

☐ limited to proven loss (including consequential loss, loss of profit, etc.) not exceeding _____% of the contract price;

or :

☐ as follows (specify) :

____

A12 LIMITATION OF LIABILITY WHERE NON-CONFORMING GOODS ARE RETAINED BY THE BUYER (Art. 11.6)

To be completed only if the parties wish to modify art. 11.6
The price abatement for retained non-conforming goods shall not exceed :

☐ _____% of the price of such goods

or :

☐ ________________(specify amount)

A13 TIME-BAR (Art. 11.8)

To be completed only if the parties wish to modify art. 11.8.
Any action for non-conformity of the goods (as defined in article 11.8) must be taken by the Buyer not later than ________ from the date of arrival of the goods at destination

A14(a), A14(b) APPLICABLE LAW (Art. 1.2)

To be completed only if the parties wish to submit the sale contract to a national law instead of CISG. The solution hereunder is not recommended
(a) This sales contract is governed by the domestic law of ______(country)
To be completed if the parties wish to choose a law other than that of the seller for questions not covered by CISG

(b) Any questions not covered by CISG will be governed by the law of _____(country)

A15 RESOLUTION OF DISPUTES (Art. 14)

The two solutions hereunder (arbitration or litigation before ordinary courts) are alternatives: parties cannot choose both of them. If no choice is made, ICC arbitration will apply, according to art. 14

☐ ARBITRATION	☐ LITIGATION (ordinary courts)
☐ ICC (according to art. 14.1) Place of arbitration _______ ☐ Other __________ (specify)	In case of dispute the courts of _______ (place) shall have jurisdiction

A16 OTHER

ICC Model International Sale Contract

(Manufactured Goods Intended for Resale)

B. GENERAL CONDITIONS

Art. 1 GENERAL

1.1 These General Conditions are intended to be applied together with the Specific Conditions (part A) of the International Sale Contract (Manufactured Goods Intended for Resale), but they may also be incorporated on their own into any sale contract. Where these General Conditions (Part B) are used independently of the said Specific Conditions (Part A), any reference in Part B to Part A will be interpreted as a reference to any relevant specific conditions agreed by the parties. In case of contradiction between these General Conditions and any specific conditions agreed upon between the parties, the specific conditions shall prevail.

1.2 Any questions relating to this Contract which are not expressly or implicitly settled by the provisions contained in the Contract itself (i.e. these General Conditions and any specific conditions agreed upon by the parties) shall be governed :

A. by the United Nations Convention on Contracts for the International Sale of Goods (Vienna Convention of 1980, hereafter referred to as CISG), and

B. to the extent that such questions are not covered by CISG, by reference to the law of the country where the Seller has his place of business.

1.3 Any reference made to trade terms (such as EXW, FCA, etc.) is deemed to be made to the relevant term of Incoterms published by the International Chamber of Commerce.

1.4 Any reference made to a publication of the International Chamber of Commerce is deemed to be made to the version current at the date of conclusion of the Contract.

1.5 No modification of the Contract is valid unless agreed or evidenced in writing. However, a party may be precluded by his conduct from asserting this provision to the extent that the other party has relied on that conduct.

Art. 2 Characteristics of the goods

2.1 It is agreed that any information relating to the goods and their use, such as weights, dimensions, capacities, prices, colours and other data contained in catalogues, prospectuses, circulars, advertisements, illustrations, price-lists of the Seller, shall not take effect as terms of the Contract unless expressly referred to in the Contract.

2.2 Unless otherwise agreed, the Buyer does not acquire any property rights in software, drawings, etc. which may have been made available to him. The Seller also remains the exclusive owner of any intellectual or industrial property rights relating to the goods.

Art. 3 Inspection of the goods before shipment

If the parties have agreed that the Buyer is entitled to inspect the goods before shipment, the Seller must notify the Buyer within a reasonable time before the shipment that the goods are ready for inspection at the agreed place.

Art. 4 Price

4.1 If no price has been agreed, the Seller's current list price at the time of the conclusion of the Contract shall apply. In the absence of such a current list price, the price generally charged for such goods at the time of the conclusion of the Contract shall apply.

4.2 Unless otherwise agreed in writing, the price does not include VAT, and is not subject to price adjustment.

4.3 The price indicated under A2 (contract price) includes any costs which are at the Seller's charge according to this Contract. However, should the Seller bear any costs which, according to this Contract, are for the Buyer's account (e.g. for transportation or insurance under EXW or FCA), such sums shall not be considered as having been included in the price under A2 and shall be reimbursed by the Buyer.

Art. 5 Payment conditions

5.1 Unless otherwise agreed in writing, or implied from a prior course of dealing between the parties, payment of the price and of any other sums due by the Buyer to the Seller shall be on open account and time of payment shall be 30 days from the date of invoice. The amounts due shall be transferred, unless otherwise agreed, by teletransmission to the Seller's bank in the Seller's country for the account of the Seller and the Buyer shall be deemed to have performed his payment obligations when the respective sums due have been received by the Seller's bank in immediately available funds.

5.2 If the parties have agreed on payment in advance, without further indication, it will bc assumed that such advance payment, unless otherwise agreed, refers to the full price, and that the advance payment must be received by the Seller's bank in immediately available funds at least 30 days before the agreed date of delivery or the earliest date within the agreed delivery period. If advance payment has been agreed only for a part of the contract price, the payment conditions of the remaining amount will be determined according to the rules set forth in this article.

5.3 If the parties have agreed on payment by documentary credit, then, unless otherwise agreed, the Buyer must arrange for a documentary credit in favour of the Seller to be issued by a reputable bank, subject to the Uniform Customs and Practice for Documentary Credits published by the International Chamber of Commerce, and to be notified at least 30 days before the agreed date of delivery or at least 30 days before the earliest date within the agreed delivery period. Unless otherwise agreed, the documentary credit shall be payable at sight and allow partial shipments and transhipments.

5.4 If the parties have agreed on payment by documentary collection, then, unless otherwise agreed, documents will be tendered against payment (D/P) and the tender will in any case be subject to the Uniform Rules for Collections published by the International Chamber of Commerce.

5.5 To the extent that the parties have agreed that payment is to be backed by a bank guarantee, the Buyer is to provide, at least 30 days before the agreed date of delivery or at least 30 days before the earliest date within the agreed delivery period, a first demand bank guarantee subject to the Uniform Rules for Demand Guarantees published by the International Chamber of Commerce, or a standby letter of credit subject either to such Rules or to the Uniform Customs and Practice for Documentary Credits published by the International Chamber of Commerce, in either case issued by a reputable bank.

Art. 6 Interest in case of delayed payment

6.1 If a party does not pay a sum of money when it falls due the other party is entitled to interest upon that sum from the time when payment is due to the time of payment.

6.2 Unless otherwise agreed, the rate of interest shall be 2% above the average bank short-term lending rate to prime borrowers prevailing for the currency of payment at the place of payment, or where no such rate exists at that place, then the same rate in the State of the currency of payment. In the absence of such a rate at either place the rate of interest shall be the appropriate rate fixed by the law of the State of the currency of payment.

Art. 7 Retention of title

If the parties have validly agreed on retention of title, the goods shall remain the property of the Seller until the complete payment of the price, or as otherwise agreed.

Art. 8 Contractual term of delivery

Unless otherwise agreed, delivery shall be "Ex Works" (EXW).

Art. 9 Documents

Unless otherwise agreed, the Seller must provide the documents (if any) indicated in the applicable Incoterm or, if no Incoterm is applicable, according to any previous course of dealing.

Art. 10 Late-delivery, non-delivery and remedies therefor

10.1 When there is delay in delivery of any goods, the Buyer is entitled to claim liquidated damages equal to 0.5 % or such other percentage as may be agreed of the price of those goods for each complete week of delay, provided the Buyer notifies the Seller of the delay. Where the Buyer so notifies the Seller within 15 days from the agreed date of delivery, damages will run from the agreed date of delivery or from the last day within the agreed period of delivery. Where the Buyer so notifies the Seller after 15 days of the agreed date of delivery, damages will run from the date of the notice. Liquidated damages for delay shall not exceed 5 % of the price of the delayed goods or such other maximum amount as may be agreed.

10.2 If the parties have agreed upon a cancellation date in Box A9, the Buyer may terminate the Contract by notification to the Seller as regards goods which have not been delivered by such cancellation date for any reason whatsoever (including a force majeure event).

10.3 When article 10.2 does not apply and the Seller has not delivered the goods by the date on which the Buyer has become entitled to the maximum amount of liquidated damages under article 10.1, the Buyer may give notice in writing to terminate the Contract as regards such goods, if they have not been delivered to the Buyer within 5 days of receipt of such notice by the Seller.

10.4 In case of termination of the Contract under article 10.2 or 10.3 then in addition to any amount paid or payable under article 10.1, the Buyer is entitled to claim damages for any additional loss not exceeding 10 % of the price of the non-delivered goods.

10.5 The remedies under this article are exclusive of any other remedy for delay in delivery or non-delivery.

Art. 11 Non-conformity of the goods

11.1 The Buyer shall examine the goods as soon as possible after their arrival at destination and shall notify the Seller in writing of any lack of conformity of the goods within 15 days from the date when the Buyer discovers or ought to have discovered the lack of conformity. In any case the Buyer shall have no remedy for lack of conformity if he fails to notify the Seller thereof within 12 months from the date of arrival of the goods at the agreed destination.

11.2 Goods will be deemed to conform to the Contract despite minor discrepancies which are usual in the particular trade or through course of dealing between the parties but the Buyer will be entitled to any abatement of the price usual in the trade or through course of dealing for such discrepancies.

11.3 Where goods are non-conforming (and provided the Buyer, having given notice of the lack of conformity in compliance with article 11.1, does not elect in the notice to retain them), the Seller shall at his option :
(a) replace the goods with conforming goods, without any additional expense to the Buyer, or
(b) repair the goods, without any additional expense to the Buyer, or
(c) reimburse to the Buyer the price paid for the non-conforming goods and thereby terminate the Contract as regards those goods.
The Buyer will be entitled to liquidated damages as quantified under article 10.1 for each complete week of delay between the date of notification of the non-conformity according to article 11.1 and the supply of substitute goods under article 11.3(a) or repair under article 11.3(b) above. Such damages may be accumulated with damages (if any) payable under article 10.1, but can in no case exceed in the aggregate 5 % of the price of those goods.

11.4 If the Seller has failed to perform his duties under article 11.3 by the date on which the Buyer becomes entitled to the maximum amount of liquidated damages according to that article, the Buyer may give notice in writing to terminate the Contract as regards the non-conforming goods unless the supply of replacement goods or the repair is effected within 5 days of receipt of such notice by the Seller.

11.5 Where the Contract is terminated under article 11.3(c) or article 11.4, then in addition to any amount paid or payable under article 11.3 as reimbursement of the price and damages for any delay, the Buyer is entitled to damages for any additional loss not exceeding 10 % of the price of the non-conforming goods.

11.6 Where the Buyer elects to retain non-conforming goods, he shall be entitled to a sum equal to the difference between the value of the goods at the agreed place of destination if they had conformed with the Contract and their value at the same place as delivered, such sum not to exceed 15 % of the price of those goods.

11.7 Unless otherwise agreed in writing, the remedies under this article 11 are exclusive of any other remedy for non-conformity.

11.8 Unless otherwise agreed in writing, no action for lack of conformity can be taken by the Buyer, whether before judicial or arbitral tribunals, after 2 years from the date of arrival of the goods. It is expressly agreed that after the expiry of such term, the Buyer will not plead non-conformity of the goods, or make a counter-claim thereon, in defence to any action taken by the Seller against the Buyer for non-performance of this Contract.

Art. 12 Cooperation between the parties

12.1 The Buyer shall promptly inform the Seller of any claim made against the Buyer by his customers or third parties concerning the goods delivered or intellectual property rights related thereto.

12.2 The Seller will promptly inform the Buyer of any claim which may involve the product liability of the Buyer.

Art. 13 Force majeure

13.1 A party is not liable for a failure to perform any of his obligations in so far as he proves :
(a) that the failure was due to an impediment beyond his control, and
(b)that he could not reasonably be expected to have taken into account the impediment and its effects upon his ability to perform at the time of the conclusion of the Contract, and
(c) that he could not reasonably have avoided or overcome it or its effects.

13.2 A party seeking relief shall, as soon as practicable after the impediment and its effects upon his ability to perform become known to him, give notice to the other party of such impediment and its effects on his ability to perform. Notice shall also be given when the ground of relief ceases.

Failure to give either notice makes the party thus failing liable in damages for loss which otherwise could have been avoided.

13.3 Without prejudice to article 10.2, a ground of relief under this clause relieves the party failing to perform from liability in damages, from penalties and other contractual sanctions, except from the duty to pay interest on money owing as long as and to the extent that the ground subsists.

13.4 If the grounds of relief subsist for more than six months, either party shall be entitled to terminate the Contract with notice.

Art. 14 Resolution of disputes

14.1 Unless otherwise agreed in writing, all disputes arising in connection with the present Contract shall be finally settled under the Rules of Arbitration of the International Chamber of Commerce by one or more arbitrators appointed in accordance with the said Rules.

14.2 An arbitration clause does not prevent any party from requesting interim or conservatory measures from the courts.

[부록 2] 국제물품매매계약에 관한 유엔협약

United Nations Convention on Contracts for the International Sale of Goods : CISG, 1980

THE STATES PARTIES TO THIS CONVENTION,

BEARING IN MIND the broad objectives in the resolutions adopted by the sixth special session of the General Assembly of the United Nations on the establishment of a New International Economic Order,

CONSIDERING that the development of international trade on the basis of equality and mutual benefit is an important element in promoting friendly relations among States,

BEING OF THE OPINION that the adoption of uniform rules which govern contracts for the international sale of goods and take into account the different social, economic and legal systems would contribute to the removal of legal barriers in international trade and promote the development of international trade,

HAVE AGREED as follows :

PART Ⅰ SPHERE OF APPLICATION AND GENERAL PROVISIONS

Chapter Ⅰ SPHERE OF APPLICATION

Article 1 (1) This Convention applies to contracts of sale of goods between parties whose places of business are in different States :

(a) when the States are Contracting States ; or

(b) when the rules of private international law lead to the application of the law of a Contracting State.

(2) The fact that the parties have their places of business in different States is to be disregarded whenever this fact does not appear either from

the contract or from any dealings between, or from information disclosed by, the parties at any time before or at the conclusion of the contract.

(3) Neither the nationality of the parties nor the civil or commercial character of the parties or of the contract is to be taken into consideration in determining the application of this Convention.

Article 2 This Convention does not apply to sales :

(a) of goods bought for personal, family or household use, unless the seller, at any time before or at the conclusion of the contract, neither knew nor ought to have known that the goods were bought for any such use ;

(b) by auction ;

(c) on execution or otherwise by authority of law ;

(d) of stocks, shares, investment securities, negotiable instruments or money ;

(e) of ships, vessels, hovercraft or aircraft ;

(f) of electricity.

Article 3 (1) Contracts for the supply of goods to be manufactured or produced are to be considered sales unless the party who orders the goods undertakes to supply a substantial part of the materials necessary for such manufacture or production.

(2) This Convention does not apply to contracts in which the preponderant part of the obligations of the party who furnishes the goods consists in the supply of labour or other services.

Article 4 This Convention governs only the formation of the contract of sale and the rights and obligations of the seller and the buyer arising from such a contract. In particular, except as otherwise expressly provided in this Convention, it is not concerned with :

(a) the validity of the contract or of any of its provisions or of any usage ;

(b) the effect which the contract may have on the property in the goods sold.

Article 5 This Convention does not apply to the liability of the seller for death or personal injury caused by the goods to any person.

Article 6 The parties may exclude the application of this Convention or, subject to article 12, derogate from or vary the effect of any of its provisions.

Chapter Ⅱ GENERAL PROVISIONS

Article 7 (1) In the interpretation of this Convention, regard is to be had to its international character and to the need to promote uniformity in its application and the observance of good faith in international trade.

(2) Questions concerning matters governed by this Convention which are not expressly settled in it are to be settled in conformity with the general principles on which it is based or, in the absence of such principles, in conformity with the law applicable by virtue of the rules of private international law.

Article 8 (1) For the purposes of this Convention statements made by and other conduct of a party are to be interpreted according to his intent where the other party knew or could not have been unaware what that intent was.

(2) If the preceding paragraph is not applicable, statements made by and other conduct of a party are to be interpreted according to the understanding that a reasonable person of the same kind as the other party would have had in the same circumstances.

(3) In determining the intent of a party or the understanding a reasonable person would have had, due consideration is to be given to all relevant circumstances of the case including the negotiations, any practices which the parties have established between themselves, usages and any subsequent conduct of the parties.

Article 9 (1) The parties are bound by any usage to which they have agreed and by any practices which they have established between themselves.

(2) The parties are considered, unless otherwise agreed, to have impliedly made applicable to their contract or its formation a usage of which the parties knew or ought to have known and which in international trade is widely known to, and regularly observed by, parties to contracts of the type involved in the particular trade concerned.

Article 10 For the purposes of this Convention :

(a) if a party has more than one place of business, the place of business is that which has the closest relationship to the contract and its performance, having regard to the circumstances known to or contemplated by the parties at any time before or at the conclusion of the contract;

(b) if a party does not have a place of business, reference is to be made to his habitual residence.

Article 11 A contract of sale need not be concluded in or evidenced by writing and is not subject to any other requirement as to form. It may be proved by any means, including witnesses.

Article 12 Any provision of article 11, article 29 or Part Ⅱ of this Convention that allows a contract of sale or its modification or termination by agreement or any offer, acceptance or other indication of intention to be made in any form other than in writing does not apply where any party has his place of business in a Contracting State which has made a declaration under article 96 of this Convention. The parties may not derogate from or vary the effect of this article.

Article 13 For the purposes of this Convention "writing" includes telegram and telex.

PART Ⅱ FORMATION OF THE CONTRACT

Article 14 (1) A proposal for concluding a contract addressed to one or more specific persons constitutes an offer if it is sufficiently definite and indicates the intention of the offeror to be bound in case of acceptance. A proposal is sufficiently definite if it indicates the goods and expressly or implicitly fixes or makes provision for determining the quantity and the price.

(2) A proposal other than one addressed to one or more specific persons is to be considered merely as an invitation to make offers, unless the contrary is clearly indicated by the person making the proposal.

Article 15 (1) An offer becomes effective when it reaches the offeree.

(2) An offer, even if it is irrevocable, may be withdrawn if the withdrawal reaches the offeree before or at the same time as the offer.

Article 16 (1) Until a contract is concluded an offer may be revoked if the revocation reaches the offeree before he has dispatched an acceptance.

(2) However, an offer cannot be revoked:

(a) if it indicates, whether by stating a fixed time for acceptance or otherwise, that it is irrevocable; or

(b) if it was reasonable for the offeree to rely on the offer as being irrevocable and the offeree has acted in reliance on the offer.

Article 17 An offer, even if it is irrevocable, is terminated when a rejection reaches the offeror.

Article 18 (1) A statement made by or other conduct of the offeree indicating assent to an offer is an acceptance. Silence or inactivity does not in itself amount to acceptance.

(2) An acceptance of an offer becomes effective at the moment the indication of assent reaches the offeror. An acceptance is not effective if the indication of assent does not reach the offeror within the time he has fixed or, if no time is fixed, within a reasonable time, due account being taken of the circumstances of the transaction, including the rapidity of the means of communication employed by the offeror. An oral offer must be accepted immediately unless the circumstances indicate otherwise.

(3) However, if, by virtue of the offer or as a result of practices which the parties have established between themselves or of usage, the offeree may indicate assent by performing an act, such as one relating to the dispatch of the goods or payment of the price, without notice to the offeror, the acceptance is effective at the moment the act is performed, provided that the act is performed within the period of time laid down in the preceding paragraph.

Article 19 (1) A reply to an offer which purports to be an acceptance but contains additions, limitations or other modifications is a rejection of the offer and constitutes a counter-offer.

(2) However, a reply to an offer which purports to be an acceptance but contains additional or different terms which do not materially alter the terms of the offer constitutes an acceptance, unless the offeror, without undue delay, objects orally to the discrepancy or dispatches a notice to that effect. If he does not so object, the terms of the contract are the terms of the offer with the modifications contained in the acceptance.

(3) Additional or different terms relating, among other things, to the price, payment, quality and quantity of the goods, place and time of delivery, extent of one party's liability to the other or the settlement of disputes are considered to alter the terms of the offer materially.

Article 20 (1) A period of time for acceptance fixed by the offeror in a telegram or a letter begins to run from the moment the telegram is handed in for dispatch or from the date shown on the letter or, if no such date is shown, from the date shown on the envelope. A period of time for acceptance fixed by the offeror by telephone, telex or other means of instantaneous communication, begins to run from the moment that the offer reaches the offeree.

(2) Official holidays or non-business days occurring during the period for acceptance are included in calculating the period. However, if a notice of acceptance cannot be delivered at the address of the offeror on the last day of the period because that day falls on an official holiday or a non-business day at the place of business of the offeror, the period is extended until the first business day which follows.

Article 21 (1) A late acceptance is nevertheless effective as an acceptance if without delay the offeror orally so informs the offeree or dispatches a notice to that effect.

(2) If a letter or other writing containing a late acceptance shows that it has been sent is such circumstances that if its transmission had been normal it would have reached the offeror in due time, the late acceptance is effective as an acceptance unless, without delay, the offeror orally informs the offeree that he considers his offer as having lapsed or dispatches a notice to that effect.

Article 22 An acceptance may be withdrawn if the withdrawal reaches the offeror before or at the same time as the acceptance would have become effective.

Article 23 A contract is concluded at the moment when an acceptance of an offer becomes effective in accordance with the provisions of this Convention.

Article 24 For the purposes of this Part of the Convention, an offer, declaration of acceptance or any other indication of intention “reaches” the addressee when it is made orally to him or delivered by any other means to him personally, to his place of business or mailing address or, if he does not have a place of business or mailing address, to his habitual residence.

PART Ⅲ SALE OF GOODS

Chapter Ⅰ GENERAL PROVISIONS

Article 25 A breach of contract committed by one of the parties is fundamental if it results in such detriment to the other party as substantially to deprive him of what he is entitled to expect under the contract, unless the party in breach did not foresee and a reasonable person of the same kind in the same circumstances would not have foreseen such a result.

Article 26 A declaration of avoidance of the contract is effective only if made by notice to the other party.

Article 27 Unless otherwise expressly provided in this Part of the Convention, if any notice, request or other communication is given or made by a party in accordance with this Part and by means appropriate in the circumstances, a delay or error in the transmission of the communication or its failure to arrive does not deprive that party of the right to rely on the communication.

Article 28 If, in accordance with the provisions of this Convention, one party is entitled to require performance of any obligation by the other party, a court is not bound to enter a judgement for specific performance unless the court would do so under its own law in respect of similar contracts of sale not governed by this Convention.

Article 29 (1) A contract may be modified or terminated by the mere agreement of the parties.

(2) A contract in writing which contains a provision requiring any modification or termination by agreement to be in writing may not be otherwise modified or terminated by agreement. However, a party may be precluded by his conduct from asserting such a provision to the extent that the other party has relied on that conduct.

Chapter Ⅱ OBLIGATIONS OF THE SELLER

Article 30 The seller must deliver the goods, hand over any documents relating to them and transfer the property in the goods, as required by the contract and this Convention.

Section Ⅰ Delivery of the goods and handing over of documents

Article 31 If the seller is not bound to deliver the goods at any other particular place, his obligation to deliver consists :

(a) if the contract of sale involves carriage of the goods — in handing the goods over to the first carrier for transmission to the buyer ;

(b) if, in cases not within the preceding subparagraph, the contract relates to specific goods, or unidentified goods to be drawn from a specific stock or to be manufactured or produced, and at the time of the conclusion of the contract the parties knew that the goods were at, or were to be manufactured or produced at, a particular place — in placing the goods at the buyer's disposal at that place ;

(c) in other cases — in placing the goods at the buyer's disposal at the place where the seller had his place of business at the time of the conclusion of the contract.

Article 32 (1) If the seller, in accordance with the contract or this Convention hands the goods over to a carrier and if the goods are not clearly identified to the contract by markings on the goods, by shipping documents or otherwise, the seller must give the buyer notice of the consignment specifying the goods.

(2) If the seller is bound to arrange for carriage of the goods, he must make such contracts as are necessary for carriage to the place fixed by means of transportation appropriate in the circumstances and according to the usual terms for such transportation.

(3) If the seller is not bound to effect insurance in respect of the carriage of the goods, he must, at the buyer's request, provide him with all available information necessary to enable him to effect such insurance.

Article 33 The seller must deliver the goods :

(a) if a date is fixed by or determinable from the contract, on that date ;

(b) if a period of time is fixed by or determinable from the contract, at any time within that period unless circumstances indicate that the buyer is to choose a date ; or

(c) in any other case, within a reasonable time after the conclusion of the contract.

Article 34 If the seller is bound to hand over documents relating to the goods, he must hand them over at the time and place and in the form required by the contract. If the seller has handed over documents before that time, he may, up to that time, cure any lack of conformity in the documents, if the exercise of this right does not cause the buyer unreasonable inconvenience or unreasonable expense. However, the buyer retains any right to claim damages as provided for in this Convention.

Section Ⅱ Conformity of the goods and third party claims

Article 35 (1) The seller must deliver goods which are of the quantity, quality and description required by the contract and which are contained or packaged in the manner required by the contract.

(2) Except where the parties have agreed otherwise, the goods do not conform with the contract unless they :

(a) are fit for the purposes for which goods of the same description would ordinarily be used ;

(b) are fit for any particular purpose expressly or impliedly made known to the seller at the time of the conclusion of the contract, except where the circumstances show that the buyer did not rely, or that it was unreasonable for him to rely, on the seller's skill and judgement ;

(c) possess the qualities of goods which the seller has held out to the buyer as a sample or model ;

(d) are contained or packaged in the manner usual for such goods or, where there is no such manner, in a manner adequate to preserve and protect the goods.

(3) The seller is not liable under subparagraphs (a) to (d) of the preceding paragraph for any lack of conformity of the goods if at the time of the conclusion of the contract the buyer knew or could not have been unaware of such lack of conformity.

Article 36 (1) The seller is liable in accordance with the contract and this Convention for any lack of conformity which exists at the time when the risk passes to the buyer, even though the lack of conformity becomes apparent only after that time.

(2) The seller is also liable for any lack of conformity which occurs after the time indicated in the preceding paragraph and which is due to a breach

of any of his obligations, including a breach of any guarantee that for a period of time the goods will remain fit for their ordinary purpose or for some particular purpose or will retain specified qualities or characteristics.

Article 37 If the seller has delivered goods before the date for delivery, he may, up to that date, deliver any missing part or make up any deficiency in the quantity of the goods delivered, or deliver goods in replacement of any non-conforming goods delivered or remedy any lack of conformity in the goods delivered, provided that the exercise of this right does not cause the buyer unreasonable inconvenience or unreasonable expense. However, the buyer retains any right to claim damages as provided for in this Convention.

Article 38 (1) The buyer must examine the goods, or cause them to be examined, within as short a period as is practicable in the circumstances.

(2) If the contract involves carriage of the goods, examination may be deferred until after the goods have arrived at their destination.

(3) If the goods are redirected in transit or redispatched by the buyer without a reasonable opportunity for examination by him and at the time of the conclusion of the contract the seller knew or ought to have known of the possibility of such redirection or redispatch, examination may be deferred until after the goods have arrived at the new destination.

Article 39 (1) The buyer loses the right to rely on a lack of conformity of the goods if he does not give notice to the seller specifying the nature of the lack of conformity within a reasonable time after he has discovered it or ought to have discovered it.

(2) In any event, the buyer loses the right to rely on a lack of conformity of the goods if he does not give the seller notice thereof at the latest within a period of two years from the date on which the goods were actually handed over to the buyer, unless this time-limit is inconsistent with a contractual period of guarantee.

Article 40 The seller is not entitled to rely on the provisions of articles 38 and 39 if the lack of conformity relates to facts of which he knew or could not have been unaware and which he did not disclose to the buyer.

Article 41 The seller must deliver goods which are free from any right or claim of a third party, unless the buyer agreed to take the goods subject to that right or claim. However, if such right or claim is based on industrial property or other intellectual property, the seller's obligation is governed by article 42.

Article 42 (1) The seller must deliver goods which are free from any right or claim of a third party based on industrial property or other intellectual property, of which at the time of the conclusion of the contract the seller knew or could not have been unaware, provided that the right or claim is based on industrial property or other intellectual property :

(a) under the law of the State where the goods will be resold or otherwise used, if it was contemplated by the parties at the time of the conclusion of the contract that the goods would be resold or otherwise used in that State ; or

(b) in any other case, under the law of the State where the buyer has his place of business.

(2) The obligation of the seller under the preceding paragraph does not extend to cases where :

(a) at the time of the conclusion of the contract the buyer knew or could not have been unaware of the right or claim ; or

(b) the right or claim results from the seller's compliance with technical drawings, designs, formulae or other such specifications furnished by the buyer.

Article 43 (1) The buyer loses the right to rely on the provisions of article 41 or article 42 if he does not give notice to the seller specifying the nature of the right or claim of the third party within a reasonable time after he has become aware or ought to have become aware of the right or claim.

(2) The seller is not entitled to rely on the provisions of the preceding paragraph if he knew of the right or claim of the third party and the nature of it.

Article 44 Notwithstanding the provisions of paragraph (1) of article 39 and paragraph (1) of article 43, the buyer may reduce the price in accordance with article 50 or claim damages, except for loss of profit, if he has a reasonable excuse for his failure to give the required notice.

Section Ⅲ. Remedies for breach of contract by the seller

Article 45 (1) If the seller fails to perform any of his obligations under the contract or this Convention, the buyer may :

(a) exercise the rights provided in articles 46 to 52 ;

(b) claim damages as provided in articles 74 to 77.

(2) The buyer is not deprived of any right he may have to claim damages by exercising his right to other remedies.

(3) No period of grace may be granted to the seller by a court or arbitral tribunal when the buyer resorts to a remedy for breach of contract.

Article 46 (1) The buyer may require performance by the seller of his obligations unless the buyer has resorted to a remedy which is inconsistent with this requirement.

(2) If the goods do not conform with the contract, the buyer may require delivery of substitute goods only if the lack of conformity constitutes a fundamental breach of contract and a request for substitute goods is made either in conjunction with notice given under article 39 or within a reasonable time thereafter.

(3) If the goods do not conform with the contract, the buyer may require the seller to remedy the lack of conformity by repair, unless this is unreasonable having regard to all the circumstances. A request for repair must be made either in conjunction with notice given under article 39 or within a reasonable time thereafter.

Article 47 (1) The buyer may fix an additional period of time of reasonable length for performance by the seller of his obligations.

(2) Unless the buyer has received notice from the seller that he will not perform within the period so fixed, the buyer may not, during that period, resort to any remedy for breach of contract. However, the buyer is not deprived thereby of any right he may have to claim damages for delay in performance.

Article 48 (1) Subject to article 49, the seller may, even after the date for delivery, remedy at his own expense any failure to perform his obligations, if he can do so without unreasonable delay and without causing the buyer unreasonable inconvenience or uncertainty of reimbursement by the seller of expenses advanced by the buyer. However, the buyer retains any right to claim damages as provided for in this Convention.

(2) If the seller requests the buyer to make known whether he will accept

performance and the buyer does not comply with the request within a reasonable time, the seller may perform within the time indicated in his request. The buyer may not, during that period of time, resort to any remedy which is inconsistent with performance by the seller.

(3) A notice by the seller that he will perform within a specified period of time is assumed to include a request, under the preceding paragraph, that the buyer make known his decision.

(4) A request or notice by the seller under paragraph (2) or (3) of this article is not effective unless received by the buyer.

Article 49 (1) The buyer may declare the contract avoided :

(a) if the failure by the seller to perform any of his obligations under the contract or this Convention amounts to a fundamental breach of contract ; or

(b) in case of non-delivery, if the seller does not deliver the goods within the additional period of time fixed by the buyer in accordance with paragraph (1) of article 47 or declares that he will not deliver within the period so fixed.

(2) However, in cases where the seller has delivered the goods, the buyer loses the right to declare the contract avoided unless he does so :

(a) in respect of late delivery, within a reasonable time after he has become aware that delivery has been made ;

(b) in respect of any breach other than late delivery, within a reasonable time :

(i) after he knew or ought to have known of the breach ;

(ii) after the expiration of any additional period of time fixed by the buyer in accordance with paragraph (1) of article 47, or after the seller has declared that he will not perform his obligations within such an additional period ; or

(iii) after the expiration of any additional period of time indicated by the seller in accordance with paragraph (2) of article 48, or after the buyer has declared that he will not accept performance.

Article 50 If the goods do not conform with the contract and whether or not the price has already been paid, the buyer may reduce the price in the same proportion as the value that the goods actually delivered had at the time of the delivery bears to the value that conforming goods would have had at that time. However, if the seller remedies any failure to perform his obligations in accordance with article 37 or article 48 or if the buyer refuses to accept performance by the seller in accordance with those articles, the buyer may not reduce the price.

Article 51 (1) If the seller delivers only a part of the goods or if only a part of the goods delivered is in conformity with the contract, articles 46 to 50 apply in respect of the part which is missing or which does not conform.

(2) The buyer may declare the contract avoided in its entirety only if the failure to make delivery completely or in conformity with the contract amounts to a fundamental breach of the contract.

Article 52 (1) If the seller delivers the goods before the date fixed, the buyer may take delivery or refuse to take delivery.

(2) If the seller delivers a quantity of goods greater than that provided for in the contract, the buyer may take delivery or refuse to take delivery of the excess quantity. If the buyer takes delivery of all or part of the excess quantity, he must pay for it at the contract rate.

Chapter Ⅲ OBLIGATIONS OF THE BUYER

Article 53 The buyer must pay the price for the goods and take delivery of them as required by the contract and this Convention.

Section Ⅰ. Payment of the price

Article 54 The buyer's obligation to pay the price includes taking such steps and complying with such formalities as may be required under the contract or any laws and regulations to enable payment to be made.

Article 55 Where a contract has been validly concluded but does not expressly or implicitly fix or make provision for determining the price, the parties are considered, in the absence of any indication to the contrary, to have impliedly made reference to the price generally charged at the time of the conclusion of the contract for such goods sold under comparable circumstances in the trade concerned.

Article 56 If the price is fixed according to the weight of the goods, in case of doubt it is to be determined by the net weight.

Article 57 (1) If the buyer is not bound to pay the price at any other particular place, he must pay it to the seller :

(a) at the seller's place of business ; or

(b) if the payment is to be made against the handing over of the goods or of documents, at the place where the handing over takes place.

(2) The seller must bear any increase in the expenses incidental to payment which is caused by a change in his place of business subsequent to the conclusion of the contract.

Article 58 (1) If the buyer is not bound to pay the price at any other specific time, he must pay it when the seller place either the goods or documents controlling their disposition at the buyer's disposal in accordance with the contract and this Convention. The seller may make such payment a condition for handing over the goods or documents.

(2) If the contract involves carriage of the goods, the seller may dispatch the goods on terms whereby the goods, or documents controlling their disposition, will not be handed over to the buyer except against payment of the price.

(3) The buyer is not bound to pay the price until he has had an opportunity to examine the goods, unless the procedures for delivery or payment agreed upon by the parties are inconsistent with his having such an opportunity.

Article 59 The buyer must pay the price on the date fixed by or determinable from the contract and this Convention without the need for any request or compliance with any formality on the part of the seller.

Section Ⅱ. Taking delivery

Article 60 The buyer's obligation to take delivery consists :

(a) in doing all the acts which could reasonably be expected of him in order to enable the seller to make delivery ; and

(b) in taking over the goods.

Section Ⅲ. Remedies for breach of contract by the buyer

Article 61 (1) If the buyer fails to perform any of his obligations under the contract or this Convention, the seller may :

(a) exercise the rights provided in articles 62 to 65 ;

(b) claim damages as provided in articles 74 to 77.

(2) The seller is not deprived of any right he may have to claim damages by exercising his right to other remedies.

(3) No period of grace may be granted to the buyer by a court or arbitral tribunal when the seller resorts to a remedy for breach of contract.

Article 62 The seller may require the buyer to pay the price, take delivery or perform his other obligations, unless the seller has resorted to a remedy which is inconsistent with this requirement.

Article 63 (1) The seller may fix an additional period of time of reasonable length for performance by the buyer of his obligations.

(2) Unless the seller has received notice from the buyer that he will not perform within the period so fixed, the seller may not, during that period, resort to any remedy for breach of contract. However, the seller is not deprived thereby of any right he may have to claim damages for delay in performance.

Article 64 (1) The seller may declare the contract avoided :

(a) if the failure by the buyer to perform any of his obligations under the contract or this Convention amounts to a fundamental breach of contract ; or

(b) if the buyer does not, within the additional period of time fixed by the seller in accordance with paragraph (1) of article 63, perform his obligation to pay the price or take delivery of the goods, or if he declares that he will not do so within the period so fixed.

(2) However, in cases where the buyer has paid the price, the seller loses the right to declare the contract avoided unless he does so :

(a) in respect of late performance by the buyer, before the seller has become aware that performance has been rendered ; or

(b) in respect of any breach other than late performance by the buyer, within a reasonable time :

(i) after the seller knew or ought to have known of the breach ; or

(ii) after the expiration of any additional period of time fixed by the seller in accordance with paragraph (1) of article 63, or after the buyer has declared that he will not perform his obligations within such an additional period.

Article 65 (1) If under the contract the buyer is to specify the form, measurement or other features of the goods and he fails to make such specification either on the date agreed upon or within a reasonable time after receipt of a request from the seller, the seller may, without prejudice to any other rights he may have, make the specification himself in accordance with the requirements of the buyer that may be known to him.

(2) If the seller makes the specification himself, he must inform the buyer of the details thereof and must fix a reasonable time within which the buyer may make a different specification. If, after receipt of such a communication, the buyer fails to do so within the time so fixed, the specification made by the seller is binding.

Chapter Ⅳ PASSING OF RISK

Article 66 Loss of or damage to the goods after the risk has passed to the buyer does not discharge him from his obligation to pay the price, unless the loss or damage is due to an act or omission of the seller.

Article 67 (1) If the contract of sale involves carriage of the goods and the seller is not bound to hand them over at a particular place, the risk passes to the buyer when the goods are handed over to the first carrier for transmission to the buyer in accordance with the contract of sale. If the seller is bound to hand the goods over to a carrier at a particular place, the risk does not pass to the buyer until the goods are handed over to the carrier at that place. The fact that the seller is authorized to retain documents controlling the disposition of the goods does not affect the passage of the risk.

(2) Nevertheless, the risk does not pass to the buyer until the goods are clearly identified to the contract, whether by markings on the goods, by shipping documents, by notice given to the buyer or otherwise.

Article 68 The risk in respect of goods sold in transit passes to the buyer from the time of the conclusion of the contract. However, if the circumstances so indicate, the risk is assumed by the buyer from the time the goods were handed over to the carrier who issued the documents embodying the contract of carriage. Nevertheless, if at the time of the conclusion of the contract of sale the seller knew or ought to have known that the goods had been lost or damaged and did not disclose this to the buyer, the loss or damage is at the risk of the seller.

Article 69 (1) In cases not within articles 67 and 68, the risk passes to the buyer when he takes over the goods or, if he does not do so in due time, from the time when the goods are placed at his disposal and he commits a breach of contract by failing to take delivery.

(2) However, if the buyer is bound to take over the goods at a place other than a place of business of the seller, the risk passes when delivery is due and the buyer is aware of the fact that the goods are placed at his disposal at that place.

(3) If the contract relates to goods not then identified, the goods are considered not to be placed at the disposal of the buyer until they are clearly identified to the contract.

Article 70 If the seller has committed a fundamental breach of contract, articles 67, 68 and 69 do not impair the remedies available to the buyer on account of the breach.

Chapter Ⅴ PROVISIONS COMMON TO THE OBLIGATIONS OF THE SELLER AND OF THE BUYER

Section Ⅰ. Anticipatory breach and instalment contracts

Article 71 (1) A party may suspend the performance of his obligations if, after the conclusion of the contract, it becomes apparent that the other party will not perform a substantial part of his obligations as a result of :

(a) a serious deficiency in his ability to perform or in his creditworthiness ; or

(b) his conduct in preparing to perform or in performing the contract.

(2) If the seller has already dispatched the goods before the grounds described in the preceding paragraph become evident, he may prevent the handing over of the goods to the buyer even though the buyer holds a document which entitles him to obtain them. The present paragraph relates only to the goods as between the buyer and the seller.

(3) A party suspending performance, whether before or after dispatch of

the goods, must immediately give notice of the suspension to the other party and must continue with performance if the other party provides adequate assurance of his performance.

Article 72 (1) If prior to the date for performance of the contract it is clear that one of the parties will commit a fundamental breach of contract, the other party may declare the contract avoided.

(2) If time allows, the party intending to declare the contract avoided must give reasonable notice to the other party in order to permit him to provide adequate assurance of his performance.

(3) The requirements of the preceding paragraph do not apply if the other party has declared that he will not perform his obligations.

Article 73 (1) In the case of a contract for delivery of goods by instalments, if the failure of one party to perform any of his obligations in respect of any instalment constitutes a fundamental breach of contract with respect to that instalment, the other party may declare the contract avoided with respect to that instalment.

(2) If one party's failure to perform any of his obligations in respect of any instalment gives the other party good grounds to conclude that a fundamental breach of contract will occur with respect to future instalments, he may declare the contract avoided for the future, provided that he does so within a reasonable time.

(3) A buyer who declares the contract avoided in respect of any delivery may, at the same time, declare it avoided in respect of deliveries already made or of future deliveries if, by reason of their interdependence, those deliveries could not be used for the purpose contemplated by the parties at the time of the conclusion of the contract.

Section Ⅱ. Damages

Article 74 Damages for breach of contract by one party consist of a sum equal to the loss, including loss of profit, suffered by the other party as a consequence of the breach. Such damages may not exceed the loss which the party in breach foresaw or ought to have foreseen at the time of the conclusion of the contract, in the light of the facts and matters of which he then knew or ought to have known, as a possible consequence of the breach of contract.

Article 75 If the contract is avoided and if, in a reasonable manner and within a reasonable time after avoidance, the buyer has bought goods in replacement or the seller has resold the goods, the party claiming damages may recover the difference between the contract price and the price in the substitute transaction as well as any further damages recoverable under article 74.

Article 76 (1) If the contract is avoided and there is a current price for the goods, the party claiming damages may, if he has not made a purchase or resale under article 75, recover the difference between the price fixed by the contract and the current price at the time of avoidance as well as any further damages recoverable under article 74. If, however, the party claiming damages has avoided the contract after taking over the goods, the current price at the time of such taking over shall be applied instead of the current price at the time of avoidance.

(2) For the purpose of the preceding paragraph, the current price is the price prevailing at the place where delivery of the goods should have been made or, if there is no current price at that place, the price at such other place as serves as a reasonable substitute, making due allowance for differences in the cost of transporting the goods.

Article 77 A party who relies on a breach of contract must take such measures as are reasonable in the circumstances to mitigate the loss, including loss of profit, resulting from the breach. If he fails to take such measures, the party in breach may claim a reduction in the damages in the amount by which the loss should have been mitigated.

Section Ⅲ. Interest

Article 78 If a party fails to pay the price or any other sum that is in arrears, the other party is entitled to interest on it, without prejudice to any claim for damages recoverable under article 74.

Section Ⅳ. Exemptions

Article 79 (1) A party is not liable for a failure to perform any of his obligations if he proves that the failure was due to an impediment beyond his control and that he could not reasonably be expected to have taken the impediment into account at the time of the conclusion of the contract or to have avoided or overcome it or its consequences.

(2) If the party's failure is due to the failure by a third person whom he has engaged to perform the whole or a part of the contract, that party is exempt from liability only if :

(a) he is exempt under the preceding paragraph ; and

(b) the person whom he has so engaged would be so exempt if the provisions of that paragraph were applied to him.

(3) The exemption provided by this article has effect for the period during which the impediment exists.

(4) The party who fails to perform must give notice to the other party of the impediment and its effects on his ability to perform. If the notice is not received by the other party within a reasonable time after the party who fails to perform knew or ought to have known of the impediment, he is liable for damages resulting from such non-receipt.

(5) Nothing in this article prevents either party from exercising any right other than to claim damages under this Convention.

Article 80 A party may not rely on a failure of the other party to perform, to the extent that such failure was caused by the first party's act or omission.

Section Ⅴ. Effects of avoidance

Article 81 (1) Avoidance of the contract releases both parties from their obligations under it, subject to any damages which may be due. Avoidance does not affect any provision of the contract for the settlement of disputes or any other provision of the contract governing the rights and obligations of the parties consequent upon the avoidance of the contract.

(2) A party who has performed the contract either wholly or in part may claim restitution from the other party of whatever the first party has supplied or paid under the contract. if both parties are bound to make restitution, they must do so concurrently.

Article 82 (1) The buyer loses the right to declare the contract avoided or to require the seller to deliver substitute goods if it is impossible for him to make restitution of the goods substantially in the condition in which he received them.

(2) The preceding paragraph does not apply :

(a) if the impossibility of making restitution of the goods or of making restitution of the goods substantially in the condition in which the buyer received them is not due to his act or omission ;

(b) if the goods or part of the goods have perished or deteriorated as a result of the examination provided for in article 38 ; or

(c) if the goods or part of the goods have been sold in the normal course of business or have been consumed or transformed by the buyer in the course of normal use before he discovered or ought to have discovered the lack of conformity.

Article 83 A buyer who has lost the right to declare the contract avoided or to require the seller to deliver substitute goods in accordance with article 82 retains all other remedies under the contract and this Convention.

Article 84 (1) If the seller is bound to refund the price, he must also pay interest on it, from the date on which the price was paid.

(2) The buyer must account to the seller for all benefits which he has derived from the goods or part of them :

(a) if he must make restitution of the goods or part of them ; or

(b) if it is impossible for him to make restitution of all or part of the goods or to make restitution of all or part of the goods substantially in the condition in which he received them, but he has nevertheless declared the contract avoided or required the seller to deliver substitute goods.

Section Ⅵ. Preservation of the goods

Article 85 If the buyer is in delay in taking delivery of the goods or, where payment of the price and delivery of the goods are to be made concurrently, if he fails to pay the price, and the seller is either in possession of the goods or otherwise able to control their disposition, the seller must take such steps as are reasonable in the circumstances to preserve them. He is entitled to retain them until he has been reimbursed his reasonable expenses by the buyer.

Article 86 (1) If the buyer has received the goods and intends to exercise any right under the contract or this Convention to reject them, he must take such steps to preserve them as are reasonable in the circumstances. He is entitled to retain them until he has been reimbursed his reasonable expenses by the seller.

(2) If goods dispatched to the buyer have been placed at his disposal at their destination and he exercises the right to reject them, he must take possession of them on behalf of the seller, provided that this can be done without payment of the price and without unreasonable inconvenience or unreasonable expense. This provision does not apply if the seller or a person authorized to take charge of the goods on his behalf is present at the destination. If the buyer takes possession of the goods under this paragraph, his rights and obligations are governed by the preceding paragraph.

Article 87 A party who is bound to take steps to preserve the goods may deposit them in a warehouse of a third person at the expense of the other party provided that the expense incurred is not unreasonable.

Article 88 (1) A party who is bound to preserve the goods in accordance with article 85 or 86 may sell them by any appropriate means if there has been an unreasonable delay by the other party in taking possession of the goods or in taking them back or in paying the price or the cost of preservation, provided that reasonable notice of the intention to sell has been given to the other party.

(2) If the goods are subject to rapid deterioration or their preservation would involve unreasonable expense, a party who is bound to preserve the goods in accordance with article 85 or 86 must take reasonable measures to sell them. To the extent possible he must give notice to the other party of his intention to sell.

(3) A party selling the goods has the right to retain out of the proceeds of sale an amount equal to the reasonable expenses of preserving the goods and of selling them. He must account to the other party for the balance.

PART Ⅳ FINAL PROVISIONS

Article 89 The Secretary-General of the United Nations is hereby designated as the depositary for this Convention.

Article 90 This Convention does not prevail over any international agreement which has already been or may be entered into and which contains provisions concerning the matters governed by this Convention, provided that the parties have their places of business in States parties to such agreement.

Article 91 (1) This Convention is open for signature at the concluding meeting of the United Nations Conference on Contracts for the International Sale of Goods and will remain open for signature by all States at the Headquarters of the United Nations, New York until 30 September 1981.

(2) This Convention is subject to ratification, acceptance or approval by the signatory States.

(3) This Convention is open for accession by all States which are not signatory States as from the date it is open for signature.

(4) Instruments of ratification, acceptance, approval and accession are to be deposited with the Secretary-General of the United Nations.

Article 92 (1) A Contracting State may declare at the time of signature, ratification, acceptance, approval or accession that it will not be bound by Part Ⅱ of this Convention or that it will not be bound by Part Ⅲ of this Convention.

(2) A Contracting State which makes a declaration in accordance with the preceding paragraph in respect of Part Ⅱ or Part Ⅲ of this Convention is not to be considered a Contracting State within paragraph (1) of article 1 of this Convention in respect of matters governed by the Part to which the declaration applies.

Article 93 (1) If a Contracting State has two or more territorial units in which, according to its constitution, different systems of law are applicable in relation to the matters dealt with in this Convention, it may, at the time of signature, ratification, acceptance, approval or accession, declare that this Convention is to extend to all its territorial units or only to one or more of them, and may amend its declaration by submitting another declaration at any time.

(2) These declarations are to be notified to the depositary and are to state expressly the territorial units to which the Convention extends.

(3) If, by virtue of a declaration under this article, this Convention extends to one or more but not all of the territorial units of a Contracting State, and

if the place of business of a party is located in that State, this place of business, for the purposes of this Convention, is considered not to be in a Contracting State, unless it is in a territorial unit to which the Convention extends.

(4) If a Contracting State makes no declaration under paragraph (1) of this article, the Convention is to extend to all territorial units of that State.

Article 94 (1) Two or more Contracting States which have the same or closely related legal rules on matters governed by this Convention may at any time declare that the Convention is not to apply to contracts of sale or to their formation where the parties have their places of business in those States. Such declarations may be made jointly or by reciprocal unilateral declarations.

(2) A Contracting State which has the same or closely related legal rules on matters governed by this Convention as one or more non-Contracting States may at any time declare that the Convention is not to apply to contracts of sale or to their formation where the parties have their places of business in those States.

(3) If a State which is the object of a declaration under the preceding paragraph subsequently becomes a Contracting State, the declaration made will, as from the date on which the Convention enters into force in respect of the new Contracting State, have the effect of a declaration made under paragraph (1), provided that the new Contracting State joins in such declaration or makes a reciprocal unilateral declaration.

Article 95 Any State may declare at the time of the deposit of its instrument of ratification, acceptance, approval or accession that it will not be bound by subparagraph (1) (b) of article 1 of this Convention.

Article 96 A Contracting State whose legislation requires contracts of sale to be concluded in or evidenced by writing may at any time make a declaration in accordance with article 12 that any provision of article 11, article 29, or Part Ⅱ of this Convention, that allows a contract of sale or its modification or termination by agreement or any offer, acceptance, or other indication of intention to be made in any form other than in writing, does not apply where any party has his place of business in that State.

Article 97 (1) Declarations made under this Convention at the time of signature are subject to confirmation upon ratification, acceptance or approval.

(2) Declarations and confirmations of declarations are to be in writing and be formally notified to the depositary.

(3) A declaration takes effect simultaneously with the entry into force of this Convention in respect of the State concerned. However, a declaration of which the depositary receives formal notification after such entry into force takes effect on the first day of the month following the expiration of six month after the date of its receipt by the depositary. Reciprocal unilateral declarations under article 94 take effect on the first day of the month following the expiration of six months after the receipt of the latest declaration by the depositary.

(4) Any State which makes a declaration under this Convention may withdraw it at any time by a formal notification in writing addressed to the depositary. Such withdrawal is to take effect on the first day of the month following the expiration of six months after the date of the receipt of the notification by the depositary.

(5) A withdrawal of a declaration made under article 94 renders inoperative, as from the date on which the withdrawal takes effect, any reciprocal declaration made by another State under that article.

Article 98 No reservations are permitted except those expressly authorized in this Convention.

Article 99 (1) This Convention enters into force, subject to the provisions of paragraph (6) of this article, on the first day of the month following the expiration of twelve months after the date of deposit of the tenth instrument of ratification, acceptance, approval or accession, including an instrument which contains a declaration made under article 92.

(2) When a State ratifies, accepts, approves or accedes to this Convention after the deposit of the tenth instrument of ratification, acceptance, approval or accession, this Convention, with the exception of the Part excluded, enters into force in respect of that State, subject to the provisions of paragraph (6) of this article, on the first day of the month following expiration of twelve months after the date of the deposit of its instrument of ratification, acceptance, approval or accession.

(3) A State which ratifies, accepts, approves or accedes to this Convention

and is a party to either or both the Convention relating to a Uniform Law on the Formation of Contracts for the International Sale of Goods done at The Hague on 1 July 1964 (1964 Hague Formation Convention) and the Convention relating to a Uniform Law on the International sale of Goods done at The Hague on 1 July 1964 (1964 Hague Sales Convention) shall at the same time denounce, as the case may be, either or both the 1964 Hague Sales Convention and the 1964 Hague Formation Convention by notifying the Government of the Netherlands to that effect.

(4) A State party to the 1964 Hague Sales Convention which ratifies, accepts, approves or accedes to the present Convention and declares or has declared under article 92 that it will not be bound by Part Ⅱ of this Convention shall at the time of ratification, acceptance, approval or accession denounce the 1964 Hague Sales Convention by notifying the Government of the Netherlands to that effect.

(5) A State party to the 1964 Hague Formation Convention which ratifies, accepts, approves or accedes to the present Convention and declares or has declared under article 92 that it will not be bound by Part Ⅲ of this Convention shall at the time of ratification, acceptance, approval or accession denounce the 1964 Hague Formation Convention by notifying the Government of the Netherlands to that effect.

(6) For the purpose of this article, ratifications, acceptances, approvals and accessions in respect of this Convention by States parties to the 1964 Hague Formation Convention or to the 1964 Hague Sales Conventions shall not be effective until such denunciations as may be required on the part of those States in respect of the latter two Conventions have themselves become effective. The depositary of this Convention shall consult with the Government of the Netherlands, as the depositary of the 1964 Conventions, so as to ensure necessary co-ordination in this respect.

Article 100 (1) This Convention applies to the formation of a contract only when the proposal for concluding the contract is made on or after the date when the Convention enters into force in respect of the Contracting States referred to in subparagraph (1) (a) or the Contracting State referred to in subparagraph (1) (b) of article 1.

(2) This Convention applies only to contracts concluded on or after the

date when the Convention enters into force in respect of the Contracting States referred to in subparagraph (1) (a) or the Contracting State referred to in subparagraph (1) (b) of article 1.

Article 101 (1) A Contracting State may denounce this Convention, or Part Ⅱ or Part Ⅲ of the Convention, by a formal notification is writing addressed to the depositary.

(2) The denunciation takes effect on the first day of the month following the expiration of twelve months after the notification is received by the depositary. Where a longer period for the denunciation to take effect is specified in notification, the denunciation takes effect upon the expiration of such longer period after the notification is received by the depositary.

DONE at Vienna, this day of eleventh day of April one thousand nine hundred and eighty, in a single original, of which the Arabic, Chinese, English, French, Russian and Spanish texts are equally authentic.

IN WITNESS WHEREOF the undersigned plenipotentiaries, being duly authorized by their respective Governments, have signed this Convention.

[부록 3] Incoterms® 2010 Drafting Group

The Incoterms® 2010 rules were drafted by a select international group of ICC member experts on the Incoterms® rules, in consultation with the broader global ICC membership through the network of ICC national committees. The wide geographical and sectoral scope of the consultative process ensures that the Incoterms® 2010 rules reflect the current realities of international trade and respond to business needs everywhere.

CO-CHAIRS

CHARLES DEBATTISTA

Charles Debattista is an active arbitrator in international trade disputes and takes appointments under ICC and other institutional rules. He is also a Registered European Lawyer with the Bar of England and Wales and accepts instructions as counsel before international arbitral tribunals.

Mr Debattista is also a professor of Commercial Law at the University of Southampton in the UK. He has written many books and articles on international sale contracts, the carriage of goods by sea and letters of credit. He is a member of ICC's Commercial Law and Practice Commission, of the Banking Commission and of the Transport Commission. He was Chair of the Incoterms 2000 Drafting Group and Co-Chair of the Incoterms® 2010 Drafting Group.

CHRISTOPH MARTIN RADTKE

Mr Radtke is a partner of the French law firm Lamy & Associés. He leads the firm's international team and specializes in international trade law, agency and distribution, EC law, French and German business law, international arbitration, and international litigation. Admitted at the French and the German Bar, Mr Radtke has published articles on international contract law and arbitration and has taught at the Paris-based Institut de Droit Compare.

In addition to his role on the Incoterms® 2010 Drafting Group, Mr Radtke is Chair of the Commercial Law and Practice Commission of ICC France, and Vice-Chair of the French-German Lawyers' Association.

He lectures widely on the Incoterms rules and has contributed to ICC model contracts including the ICC Model Distributorship contract and the Commercial Agency Contract, as well as to the ICC Legal Handbook on Global Sourcing Contracts.

DRAFTING GROUP MEMBERS

JENS BREDOW

Jens Bredow is the Secretary General of the German Institution of Arbitration in Cologne and an attorney in private practice, specializing in international trade law and arbitration. In addition, he serves as an adviser to the German Ministry of Justice as a participant in UNCITRAL's Working Party on Arbitration and Conciliation, and is also a lecturer at Bonn University. He is also an experienced arbitrator, serving frequently as chair or sole arbitrator in a range of international proceedings.

Mr Bredow, the former Director of ICC Germany, was also a member of the Drafting Groups that revised the Incoterms® rules in 1990 and 2000. He currently sits on the Incoterms rules Panel of Experts.

JOHNNY HERRE

Professor Johnny Herre is a Supreme Court Justice at the Supreme Court of Sweden. Prior to joining the court, he spent many years as a Professor at the Stockholm School of Economics, where he served a term as Head of the Department of Law and from which he earned a Master of Science in Economics and Business and a PhD in Law, with a focus on damages in sale of goods law.

In addition to publishing widely on issues related to the sale of goods, contracts, the law of obligations and consumer law, Professor Herre has extensive experience in arbitration, including as arbitrator and chair of tribunals in international arbitral proceedings. A member of the Study Group on a European Civil Code for many years, he is currently chair of ICC Sweden's group on Commercial Law and Practice.

DAVID LOWE

A partner at the London office of international law firm Wragge & Co LLP, David Lowe leads the firm's commercial contracts team. His expertise is in advising supply chain clients on the international supply of goods. In this capacity, he has advised :

- international retailers on sourcing products in the Far East;
- manufacturers of industrial products on international distribution networks;
- European distributors on import arrangements with international manufacturers;
- international commodity traders ranging from bulk cement to coal;
- European manufacturers and retailers on entering new international markets; and
- international suppliers entering the European market.

Mr Lowe's experience of advising buyers and sellers of manufactured goods (which are typically transported in containers) has shaped his contribution to Incoterms® 2010. Mr Lowe also chairs the ICC UK Commercial Law and Practice Committee.

LAURI RAILAS

Lauri Railas, LL.M. (Helsinki and London), LL.D. (Helsinki), is an attorney-at-law at Krogerus Attorneys in Finland. He is a member of the Finnish Bar.

Dr Railas is the former Secretary General of ICC Finland and the former Secretary of the Arbitration Institute of the Central Chamber of Commerce of Finland. His experience and practice include international trade and transport law, marine insurance and electronic commerce. Dr Railas has been involved in trade facilitation work under the auspices of the United Nations and has written books and articles on international trade law. In addition to Incoterms® 2010, Dr Railas has contributed to various ICC model contracts, including the ICC Model International Sale Contract. He is also the co-chair of the ICC Task Force on Public Procurement.

FRANK REYNOLDS

Frank Reynolds is the President of International Projects Inc., a US-based international trading and consulting firm. Besides representing the US for the

Incoterms® 2000 and Incoterms® 2010 revisions, he has written or co-authored 16 books on various international trade topics including ICC's A to Z of International Trade dictionary. He also has written over 300 columns for such international publications as the Journal of Commerce, The Exporter and ICC's Documentary Credit Insight.

Frank has lectured throughout the US on such trade-related topics as the Incoterms® rules, documentary credits, US free-trade agreements, export and import procedures and the Harmonized System for over 25 years. He served on the US Commerce Department's District Export Council for 22 years, and his international projects received an E Award for Export Excellence. He also holds a customs broker licence from the US Department of Homeland Security, Customs and Border Protection.

MIROSLAV SUBERT

Miroslav Subert holds a juris doctor degree from Charles University in Prague. A long-time expert on the Incoterms® rules, he worked for many years at senior management level in companies dealing with foreign trade, shipping and forwarding in the United Kingdom, Croatia, Belgium and the Czech Republic.

Dr Subert currently serves as a lecturer at a number of institutions in Prague, including the University of Economics, the Institute for Foreign Trade, Transport and Forwarding and the Perner Institute. He is the Vice-Chair of the Czech Society for Transport Law and a professional and legal adviser on foreign trade, transport and insurance to ICC Czech Republic. He has written widely on international trade issues, including books on international transport, sales and documentary credits, and is a regular contributor to professional publications and newspapers. Dr Subert wrote a guide to Incoterms® rules in 2000 and has spearheaded the translation of recent versions of the Incoterms rules into Czech.

ICC SECRETARIAT

EMILY O'CONNOR

Emily O'Connor is the Senior Policy Manager of the ICC Commission on Commercial Law and Practice and oversaw the development of Incoterms® 2010. She joined the ICC International Secretariat in Paris in 2006, after several years at the US Council for International Business in New York, where she managed intellectual property and competition law issues.

Ms O'Connor graduated from Columbia Law School in New York, first practising in the US State Department's Office of the Legal Adviser, focusing on International Court of Justice cases on the US application of the death penalty to foreign nationals. She then practised international corporate law at Debevoise & Plimpton, working on future flow equity issuances, mergers and acquisitions and a range of media deals, before moving to the international policy arena.

SHANE DALY

Shane Daly is a graduate of the National University of Ireland, Galway and University College London, specializing in International Commercial Law with Dispute Resolution and International Public Law. He also holds a diploma from the Universite de Poitiers. In addition to his work as an assistant to the Incoterms® 2010 Drafting Group, Mr Daly has contributed to other projects of the ICC Commission on Commercial Law and Practice, including model contracts on mergers and acquisitions and on subcontracting. He is to commence as a trainee solicitor in Dublin in 2011.

찾아보기(국문 · 영문)

〈국문〉

[저자 약력]

徐 正 斗
성균관대학교 무역학과 졸업
성균관대학교 대학원 졸업(경제학박사)
호원대학교 경영평가실장 · 산업경영연구소장
동 대학평의원회 의장 · 위탁교육본부장
국가고등고시 · 관세사 · 무역영어시험 출제위원장
대한상사중재원 중재인
현, 한국무역보험공사 이의신청심의위원
한국무역상무학회 부회장 · 편집위원장
한국무역보험학회 편집위원장
호원대학교 무역경영학부 교수

〈저 서〉
『신용장론』(공저, 삼영사)
『국제무역법규』(공저, 삼영사)
『신용장사례연구』(공저, 삼영사)
『국제통상법』(삼영사)
『인코텀즈 2000』(공저, 대한상공회의소)
『국제무역계약』(삼영사)
『국제상무론』(삼영사)
『ISBP국제표준은행관습』(삼영사)
『UCP 600 신용장분쟁사례』(청목출판사)

INCOTERMS® 2010 인코텀즈

2016년 3월 15일 중판인쇄
2016년 3월 20일 중판발행

저 자 서 정 두
발행인 유 성 열
발행처 청목출판사
서울특별시 영등포구 신길동 233-96
전화 (02) 849-6157(代) · 2820 / 833-6090~1
FAX (02) 849-0817
등록 제318-1994-000090호

파본은 바꾸어 드립니다. 값 16,000원

http : //www.chongmok.co.kr

ISBN 978-89-5565-409-7

※인지는 생략합니다..